我的学习生活史：
地方本科院校师范生的教育自传

王吉春　王金霞　编著

中国纺织出版社有限公司

图书在版编目（CIP）数据

我的学习生活史：地方本科院校师范生的教育自传 / 王吉春，王金霞编著. -- 北京：中国纺织出版社有限公司，2023.2

ISBN 978-7-5229-0351-4

Ⅰ.①我… Ⅱ.①王… ②王… Ⅲ.①地方高校–高等师范院校–师范教育–研究–中国 Ⅳ.①G659.2

中国国家版本馆 CIP 数据核字（2023）第 028523 号

责任编辑：张 宏　　责任校对：高 涵　　责任印制：储志伟

中国纺织出版社有限公司出版发行
地址：北京市朝阳区百子湾东里 A407 号楼　邮政编码：100124
销售电话：010—67004422　传真：010—87155801
http://www.c-textilep.com
中国纺织出版社天猫旗舰店
官方微博 http://weibo.com/2119887771
天津千鹤文化传播有限公司印刷　各地新华书店经销
2023 年 2 月第 1 版第 1 次印刷
开本：710×1000　1/16　印张：14.75
字数：230 千字　定价：98.00 元

序言　二本学生：何来何存何去？

为什么关注二本院校的学生群体？为什么关注其学习生活史？为什么为其立传？也就是本研究的缘起，即探究笔者“看”到研究之“缘”。而所谓“缘”至少有两种解释：一是原因——理性地分析事物之间的关系；二是“缘分”——笔者的生活、求学经历和选题是如何机缘巧合地“遭遇”的。当然，论文所具有的理论和实践意义或许可以对此做出回答。但若进一步追问，具有如此理论和实践意义的题目如何被你独具慧眼地“看”到，答案似乎只能回到笔者的生活史。因为我们首先是一个活生生的、有各种自然欲求的人，而后才可能是“理性人”。“任何认识都不可能是纯粹的，而总是与人的某种利益和需求相关，服从人的目的。同‘自在之物’一样，所谓‘自在感觉’‘自在知识’也是荒谬的。”[1]

我来自西部农村，在“传统—现代”“落后—进步”“乡—城”的划分体系中，在东西部发展的巨大差异面前，“西部农村”其实就意味着“愚”“穷”“弱”，我从小就在这样的环境中生活，但我的“不幸”似乎不止于此。在农村，大人们靠发家致富赚得地位，孩子们则靠优异的考试成绩得到老师和村里人的赞赏。而小时候我的成绩不怎么好，总是喜欢带着同村的小孩子去玩，并且经常惹出一些麻烦，让家里人也跟着受气。更糟糕的是，同村一起上学的有另外两个男生、一个女生，他们都是老师和村里人眼中的“好孩子”，而我却被认为是“没有出息”的“娃娃头”，在小学阶段这种情况一直持续。

上初一的时候，我和同村的“好孩子”分在了一个班级。不过这次情况稍微好一些，因为我们俩的学习成绩差不多，我有的科目甚至比他还要好。更令我感到高兴的是，有一天班主任告诉我，要到我们家家访。我终于被“关注”了一次，这意味着我可能在今后的学习中得到更多“照顾”。而“幸

[1] 刘放桐．新编现代西方哲学［M］．北京：人民出版社，2000：53.

运女神”并未降临在我头上。由于“好孩子”的叔叔是学区校长，家访那天老师都到他家去了。自此以后，我隐隐约约感觉到，老师在很多方面都偏向于他。这让我感到很失落，我给自己贴上了不被关注的“弱势”标签，我是“弱势群体”中的一个“弱势”个体。

初二的时候，我遇到了中学阶段最重要的一位老师——我们的班主任兼数学老师，他对我学业和生活上遇到的各种问题总是积极地帮助解决。很快，我在学业上，特别是数学上有了很大的进步，数学成绩名列前茅，我也成了一个“好孩子”。更重要的是，从他的关怀中我重新树立了自信，朦胧地知道，只要自己努力就可以摆脱“弱势”地位。但由于基础不太好，我并没有考取高中，而是通过父亲朋友的帮助才有机会继续读高中。

在新的学习环境中，我又滑向了班级的“边缘”，学习成绩在中下游徘徊，并且对学习也不感兴趣。高一的期末考试如期而至，考试成绩很不理想，因为害怕家人的责骂，用一滴墨水掩盖了原有名次，也就有了一个新的名次，即将退休的父亲看到新名次的那一刻很高兴。但就在那一刻，我的心灵被震撼了——让家人开心原来如此简单，而我却一直未做到。之后的日子，我努力学习，一天除了看书还是看书，最终我以上重点线的成绩考取了大学。

可能是急于摆脱长期以来不被关注的地位，我报的志愿是“公共事业管理”，当时最“吃香”的中文和外语都不在我的考虑之内。而大学的第一堂课，班主任就说“我们的专业是全校最难找工作的专业”，听到这一消息的一刹那，班级内抱怨声四起，而我内心却很平静，因为我知道我必须从“弱势”专业中奋起，才能摆脱自己的“弱势”地位。大学四年我成功了——通过自己的努力，作为那一届的 13 位优秀本科生之一，留在西北师范大学工作，同时也得到了到南京师范大学公费读研究生的机会。而当以研究生的身份出现，并关注教育现实时，教育中的“弱势”现象总是最能打动我。

在研究生学习过程中，随着与各种知识的不期而遇，使我的这种现实关怀更加清晰，并为之提供了理论上的支点。裕固族主要聚居在甘肃省肃南裕固族自治县和酒泉黄泥堡地区，人口数仅为 14378 人。一个人口仅有一万四千余人的少数民族会怎样应对现代性的挑战？肩负着文化改造使命的学校教育在其文化变迁中发挥着什么作用？又是如何发挥作用的？裕固族教育如何从传统走向现代？如何呈现今天的样子？基于以上考虑，笔者以《地方、国家与教育变迁——裕固族小学教育变迁的个案研究》为题，关注一个“弱势”的少数民族的教育，完成了硕士学位论文，据说是系统研究裕固族教育为数不多的开篇之作之一。

2006年7月，我硕士毕业之后，抱着对教育的理想，我和妻子来到一所地处天府之国的二本院校，从事本科教学工作，也负责了该校小学教育专业的建设工作。引领小学教育专业从初创本科到规范发展再到内涵发展，从学习“跟跑”到借鉴“并跑”，再到特色“领跑”，从省级卓越教师到省级一流本科专业建设点再到国家级一流本科专业建设点。自2006年进校至今，担任小学教育专业教研室主任已满15年，该校小学教育专业从“弱势”专业走向了国家级一流本科专业建设点，并且是学校唯一的国家级一流本科专业建设点。

15年来，我把重心放在立德树人和小学教育专业内涵建设上，为区域基础教育一线培养了一批有教育情怀的小学骨干教师，但由于时间分配原因，在科研方面乏善可陈。如果一定要谈这些年在科研方面的收获，就是明确把小学教育专业建设与发展作为研究方向，它让我们有了向省内、国内同行讲述“绵师”小学教育的自信——观点自信、方案自信和行动自信。围绕小学教育专业内涵建设，笔者已经发表《教师教育“U—S”合作：经验、问题及对策——以新建地方本科师范院校为例》《实践取向教师教育课程改革：经验与困境——以绵阳师范学院小学教育专业为例》等文章。而教育实践最核心的，无疑是培养人，首先是对培养对象的关注与理解。因此，基于自己的生活史、研究旨趣和15年的实践经验，二本大学生尤其是二本院校来自乡村的大学生自然进入我的研究视域。

在近千万的大学毕业生中，重点大学的应届生只占很小比例，大学生这个群体，大多是由二本及以下学生构成的。然而，无论在什么方面，有关985、211的话题总能引起广泛讨论，二本学生则显得更加沉默。但正如黄灯在《我的二本学生》一书中指出的，“中国二本院校的学生，从某种程度而言，折射出了中国最为多数普通年轻人的状况，他们的命运，勾画出中国年轻群体最为常见的成长路径”。

本研究以二本院校学生自身近20年的学习生活为切入点，关注其学习生活历程。想弄清他们是谁？他们来自何方？他们经历了什么？他们接受了什么样的教育？在他们在教育中如何存在？他们的感受是什么？他们收获了什么？他们将去何方？而对这些问题的发问，与其说是向笔者关注的二本院校学生群体发问，倒不如说是对自己发问。

本研究另有一个宏大旨趣，就是通过二本学生自身近20年的学习成长经历，进而透视近20年中国的教育改革、教育剧变在偏远基层的乡村学生身上印刻的痕迹。因此，本研究从方法论上来说，不可回避的问题就是二本院校学生的教育自传真实吗？有效吗？可信吗？这样的研究有价值吗？笔者只能说，每个个体的微末生命都有其独特价值，对其记录自然也就拥有了独特的意义；而就记录个体的生活而言，如果其自叙不能被认为是具有真实性的，那么何种记录又更具真实性？

感谢小学教育专业刘明兰、王曦、李国庆、叶曼、雷希贤、杨露露、刘佳欣、莫茂春、杨朋熙、南宁、刘国沛、庞春梅、陈梦帆、陈琳月、马雪可提供、完善并同意将其教育自传呈现于世，让我们可以从一个点窥见新时代二本院校大学生何来、何存、何去。

王吉春

2022年8月于四川绵阳

目　录

根植乡土铸就教师梦 …… 1

一、一场疾病让我不再留守 …… 2
二、幼儿园欢乐的新天地 …… 2
三、乡土味儿的童年与梦想萌芽 …… 5
四、青涩年华的困惑与改变 …… 7
五、我想去外面看看 …… 9
六、二本院校成就人生第二次蜕变 …… 12

总要允许一些人有一个安静的青春 …… 20

一、西昌 · 留住春天记忆的地方 …… 21
二、小学 · 童年 · 夏日 · 小溪边 …… 21
三、初中 · 樱花烂漫几多时 …… 24
四、高中 · 每一段记忆都是一份礼物 …… 26
五、大学 · 当时觉得很忙的日子现在反而怀念 …… 28

每一时刻的自己都让自己感动过 …… 34

一、幼儿时光 · 天真浪漫的水彩画 …… 35
二、小学时光 · 色彩丰富的油画 …… 35
三、初中时光 · 个性张扬的写意画 …… 36
四、高中时光 · 灰白不乏恬静的线条画 …… 37
五、我的大学五年 …… 39

爷爷种下的教师梦 …… 47

一、忆往昔温馨岁月 …… 48

二、成长路上的少年……………………………………………………………… 50
三、爱的力量……………………………………………………………………… 53
四、披荆斩棘“跃龙门” …………………………………………………………… 54
五、好坏各半的大学生活………………………………………………………… 55

兜兜转转中努力战胜胆小怯弱的自己 ………………………………………… 61

一、上学前懵懵懂懂……………………………………………………………… 61
二、学前班初步感受读书时光…………………………………………………… 63
三、童年的味道…………………………………………………………………… 63
四、友谊：成长的见证…………………………………………………………… 65
五、青春不会散场………………………………………………………………… 68
六、我的大学，我的绵师………………………………………………………… 72

在尝试中成长 ……………………………………………………………………… 78

一、记忆模糊的小时候…………………………………………………………… 78
二、幼儿班·害怕与人交流的我………………………………………………… 79
三、小学·从一个地方到另一个地方…………………………………………… 80
四、初中·我们处在叛逆期……………………………………………………… 83
五、高中·温暖的回忆…………………………………………………………… 84
六、大学·忙碌中获得成长……………………………………………………… 86

守望岁月静待花开 ………………………………………………………………… 94

一、小种子的萌芽………………………………………………………………… 94
二、迎风的花苞…………………………………………………………………… 95
三、绽放的花朵 …………………………………………………………………… 100
四、继续盛开的花朵 ……………………………………………………………… 103
五、单调的花朵终见阳光 ………………………………………………………… 105

走出家乡再走回来 ………………………………………………………………… 112

一、家庭环境·传统式的乡村 …………………………………………………… 112
二、学前班·学园初体验 ………………………………………………………… 113
三、小学·人人都想成为班级之星 ……………………………………………… 115

四、初中·走出大山，才能看得更远 …………………………… 116
五、高中·平面人生遇良师 ………………………………………… 118
六、大学·远离故土与回归故乡 …………………………………… 120

很平淡很幸福的教育 …………………………………………………… 126

一、厂里·一段模糊的幸福生活 …………………………………… 126
二、幼儿·要成为一个勇敢的人 …………………………………… 128
三、小学·一件骄傲开心的事 ……………………………………… 129
四、初中·你想成为什么样的人 …………………………………… 130
五、高中·这三年收获的不仅是知识 ……………………………… 131
六、大学·事与愿违中渐渐喜欢上教师职业 ……………………… 134

流年常驻回首处 ………………………………………………………… 141

一、兴趣引发的教育 ……………………………………………… 141
二、幼儿园里零散的记忆与闪亮的星星 ………………………… 142
三、小学所谓的“好”与“坏” …………………………………… 144
四、初中那些摇曳的心灯 ………………………………………… 147
五、高中所有成长都不易 ………………………………………… 149
六、想必谁也不会再辜负那些美丽的花儿 ……………………… 152

大器晚成 ………………………………………………………………… 157

一、幸福且坚强的避风港 ………………………………………… 158
二、咿呀学语的梦幻者 …………………………………………… 158
三、创造梦想的粉刷匠 …………………………………………… 159
四、勇往无前的小哪吒 …………………………………………… 161
五、激流划桨的前行者 …………………………………………… 163
六、我的大学关键词 ……………………………………………… 165

读书是为你自己 ………………………………………………………… 170

一、白庙街·记忆最初的地方 ……………………………………… 170
二、幼儿·温柔的教师与可爱的学生 ……………………………… 171
三、小学·童年的味道 ……………………………………………… 172

四、初中·人生的小分水岭 …… 173
五、高中·忙碌、单调又充实 …… 175
六、大学·被我拒之门外的丰富生活 …… 177

经历失败才知成功可贵 …… 183

一、爷爷的手掌和奶奶的饭香 …… 183
二、小学的快乐和不快乐 …… 185
三、初中的成长之路 …… 187
四、高中，回不去的青春 …… 189
五、大学里的酸甜苦辣 …… 190

从大山来再回大山去 …… 197

一、我有两个家 …… 197
二、求学路上的水与火 …… 198
三、2007—2011 年大滩镇元吉小学 …… 199
四、平淡又灿烂的日子 …… 200
五、每一段记忆都是一份礼物 …… 201
六、不能考研，不用考编，使人有些颓废 …… 203

农村到乡镇再到城市的一条曲折的求学路 …… 208

一、小学阶段——甜 …… 209
二、初中阶段——苦 …… 210
三、高中阶段——辣 …… 214
四、找到自己热爱并想一直坚持的教育学 …… 216

后　记 …… 221

一、坚守“办好师范”初心，培养县域城乡小学“全科”教师 …… 221
二、根植师范办学优良传统，构建小学教育专业人才培养体系 …… 221
三、毕业生耕耘三尺讲台，静心守望小学教育 …… 223

根植乡土铸就教师梦

自我小传

【姓名】：刘明兰

【出生年月】：1998 年 5 月

【出生地】：四川省平昌县镇龙镇万家村 3 社

【求学经历】：

2002 年 9 月至 2003 年 3 月在望京南坝 2 社社区学校读幼儿园；2003 年 9 月至 2005 年 6 月在万家村小学读幼儿园；2005 年 9 月至 2010 年 6 月在万家村村小就读；2010 年 9 月至 2011 年 6 月升入镇龙镇小学就读，2011 年 9 月升学进入镇龙镇初中至 2014 年 6 月毕业，参加中考；7 月参加自主招生考试，考进天府新区华阳中学，在华阳中学就读，2017 年 6 月高中毕业；2017 年 9 月—2018 年 6 月在华阳中学复读。

2018 年 9 月考入绵阳师范学院

【大学获得主要奖项与担任相关职务的经历】：

平均成绩 86.34 分，平均学分绩点 3.52；2018.9.1—2022.7.1 担任班级实践委员；2019.9.1—2021.8.31 担任班级心理委员；参加蓝韵插花社团；2018 学年第一学期获得三等奖学金，2018 学年第二学期获得二等奖学金，2019 学年第一学期获得三等奖学金；获得两次优秀共青团员，获得院级优秀实习生，获得校级优秀毕业生。

一、一场疾病让我不再留守

（一）妈妈的回归

出生于农村的我，家族几代都是普通的农民，日出而作，日落而息。改革开放的春风直到“南方谈话”后好几年，才吹进了我们这个偏远的小山村！我的父母于1993年组建家庭，五年后迎来了我！我的到来给家庭带来了新的希望，也对家庭的经济基础带来了很大挑战！在我快两岁时，又迎来了我的弟弟。超生的罚款、开支的增加，让家庭的压力急剧上升。为了生计，母亲选择在弟弟一岁时外出打工。不知过了多久，有一天，我和弟弟坐在田埂上玩泥巴，旁边干农活的爷爷提醒我，“看公路上那个人是谁?”我看到母亲提着行李箱从泥公路上慢慢走来，叫我的名字。

原来是因为我突然“生病了”，无缘无故地脚疼。所以，我的母亲着急得工资都没结就回来了，这一回来，就陪了我十年！用今天的概念来说，从此我不再是留守儿童。但对于当时的我而言，我的妈妈终于不再只是电话里的声音，而是陪在我身边真真切切的人，我终于可以每天穿着干净的衣服，扎着漂亮的头发；终于有人可以回答我很多问题，同时告诉我很多生活的秘密……

（二）乡村的“自然教育”

就这一阶段的我接受的教育而言，那一定是“自然教育”。白天跟随家人、小伙伴在田地里、森林里、院子里自由自在地玩耍，无忧无虑；我们利用身边的一切资源来娱乐，学习捕捉蜻蜓、捉迷藏，大哥哥大姐姐带着我们过家家、找野果、采花编花环、捏泥娃娃……总之，基本处于“放养”式状态。晚上，我喜欢躺在床上跟妈妈分享白天发生的所有事，妈妈总是认真地听我说，然后会说些“这个有危险，小心些；接受了别人的东西说谢谢了吗；没有踩坏麦苗吧；别人给你东西吃，你也要把吃的分给别人……”这样的话。我就在妈妈的陪伴下，与院子里的伙伴们一起自由地成长。

二、幼儿园欢乐的新天地

幼儿园教育，用今天标准的概念来说叫“学前教育”，它是儿童学校教育的开始。我的幼儿园学习生活有些特殊，由完全不同的两部分组成。

（一）初入学堂，一间教室的学校

2002年，大概9月，我被送到了外婆家。外婆外公要赡养外曾祖母，同时又要忙于农作，白天几乎没有精力单独照看我，于是，和我妈妈商量着让我开始上学，就在外婆家社里一位退休教师办的私人学校。教室是租来的农户空余的房屋，只有一间房但足够宽敞，从外婆家到学校只需5分钟路程，又是公路，所以他们就这样决定了。

那是一个很特殊的学校，需进几道门，越过十几级台阶，第一道门前有两座石狮和两座桅杆。只有一间教室，总共三十来名学生，却几乎包含了小学所有年级，我和另外两个伙伴单独坐在教室的右角，我们三个是幼儿园学生。平时上课，老师都是按相同年级分开上课，我们大多时候是旁听，但老师还是简单地教我们认识了数字、简单的汉字、讲故事。老师给我们发了几本图画书，我清楚地记得，有一本上面有一个“小马过河”的故事，那是我特别喜欢的故事，当时我觉得这个故事和家人平时讲的故事很不一样，所以，自从老师给我讲了以后，我就喜欢讲给其他人听，我放学回家后讲给外公外婆、在外曾祖母的耳边大声说给她听。我喜欢上学，可以和大家一起玩，那些大哥哥大姐姐会很多有趣的东西总能逗得我开心。我们学习的东西虽然不同，但我们都是同学，下课放学都能在一起玩。

妈妈会不定时地看我，每到听说她要来看我那天，我就早早地坐在房前小路的石碾上，等着那个我盼望的身影。相聚多欢乐，离别就有多难过，每次她都是悄悄走的，我会哭上一阵子，然后又欢欢喜喜地上学。

这样的日子因为我奶奶的离世而结束，那是一个清晨，外婆早早叫醒了我，但却不是督促我去学校，而是领着一群乡邻往我家赶，他们都背着小背篓。在途中，听到对面山上我家的大致位置处有阵阵鞭炮声，不久股股白烟升起，我终于相信我奶奶去世了，那是我第一次直面死亡。这次回家后我就留在了家里，等着村里的幼儿园下学期开学。至此，我的第一段学校生活就告一段落！

十多年后的今天我还记得那间教室、那个小院，只是听外婆说房子没了主人，年久失修已然塌了。只有马路边的桅杆、两座石狮还在，让我每次路过驻足时，才能相信那段久远的往事曾经真实地发生过。当我上了大学，学了教育史才知道，原来这就是复式教育，老师们说这是他们那辈人的回忆，殊不知我也曾经历过。今天再次谈起这段特殊的教育经历时，我感慨万千。那是我再次留守日子里的一束光，当年那些伙伴的身影、面孔、话语早已模糊在时间里，如今我们相见不相识，但那一方小小的四角天空下的欢乐至今还温暖着我，那个“小马过河”的故事至今启迪着我，陈老师那句“我们要栽花不要摘花”至今仍指导着我……

（二）两年的村小幼儿园教育

2003 年 9 月，我终于又可以背着书包上学了，这次是在我们的村小上幼儿园，我们有了专属的教室、教师，更规范，还有丰富的书籍。

“路组长”护我安全。我们村共三百来户人家，居住分散，小聚居的状态。为了平衡，村小位于中部位置，我家就离得比较远。走小路要 40 多分钟，但几乎全程爬坡，曲折湿滑，路况不好；走公路要一个小时，土公路宽敞，但下雨极其泥泞。所以，从第一天上学开始，路途的遥远就是一大挑战。父母接送是不可能的，所以学校为了我们的安全，所有年级都统一上下学时间，同时按照居住地点在高年级中选出“路组长”负责照顾一个学生队伍的安全，尤其是幼儿园的孩子。我当时所在的队伍的“路组长”是院子里的一个大哥哥，他还有一个姐姐，他俩每次都分别走在队伍的前后，中途休息时也让我们坐在一起，到了最后，各回各家时大姐姐还会专门嘱咐我们读幼儿园的六个孩子按时回家。几乎每天我们都是这样排着长长的队伍上下学，除了雨天尤其是大雨天，幼儿园的孩子不用上学。

还记得我第一次当小老师，虽然我们学校只是一个小小的“村小”，但老师不仅教我们读书认字、做游戏，还选学生代表和老师一起去镇上的幼儿园学习舞蹈，然后教给大家。从小喜欢跳舞的我，很荣幸成为这个代表，和我的女幼儿园老师一起去学习。我格外珍惜这次机会，全程都很认真地记动作，当时的镇幼儿园老师还夸我乖巧懂事，学得有模有样。那是我第一次看到镇公立幼儿园的内部情况，那里有滑梯等我从没见过的游乐设施，有装扮得花花绿绿的教室，有很多整洁明亮的房间，那是我第一次感受到了教育的差距，有些羡慕。回来后，我成了我们幼儿园班的小老师，和老师一起做示范，教大家跳舞，到后来就是我一个人教。我为了教好，每次回家后都会跳两次给妈妈看，妈妈后来奖励了我人生中的第一双白丝袜，配上裙子又好看，又防晒。

这段幼儿园的经历快乐、成长、丰富。在这两年时间里，我重建了与周围小伙伴的友谊，开始了正规的学校生活。村里幼儿园的学习一点儿压力都没有，我们仿佛那自由飞翔的鸟儿，在这片青山绿水中自由地翱翔、探索。

三、乡土味儿的童年与梦想萌芽

由于种种原因，小学的一年级到五年级我都在“村小”里度过，这里每个年级一个班，学校设备简陋，师资力量也一般，但我从不后悔，也不羡慕那些直接去镇上读小学的人。这段时光我学习了知识，收获了友谊，感受了支教老师的关怀，探索了大自然的奥秘……这一系列的事件都在这里发生。这里没有城市的喧嚣、人情的冷淡、金钱的熏染，所以，我的童年是纯澈的，带着浓浓的乡土气息！

（一）忘不了的“5·12”

2008 年春季开学，学校进行教室改造，于是我们就租用邻近农户的空闲房间作为教室。我所在的三年级和四年级在一户人家中。5 月 12 日那天，我一如既往地和大家去学校。下午两点二十分，午休结束后，数学老师布置了课堂练习作业，我正在奋笔疾书，突然课桌开始晃动，我还没弄清楚什么情况，隔壁班的班主任就在我们教室门口大喊：“快出来！快出来！”我们快速地冲出教室，在老师的要求下蹲在空旷的院坝里，当时我就觉得头晕目眩，大地震动，然后看到这家农户的房屋明显地左右摇摆。那一刻心里慌极了，这是我的认知中没有的东西，我甚至有一瞬间怀疑是传说中的世界末日吗？老师们安抚好我们后，才告诉我们这是“地震”，一种自然灾害，那是我人生中第一次听到这个词。之后震感消失，学校就组织我们提前放学了，而且有老师护送，路上老师给我们讲了地震的一些简单知识，也提到了“唐山大地震”。我和弟弟刚到家后面的公路时，妈妈就来接我们了，她很慌张。之后我们一周都没有上学，余震时有发生，所有人都处于惶恐之中，村干部挨家挨户走访，建议大家睡在室外的院坝里，保持警惕，远离危房等不安全的建筑物等。

我们村没有人员伤亡，只有几间危房坍塌，但是每天的余震都有感觉。院子里的邻里都十分团结，晚上大家一起聊天，成年男性还轮流值夜。从电视上我才真正感受到这次地震的破坏性有多大，那些画面深深刻在了我的心里，我第一次真正体会到了“家国意识”。一次灾难，让我理解了生命的脆弱与顽强，国家对人民的负责，全国上下的万众一心，我自豪自己是一个中国人！

（二）人生的摆渡人——支教老师

在我读四年级的时候，学校又租用了另一户人家的房间，这次是两层楼的楼房，就在公路旁。我去报名那天，才知道我们换了老师，是一位来自城里的男老师，第一次见到他，只觉得这个眉毛浓厚，还会跳舞的人一定很好，他笑起来让人如沐春风。后来，他当了我们班的班主任，教我们语文。他的课堂总少不了我们的欢声笑语，我们很快都喜欢上了这位老师。他讲语法——句式的转换、缩写、扩写，至今令我记忆深刻。他总是能用幽默而贴近我们生活的例子来讲这些枯燥的知识。例如，讲“把字句”转变为被字句时，他用的例子是“我把饭吃了”，然后让我们思考，他之后举了一个错误的转换“我被饭吃了”，同时配上他夸张的动作表情，我们全都笑了，然后他引导我们做出正确的转换“饭被我吃了”。讲作文时他更是信手拈来，他引导我们感受如何利用比喻、拟人、夸张、排比等手法让语言表达美起来，生动起来，每次他都沉醉其中，我们跟随着他畅游于作文的海洋。但是他只教了我们一学期，他离开的时候，我们都很不舍，他最后对我们说，“一定要努力学习，走出去，外面的世界很广阔。”

五年级时，我又遇到了新的老师，他是我们县城的人，教我们数学，他是一位年轻老师，有些微胖，笑起来有点儿腼腆。我很喜欢他讲的数学，他的教学新颖有趣，课后与我们就像朋友一样，我们经常一起在简陋的乒乓台上打球，他教我们打球技巧，鼓励我们加强体育锻炼。他还资助了我们班的一位特殊学生，看到学生大冬天穿着凉鞋，脚冻得发紫，就给他买了一双鞋和三双袜子，那个学生一边抹眼泪一边感谢。为了不增加我们的负担，他没有让我们买学习资料，而是自己买了一套，然后用抄题的方式让我们进行练习，他见我写字比较规范，就鼓励我来承担这项任务，因为我已经写了一学期的黑板字了，所以很轻松地完成了。为了不让我回家之后再抄写一遍，就把资料送给了我，我就直接做在资料上面。这一写就是一年，五年级结束时，我就要到镇上的小学去读书，当时很不舍，那时候的我为了表达对他的感激之情，花了一周的时间，亲手用纸折了一个笔筒送给他，还写了一份贺卡。老师送了我一个小的笔记本，祝贺我成功升入六年级，笔记本上写了这样一句话“愿你作一滴清澈的水，虽然渺小，但是却可以折射整个海洋的风景!”后来我也经常在周末回到村小去探望他，我们依然像朋友一样交谈，我给他分享新学校的学习生活，他教我如何与同学相处，适应新环境，鼓励我继续加油。

这几位老师，可以说是我人生路上的摆渡人，他们虽然只是短暂地出现在我的生命中，但足以让我终身铭记。他们打开了我的视野，引导着我遨游于知识的海洋，他们教会我做人的道理，点亮了我的教师梦。如今每当我遇到困难，想要动摇的时候，一想到他们就会让我重新奋勇向前。这段小学的经历，都是在家乡那片土地上发生的，在那个充满着泥土气息的地方，我犹如一株小苗，在外力支持下，茁壮成长。

四、青涩年华的困惑与改变

随着小学最后一场期末考试落下帷幕，我结束了六年的小学生活，开始迎接初中的学习生活。2011 年 9 月 1 日，我和我的母亲挤在镇龙中学的校门口处，我踮着脚尖在展示板上看自己的分班情况，我分入了七（5）班，班主任也姓刘，我还看到了一些六年级的同学，心里一下轻松了很多。

（一）一次迟到

我们上课的第一天，班主任刘老师就宣布了班规班纪，他要求严格，赏罚分明。我的宿舍在女寝 7 楼，又没有电梯，每次下楼都需要一些时间。记得那是深秋时节，凉爽宜人。我们都是住校生，每周五下午放假回家，周日下午到校，而且都是步行，几乎都要走上一两个小时，所以都很疲惫。那天到校后的晚上，我们宿舍 6 个人畅聊了一番，睡得就有些晚。第二天，我们都睡过了头，惊醒时发现只有 10 分钟就上课了，我们快速地整理床铺、洗漱、打扫卫生，然后飞奔下楼，直冲教室，但是班主任在门口拦住了我们，说我们迟到了 1 分钟。批评我们之后，我们进了教室早读，然后被罚延长早读 20 分钟，所以我们没能吃到早饭。那是我上学以来第一次当着全班同学的面接受惩罚，我的头埋得很低很低，满脸通红，眼里泪水直打转。有认识的朋友给我带了早餐，安慰了我几句，谢过她的好意，但我一口没吃。上午四节课我就这样空着肚子上完了，我的胃告诉我需要食物，但我的自尊心让我无法下口。朋友们无法理解，但我就是想给自己一个教训。从那以后，直到现在大学，我再没有迟到过，或许那次的饥饿真的让我刻骨铭心！正如当时老师说的，即使迟到一分钟，也需要我们为自己的行为埋单。

（二）内心的懵懂与困惑

那时我性格明显内向，给人的感觉就是拒人于千里之外，加上担任班委，难免对大家要求严格，所以我的朋友并不多。那时不知道为什么，我很容易多愁善感，听的歌都是些悲伤的网络歌曲，莫名忧郁。我喜欢课后站在窗台目视远方，然后思绪飘飞，看到落日就会感叹美好易逝，岁月如梭；走路看到蚂蚁就觉得人生渺小，走在街道上就觉得自己无法融入，异常孤单；我仿佛给自己织了一张网，把自己困于其中。后来，我莫名被班上的一位男生吸引，他每天都很开心，幽默风趣的他，在班级里人缘极好，而且他学习成绩也很好，经常与我争夺第一名，他学习得很轻松，下课就玩儿，但成绩依然稳定拔尖，他很有组织力，经常有很多奇思妙想。由于同属班委，我有了光明正大地接近他的机会，然后就深深地被他所吸引，向往他的洒脱、积极、乐观、智慧，所以经常找他一起讨论物理、数学，研究一些难题。久而久之，班里就有了一些“流言蜚语”，敏感的我，深受其扰，却不知所措，这不像数学题，我不能通过研究思考就给出解题步骤和答案。夜深人静时，我甚至都开始怀疑难道我真的对他有其他想法？这样的猜测让我感觉很害怕，但我又不想和他保持距离。没人告诉我该如何处理这种内心的懵懂和困惑，我就这样悄悄地喜欢着他、默默关注着他，直到被挑明，然后一周之后我们“一刀两断”。

（三）同桌，谢谢你

在经历那件事后，我变得更加忧郁，成绩也开始波动，让我感觉身处黑暗之中，不知所措。初二开学一周后，刘老师突然在班上宣布要转来三位新同学，后来来了三个看上去“吊儿郎当”的男生，班主任随机给他们安排了座位，其中那个瘦高瘦高，笑起来很好看的男生成了我的同桌。不善与人相处的我，内心极力抗拒，我不知道班主任为什么这样安排，但碍于面子我没有表现出来。他刚坐到座位上，就给我打招呼，自报姓名，笑得一脸灿烂，就像夏日里的太阳，让我睁不开眼，我假装高冷地回复了他，立马埋头奋笔疾书，手心实则都冒汗了。下课后，我立马冲出教室，来到了刘老师办公室，把我的疑惑说了出来，刘老师淡定从容地告诉我他故意这样安排的。让我多学习与人相处，也能辅导他一下。后来我们做了一个学期的同桌，他就像一个小太阳一样照亮了我灰色的世界，他会在我伤心时折一个爱心，写上“笑一笑十年少”塞进我的手里，会给我讲笑话。他很快就成了同学之间的开心果，每次看我眉头紧缩时，他就会巧妙地让我舒展眉头，在他的世界里，没什么事过不去，他的乐观开朗让我深受感触，渐渐地，我也学会了和同学们开玩笑，主动与人交际，遇到困难时也不会那么焦虑。虽然他只上了一学期就辍学了，但我真的很感激他，现在的我会多情善感但不多愁善感，我的性格开朗了，生活也明朗了。

初中三年，飞逝而过，豆蔻年华，既美丽也带着懵懂和困惑。无论如何，都感谢那些经历的事、遇见的人，无形之中塑造着我，让我一步一步地成长。

五、我想去外面看看

2014 年 6 月 11—12 日，我完成了人生中的第一次重要的考试——中考。成绩出来后，超过了县一中的录取分数线，县一中是我们县最好的公立中学，考试前的志愿我也填了县一中，但是出成绩后，我突然想去外面看看。于是，踏上了自主招生考试之旅，去了绵中、南山，最后考进了华阳中学，一场远方由此拉开序幕。

（一）既然选择了远方，便只顾风雨兼程

中考结束后，第一次面临人生的选择，是留在县一中还是走出去，我纠结了好几个夜晚，最终我还是决定出去看看。这一选择就意味着从此的几年我将背井离乡，远离亲人、朋友、同学以及我所熟悉的一切。8 月 20 日，我和父亲坐火车来到成都，再来到华阳中学报道，开始参与学校的衔接学习。匆忙办完入学手续后，就去找我的宿舍，我们又一起买了我住宿用的生活用品。之后父亲带着我去附近的眼镜店配眼镜儿，原来我已经近视近三百度了，配完眼镜，我们一起吃了个晚饭。晚饭后离到教室的时间不远了，父亲送我进了学校大门，然后就打车往家里赶。我到了教室门口，里面几乎坐满了同学，看着一张张陌生的面孔、陌生的教室、陌生的老师，我一下子紧张

起来。老师给我指了一个空座位，我局促地坐了下来，然后就是老师介绍学校、讲纪律，大家做自我介绍。晚上 8 点，放学了，可突然下起了大雨，大家撑着伞急急忙忙赶回宿舍或者回家。我跟着人群往宿舍走，可是走到宿舍区时，我傻眼了，我突然不记得自己是哪一栋宿舍楼了，我就站在那里，撑着伞，雨水打在伞上，滚落到地上，又溅起水花打在脚上。我觉得我仿佛孤独地站在一个荒岛上，眼泪在眼眶里打转，无助感将我淹没。几分钟后，人少了很多，我也平复了情绪，然后仔细回想，最终确定了宿舍的位置后，我敲开宿舍门，看到我的那张床，我的第一天就这样顺利度过了。

那天以后，我逼着自己尽快熟悉这里的一切，夜里，我流眼泪的时间逐渐缩短，直至没有，我与宿舍里的一位老乡很快熟络起来，我不再每时每刻地想家，开始观察这个崭新的地方。一周后，我大体适应了这里，我明白，这是自己选择的路，既然选择了远方，便只顾风雨兼程！

（二）第一次军训，收获友谊与鼓励

衔接教育结束后，我迎来了人生中的第一次军训。在操场开完动员会后，我们按要求上交了手机，然后提着卧具和生活用品坐上了开往黄龙溪军事训练基地的大巴车。到达地点后，我惊呆了，这不愧是一个军事训练基地，远离城市的喧嚣与繁华，里面只有军官和已经在参与军训的学生。我们在教官的组织下到了宿舍楼下，然后开始分队伍，我和老乡钱同学都分到了一连二排，还没来得及认清队伍，就让我们在半小时内铺好床铺，收拾好行李，穿好军训服集合。我和钱同学匆忙赶到楼下时，面前穿着一模一样的队列让我们都蒙了，根本不记得自己原来被分到哪里了。情急之下，我俩就随便进了一个队列里，开始了第一天的训练。后来他们统计人员才发现我俩走错了队伍，我们本来应该是一连二排，结果错进了一连四排。但考虑到我俩已经跟着训练了一天，二排的教官就问我们想在哪里训练，我俩不假思索地说想在四排训练，于是我俩就住在二排的宿舍里，跟着四排训练。四排的段教官人特别好，24 岁的云南人，笑起来很可爱，他对我们很温柔，不仅我们喜欢他，就连隔壁的队伍也都喜欢他。训练时他认真负责，耐心纠正我们的动作，休息时会给我们讲故事，我们就像朋友一样畅谈。8 月的成都正值炎热的夏季，空旷的训练场上我们每个人都汗流浃背，但就像教官说的，军训就是痛并快乐着。每天晚上，我会借着窗外的灯光写日记，记录心情、见闻，记录我可爱的段教官。我是一个特别要强的人，尽管看着弱不禁风，但训练时我总会咬牙坚持到最后，努力把动作做到最好，席地盘坐时，背挺得笔直。

结束那天，我给教官看了我写他的日记，他在本子的最后一页上回复了我，就像一个大哥哥一样鼓励我适应新环境，鼓励我乐观向上，还说让我把他当作一个哥哥，可以找他聊天、倾诉。后来，他结束这边的工作，需要回到远在拉萨的部队时，还特意请了假，买了一大包葡萄到我学校门口来看我和另外三个同学，我们四个都和他关系很好，他说了他要离开的消息，我们都很不舍，准备去送他，他婉拒了，让我们好好学习，保持联系。至今我们都有联系，我很感激他，这段经历每每回想起来，都让我动力满满。

（三）作文被选入年级作文社优秀作文集

华阳中学有很多社团，诸如，漫画社、街舞社、书法社、剪纸社、作文社、科创社、音乐社、国画社……那时我深深地感受到城市里的孩子确实多才多艺，发展更加全面，来自农村的我看到大家积极地参加，自己却心有余而力不足。有一次，周一中午，语文老师把我叫到了办公室，原来是我的作文被她推荐到了年级的翰墨轩作文社，她给了我专门的作文纸，让我工整地誊写一遍，不久后我就在年级的优秀作文选集里看到了我的作文。学校每学期出两册作文集，23个班，每班每册发两本，供大家阅读学习。这个平台给了很多人施展才华的机会，一篇篇美文在传递与交流中传播了积极的思想，传承了汉语的魅力，彰显着青年一代的价值理念。

（四）复读再战

2017年6月，是我高中生涯中最灰暗的日子，高考落榜，让我顿时迷失了方向。悲伤两天后，我决定从哪里跌倒就从哪里站起来，于是准备复读。做好决定后，当时正在北京与父母团聚的我，决定好好放松一下，以便迎接即将到来的复读生活。8月20日，我在华阳中学报了复读班，然后开始一年的复读。复读的日子是令人煎熬的，我不敢松懈，每一次的考试都异常紧张，但是我遇到了一个很好的班主任。瘦瘦高高的他教我们英语，他教得很细致，对于英语薄弱的我来说是一次提升的机会，我的英语成绩终于从七十多分提高到九十多分。他很关心我们，也是一位有教育情怀的老师，他不仅教给我知识，还教会我们感恩父母、自尊自爱、为人处世，是他让我放下高考失利的心理包袱，相信自己，重新树立自信。

在华阳中学的四年，我的改变有目共睹，从刚开始那个退缩、内向、自卑敏感的人，变成了现在的积极勇敢、从容不迫、乐观向上、独立自主、视野开阔的人。高中每年只有寒暑假才能回家，其余都是在学校度过，父母只是每月打生活费，我的学习、生活全由自己安排，因此这四年我独立自主的能力大大提升。到今天，我依然不后悔当初的选择，虽然这四年仿佛一场远方之旅，但我收获了新的风景、新的心境，四年后，我得到了第一次蜕变！

六、二本院校成就人生第二次蜕变

（一）懵懂的大一，身份的转变

2018 年 9 月 3 日，我拿着录取通知书，在父母的陪伴下来到了绵阳，这个传说中的科技城。刚到绵阳火车站，就下起了瓢泼大雨，我们在广场上学校的接待点处排队等待接送车。雨越下越大，等了近一个小时后，终于上了车，公交车载着一车的学生、家长和行李缓缓驶向目的地。半个多小时后，到达终点。下车后，我找到了教科院的接待志愿者，在他们的指引下来到了二教广场。我跟随一名志愿者去教科院报到注册，然后和父母一起在广场上领住宿单和卧具，之后就到了女寝 11 栋。不过，宿舍的条件比我的高中差了很多，但我安慰自己既来之则安之。我陪父母吃过午饭后，就让他们坐车回去了，家里还有我弟弟和年迈的爷爷。我自己去采购了生活学习用品，把行李箱里的衣服拿出来晒着，另一个新买的行李箱我忘记了密码，打不开，我没有同意父亲把它强行打开的想法，我认为就三位数，也不过 1000 种可能，我慢慢试出来就行。

后面一周，我们没有上课，而是每天听讲座，学校的领导、老师轮流给我们讲，他们介绍绵阳师范学院的历史、现状、未来规划，介绍绵阳这座城市，介绍教科院，介绍小学教育专业，介绍学校的规章制度，总之，希望我们爱上这座城市，爱上这所学校，爱上自己的专业，在接下来的四年里，学习知识、锻炼能力、修养品行，不负时光，不负自己。这一环节对于我们熟悉绵阳、熟悉学校、熟悉学院，熟悉专业都有很大帮助。这种多人的讲座，在以前的学习经历里是没有的，这让我对大学有了一个初步认识。

接下来，我们参加新生军训，又是十二天痛并快乐的日子，结束前的一天，我们进行了长达几公里的拉练，围绕着身后的富乐山山头绕了一大圈，途中过马路的地段还有交警维护安全，长长的队伍，统一的迷彩服装当真是一道亮丽的风景线。第二天，我们北校区所有的军训新生搭车去高新校区参加军训检阅。

军训结束后，我们开始了正式的学习生活，我第一次在手机上看到了自己一学期的课程表，有很多空闲时间可以由自己自由支配。我们宿舍6个人每天都一起奔走于不同的教室，上不同的课。我们有很多合班课，在一百多人的教室里，老师在讲台上用投影仪播放课件给我们上课，他们的教学方式和我以前的老师大不相同，我们的学习方式也逐渐转变。

到了竞选班委的时候，这一次我主动站上讲台，面对大多数还不认识的班级同学，我准备竞选实践委员，因为我想锻炼自己的实践能力，最终我成功担任班级的实践委员，开始学习组织班级同学参加志愿服务活动，感受到大学里班委工作对于班级的重要性。

大一第一学期，我是摸索着度过的，很多时候不敢有自己的想法，看别人怎么做，自己就怎么做。大一第二学期逐渐适应大学的学习和生活，开始根据自己的兴趣选择选修课，逐渐转变高中的学习方式。总之，大一一年，从整体上说，就是一个过渡阶段，从一个高中生转变为一个真正的大学生。

（二）繁忙的大二，理论的充实

轻松懵懂的大一一晃而过，大二迫不及待地开始了，这次我和一位室友一起从达州出发赶往学校，步履从容。不同于大一的轻松，大二的繁忙从我满满的课程表就能略见端倪，而且从这时开始，我们小学教育专业分了语文、数学两个方向，我们开始分方向发展。

大二第一学期，我选择了数学方向，开始学习有关数学的专业课，线性代数、概率论与数理统计，每门课每周上两次，晚上还要学习线性代数。这真的是非常费脑子的一学期，这些数学课与我高中学习的知识差距很大，难度提升了很多，回到宿舍还要及时做题练习，但为了以后的小学数学教学工作，我没有放弃、没有敷衍，认真充实着自己。

这学期，我根据自己的兴趣选择了美术、音乐、舞蹈中的美术方向，开始学习美术的第一门课程：素描。画画是我从小就有的兴趣和爱好，以前迫于父母的不支持和条件的不允许，我都是处于胡乱模仿的状态，逐渐懂事后，也没有了小学生那种随便就敢给人画的勇气。这一次，我终于可以光明正大地学习画画了，我终于可以遵从自己内心的想法。宿舍里还有一位室友选择了美术，我们俩就每周五早早儿地拿上工具材料去美术室跟着老师学习素描。一学期的学习，我感受到简单线条的魅力，可以营造光影的变化，可以在平面的纸上把一个物品画得栩栩如生、立体逼真。

这学期，我们开始了教学模拟，微格教学在学校专业的微格教室里进行，我们模拟小学的实际课堂，以同课异构的方式练习：选题、研读教材和课程标准、写教案、改教案、试讲、反思这一整个流程。刚开始我无从下手，就像一只无头苍蝇，通过老师的指导、讲解，我和三位数学方向的舍友开始摸着石头过河，最终我们走完了整个流程，对于小学数学教学有了初步的认识和了解。

大二第二学期，一场突然暴发的疫情逐渐席卷全球，我们被迫留在家中，改上网络课程。老师们个个化身主播，利用一切资源、技术来保障我们的正常学习。这一学期，虽然被疫情影响，但我们的课程依旧繁重，我一边享受家乡的春天、夏天，一边学习理论课程，即使是需要小组合力完成的任务也被我们想法设法利用网络技术顺利完成。这一学期，我们整个国家都经历了一次巨大的考验，我自豪于祖国人民的团结一致，政府的力挽狂澜，医护人员志愿者们的无私奉献。

这是不平凡的一年，足以载入史册，在这一年里，我充实了自己的理论和实践知识，感受到了祖国的强大，身心都得到了发展。

（三）冷静的大三，反思与检验

大三这一学年，除了继续学习理论知识外，我的实践性学习更为突出。按照培养方案，到了大三就将完成我大学四年几乎所有理论课程的学习。而且我们也面临着报考教师资格证，是否考研的选择。

大三上学期，我的课表最为不同，周六周日都有课，而且两个方向共有的课程也不多，所以我们大多自己上自己的课。我们数学方向有两门理论课，两门实践课。理论课一个是初等数论，一个是数学思维方法；实践课是小学数学模拟课堂和小学数学教材研究。实践课专门聘请绵阳市优秀的一线数学老师、学科带头人来给我们上课。正所谓百闻不如一见，这两位一线的数学老师，一男一女，教学风格截然不同，但可以肯定的是，他们确实十分优秀，都有自己的教学主张，形成了鲜明的教学风格，让我感触颇深，受益匪浅。

一本教材的背后是许多专家、学者、老师的精心设计，如何解读好教材，吃透教材，再结合自己所教学生的实际情况利用优质教材绝不是一件简单的事，正如王老师说的那样，一幅插图绝对不只是让学生随便看看，即使画的是一个小箭头也是经过深思熟虑的，需要教师深入挖掘，从而更好地引导学生探索知识。模拟课堂的李老师，一位充满活力的女老师，让我明白，一节40分钟的小学数学课堂应该如何设计，如何在40分钟时间里，让学生跨越人类几百年的文明成果。一节优质的小学数学课堂，绝不是老师的一言堂，而是师生双方互动的课堂，我们的问题、方法、思路、结论绝对不是老师照着教材强行装入学生脑子里的，而是引导学生自己发现问题，分析问题，提出方法，再由老师予以归纳总结，形成他们理解的结论。

除了课程的学习，大三这一学年，我还参加了教师资格证的笔试和面试。功夫不负有心人，我顺利通过了两次考试，加之我的普通话考试达到了要求的二级甲等水平，所以就等着教师资格证的认证了。

这一年，我最大的收获就是，我明显感觉自己冷静了很多，遇事不再慌张无措，对于自己的未来有清晰的计划，在这学期听了“绵阳市特级教师教学特色研究专题”课程后，我进行了很多反思，从这些一线小学特级教师身上，我真的收获了很多。没有一个人可以随随便便成功，我能做的不是做白日梦，而是抓紧这最后的时间努力提升自己，让自己更上一个台阶。反思，有助于我认清自己，做好定位，然后努力盛开，我相信蝴蝶自会飞来。

（四）沉积的大四，实习与论文

古人云，“纸上得来终觉浅，绝知此事要躬行”！大学前三年，按照培养方案，我主要是学习理论知识和相关技能知识。但教育专业不仅需要理论基础，更需要实践。因此，大四我迎来了一学期的实习和一学期的论文撰写，真正走进教育一线，所见所闻在理论的基础上转换为所思所悟，浓缩为整个大学经历的沉淀！

1. 初遇南小

2021年9月13日上午9时许，我到达南街小学门口时，陈校长居然也在校门口，我很意外，也很受触动，在带队老师的介绍下，我和陈校长见面握了手！这还是我生平第一次和这样的“大人物”握手！陈校长很热情，平易近人，一点儿领导架子都没有！我们在门卫大叔的帮助下拍了合影，然后就走进学校。

之后，在陈校长的带领下开了一个实习会议，双方负责人相互介绍自己学校的情况，然后就是分配实习指导老师，讲一些具体工作要求和注意事项。我的指导老师是教导处主任王老师，一上午她都没时间和我交流，但她很和蔼，感觉很好相处！中午我终于和她正式见了面，聊了一下我的实习工作，她很细心地给我解答疑惑，也给了我一些指导意见，还给了我教材和教参。这一过程中，我发现她当真称得上兢兢业业，即使那么忙，她都会把教学做到极致，宁可放弃中午一部分休息时间也要辅导“学困生”。所以，她的班级数学一直都是年级第一！成功的背后，往往洒满了奋斗、努力的汗水！

2. 冒雨参加教研

9 月 14 日下午两点，我离开学校去实验小学本部参加他们组织的数学教研讲座，还是王老师给我提供的这个信息，本来之前同来实习的另外几个实习生也准备去的，但看着外面连绵的中雨，大家面露退意，最终只有我打着伞，挎着包去了。步行了 25 分钟，我的鞋子、裤子都湿了，但开弓没有回头箭，没有付出哪来的收获？

会议室里几乎都是一线的数学老师，主讲的李老师是个很优秀的老师，在市教科所担任要职，他通过 38 道数学题来分析绵阳市实验小学数学教学中存在的问题，并对一些知识点的教学提出了一些建议。

教与研是教学的双翼。只要有教学存在，就会产生问题，就需要研究问题。当问题得到有效解决时并不意味着可以停止教研活动，随着教学实践的不断深入，又会产生许多新的问题，这就需要教师密切关注教学活动，不断加强研究力度，深刻意识到教研活动落实的重要性。

3. 当方程遇上古诗

11 月 2 日，王老师讲授方程的第一课《用字母表示数》，所谓万事开头难，这确实对于绝大多数学生来说是一个“下马威”，这是学生第一次感受“代数”思想，是思维从具体到抽象的一步跨越，很多学生就是在这里“吃了亏”。上课后，王老师先是询问大家学习了这么多古诗，有什么感受，学生们都说到了“简洁、凝练”。接着，王老师让大家回忆背诵了王安石的古诗《梅花》："墙角数枝梅，凌寒独自开。遥知不是雪，为有暗香来。"王老师追问"数枝梅"中的"数"是什么意思？学生们不假思索地回答"很多枝"，可以是两枝、三枝、五枝……这么多种可能，却只用一个"数"字就概括了，确实简洁、凝练。王老师又引导学生：如果用数学知识能不能也这么简洁地表达你家里梅花的枝数呢？学生们自然地联系已有经验，说出了"n 枝、m 枝、a 枝……"。这节课就自然地导入了今天的课题《用字母表示数》，真是一个巧妙而精彩的导入呀！

4. 实习总结

正所谓"不登高山，不知天之高也"，实习让我登上"小学一线"这座高山，让我更好地实际感受、领悟"现实中小学教育"这片天空的广阔无垠。在这持续两个多月的实习活动中，我学到了很多书本上没有的东西，同时也领悟了很多教育的真谛！以前那些书本上"抽象单薄"的文字变得有血有肉，我更加虔诚地用眼睛、用心去接近小学教育、去了解学生、去思考教育的真谛。

三个月的实习，仓促而短暂，但让我受益良多，它让我实现了由学生向教师这种身份的转变，亦让我认识到了教学的目标是让学生学会学习，学生学会了学习才能让学习变得更有意义和希望，而课堂教学则是实现这个目标的重要组成部分。作为一名教师，如何教授学生则是一门艺术，而任何一门艺术，都昭示着一种生命的流动、一种动态的旋律。教学是一门高雅的艺术，而课堂教学，则是这门艺术活动最集中、最直观、最本质的反映。课堂教学是美的艺术，是一种教师与学生共同参与的复杂的审美活动。白居易说："感人心者，莫先乎情。"一场场精彩的课堂，流淌着人间种种美好的情感。课堂，需要老师引导学生感受这些人间真情。让学生在美好的情感体验中，收获一颗丰富美丽的心灵。

成长是一个慢动作，日不见其增，月见其长。在这段实习过程中，我慢慢成长，通过听课、上课、改作业与学生交流等，了解到许多影响学生学习的因素，学习兴趣便是其中一点。兴趣对于一个小学生来说是至关重要的。俗话说："知之者不如好知者，好知者不如乐知者。"在教学中，必须把学生的学习兴趣调动起来，使他们在快乐中主动学习。无论上什么课，要采取以学生为主、老师为辅的教学方式，充分调动他们学习的主动性和积极性，由"要我学"转化为"我要学"。

5. 论文写作

大四的实习，我看到了很多小学教育中的问题，这也为我的论文写作提供了方向和数据，最终我确定了“数学文化在小学数学教学中的渗透现状及策略研究”的题目，在查阅资料、阅读文献、与导师沟通的过程中，我有过困惑、退缩、迷茫，但最终还是坚持下来，在4月初提交了一万四千多字的论文初稿。之前觉得学校专门安排一学期来完成论文太浪费时间，真正经历过后才觉得之前的想法是多么幼稚，论文写作从不是一个简单轻松的过程，是对身心的双重考验，也是对之前理论学习的检验。

【教育自传后记】——回望我的成长之路，我想说！

回顾我的成长历程，虽然幼时的记忆早已模糊，但自从我记事起，我所活着的每一天，无一不有教育的身影。基础教育奠定了我人生的底色，我感激它陪伴我的每一天，让我不只是活着，还在学习、思考。

乡土味儿的幼儿教育、义务教育，让我终生热爱乡土、敬畏大自然。我的学前教育、小学教育、初中教育都是在村镇完成的，我的家乡是我们县最偏远的一个小镇，地处大巴山区，群山环绕，风景秀丽。这里的风土人情保留了中国传统民间的淳朴，孕育于这块土地上的教育也带着浓浓的乡土气息。当我第一次远离家乡，来到成都这样的大都市时，我一开始是自卑的，我为自己的乡土本色感到自卑，我不愿提起那段带有泥土气息的教育经历。到了今天，我才后知后觉，那个排斥这段经历的女孩，你是多么幼稚，多么自卑，但我不是指责你，我只是站在今天来剖析我的过往。现如今，我才真正清醒过来，这一段乡土味儿的教育经历是我一生的财富，是多少自小便生活在钢筋森林里的人永远体会不到的精神财富。在这段经历中，我是自由生长的树苗，我感受了大自然的魅力，我亲近自然，了解动植物，尊重每一个生命，敬畏自然。今天的教育倡导促进人的全面发展，在这个飞速发展的时代，知识的获取越来越容易，人们的整体知识水平也明显上升。但我们也要清醒地看到，物质逐渐丰富的人们，思想却问题百出。所以，当下的基础教育强调注重学生的“情感态度价值观”教育，帮助学生形成人与自然和谐相处的自然观。我觉得这方面的教育不能在空中真正落实，需赤着双脚，在土地上落实。

先进的城市现代高中教育，让我视野开阔，适应时代要求。我的高中不同于我之前的教育，从小乡村到大城市，改变的绝不只是房子的高度，马路的宽度。高中四年，我经历了第一次蜕变，在华阳中学我第一次感受到教育政策法规对教育的规范，这里的老师真的没有体罚学生，这对我来说简直不敢想象，但是他们依然能教好学生，所以用今天的话来说，教学有法，法无定法，贵在得法。与其用简单粗暴的体罚来惩戒，不如因材施教，多一份宽容和劝解。这里的教育秉承以人为本的理念，尊重我们的兴趣爱好，注重我们的身心协调发展，我的高中有正规完善的心理教育，丰富多彩的兴趣社团。正是通过这些让我们能在这个新时代生存、发展。

2018 年 9 月 5 日，绵阳一场微寒的秋雨拉开了我与绵阳师范学院四年的缘分的序幕。不知不觉间，筑梦四载，春去秋来，太过匆匆！

绵师，我想对你说，你很美！春日玉兰雪白、桃李芳菲，夏日绿树参天、蝉鸣悠远，秋日桂树飘香、银杏金黄，冬日梧桐飘零、寒风阵阵。一个季节，一幅山水画。我看过无数次日落，仰望过无数次月圆。我喜欢走清水园的那条林中小道，享受阳光透过绿叶后在脸上斑驳成荫；喜欢南门口那棵参天的垂丝海棠，宛若多情少女；喜欢图书馆前明艳动人的月季，深秋时节也能虽败犹荣。游仙校区背靠森林公园，位于富乐山山腰，车水马龙的市区就在脚下，夜幕降临后便可俯瞰那流动的灯火。我一直很喜欢北校区的景色，天然的氧吧，总能抚平我心中的焦虑，让我静下心来去思索。

绵师，我想对你说，谢谢你！你不是 985，也不是 211，只是普通的二本院校，但就是你这所普通的大学让我完成了我人生的第二次蜕变。就好比一个高度、一种风景，只有你真正站到一个新的高度，你才能感受新的风景。这四年的大学教育，让我感受了我国大学教育的重要性和它在我们每个人教育经历中的独特性。我觉得我最大的一个变化是思想认识上的成长，三年的专业理论知识，在不知不觉间塑造着我的认知，老师们的谆谆教导就如春雨般滋润着我的心灵。这几年，我既能感知事物的表象，也能透过表象窥得一些本质，大学在保留我感性的同时，也极大地促进了我理性的发展，我对自己的未来有了明确的目标追求，我也知道要实现这些需要不懈的努力。

回首在绵师的岁月，我怀着憧憬而来，学习理论知识、锻炼实践能力、广交同道好友、开阔视野格局，在这期间经历过困惑、挫折，但更多的是满满的美好回忆，这将成为我一生的宝贵财富。

离别在即，万般不舍。唯愿在未来的日子里，我们都能成为更好的自己！

总要允许一些人有一个安静的青春

自我小传

【姓名】：王曦

【出生年月】：1999 年 8 月

【出生地】：四川省西昌市三岔口西路 116 号

【求学经历】：

2004 年 9 月—2012 年 6 月，在四川省西昌市大兴中心校就读；2012 年 9 月—2015 年 6 月，在西昌一中俊波外国语学校就读；2015 年 9 月—2018 年 6 月，在西昌市第一中学就读；2018 年高考被绵阳师范学院录取，9 月入校就读。

【大学获得主要奖项与担任相关职务的经历】：

中共党员，获四川省综合素质 A 级证书，一次国家奖学金，一次绵阳市三好学生，一次校级三好标兵，两次校级三好学生，两次校级优秀共青团员。学习上，连续六学期获一等专业奖学金，两次国家励志奖学金，已取得英语六级证书和书法四段证书等。工作上，曾任教育科学学院学习部部长，严谨尽职，获得“先进工作者”称号；积极参与社团工作，被评为“优秀社员”，连续三次获得“优秀见习生”。创新能力上，获第六届四川省国际“互联网+”大学生创新创业大赛金奖、银奖、“挑战杯”四川省大学生创业计划竞赛铜奖，成功申报校级大创项目并结题，其中一项被推为省级项目。在实践活动方面，积极参加志愿服务，时长约 150 小时，积极参与各类文体活动，热爱体育运动，多次参加校级征文比赛并获奖。生活上，乐观向上，团结同学，乐于助人。

一、西昌·留住春天记忆的地方

我出生于四川西昌，一个春天栖息的城市。自小生活在桃花山，能在山顶望海，能于春日坐拥山花烂漫。

我出生于一个普通家庭。在 1999 年，跑赢了同期竞争的精子们，脱颖而出。听说，他们老早知道我是个女孩子，在犹豫要不要打掉的时候，我的外婆说："好歹也是个生命。"于是，十月怀胎之后，我出生了。其实我还是蛮幸运的，家里根本就不重男轻女，由于响应当年的生育政策，我以独生子女的身份骄傲地活到现在。我和爸爸妈妈、爷爷奶奶住在一起。据邻居描述：我才学会走路的时候，满院坝跑，每次吃饭，他们都要追着我，我就会美名其曰：一起锻炼。

时而恍惚，今年的我多大了？思索片刻，稍微精确地来说，现在打下这行字的我是 22.4 岁。下面的内容记录的是我有趣而珍贵的童年，写了我的小学、初中、高中重要的人和事，记录的是一些看似支离破碎但印象深刻的记忆碎片以及即将逝去的大学时光。这些事情或许琐碎，或许有趣，又或许有那么一丢丢无聊，但欢迎你走进我的故事。

二、小学·童年·夏日·小溪边

（一）我的小学数学老师和我

我 5 岁读小班，6 岁读大班，7 岁读一年级。小学是在乡下读的，那个时候一个年级一个班，语文老师是班主任，负责班会、音乐、生命安全等，数学老师负责体育、科学、信息技术等。所以，我常常开玩笑地说：我的数学是体育老师教的。每天的任务就是上新课—写作业—作业改正—作业评讲，其他全是体育课，谁完成快谁就能早点儿出去玩。就是因为小学作业没什么难度，大家在学校就把家庭作业都写完了，回家又继续玩耍。特别是夏天，吆喝几个小伙伴摸鱼捉虾，戏水和泥巴，为此，我特意写了一篇《童年·夏日·小溪边》的文章，并张贴在学校作文展示栏。

我们平时是不会有周考、月考和期中考试的，就是期末考试前一个月，每天重复模拟测试—改卷—评价—抄错题的节奏，然后期末就复习自己考过的卷子，那么接近双百就轻轻松松了。期末时候数学早自习往往是数学老师的考试课，因为考试时长不够，得靠自习来凑。我印象最深的一次是，数学老师说周二考试，我正好周二有事请假没去，想着逃过一次考试，乐哉乐哉。结果我周三上课，问同学们考得难不难，他们居然说没考！看着我一脸呆萌的模样，数学老师笑眯眯地对我说："怎么能让你没有参与感呢，唉，我可是为了你一个人放弃了考试计划，我决定周四才考，怎么样，惊不惊喜？意不意外？"啊这，是挺意外的。

不过，我也挺让他深感意外。有一次我数学作业忘带了，于是我说：我去拿。他刚刚想制止我说，意思是没带就没带了。可我拔腿就跑，大概60秒后拿着作业本出现在他眼前。他惊呆的表情我现在还记得，他说："你跑得也忒快了点，都要赶上运动员了，回家拿的？"我回答："是的。"毕竟他似乎还不知道我家就在校门口。

没错，我的数学饶老师就是这样一个让人惊喜的老师。作为一个数学老师，他是唯一一个拥有"私人豪华办公室"的老师，面积约一个寝室卫生间大小，而这个所谓的"办公室"拥有一个别名——体育器材保管室，毕竟他兼职我们的体育老师。他们办公室对我们来说有着谜一样的吸引力，原因有三：第一，它地处交通要塞区，上厕所必经过；第二，它内含跳绳、篮球等器材，靠着"熟人"效应，大家蜂拥相借；第三，实在是学校太小，无处可去，去他那时不时做两道数学思考题可以解解闷。

在我的印象中，我的数学老师是一个头发半百，口音奇怪，我一度以为他是个少数民族结果是个汉族的快乐源泉。他教数学的模式属于"笨鸟拉扯型""死记硬背型"以及"竞争追击型"。所谓"笨鸟拉扯型"就是读不懂题意，那好，全班69人，四大组，一组读一道题，读的时候站起来，读不整齐就再来一遍。解释题意，带着理解再读一遍，错的题目一个抄五遍。死记硬背型就是背法则，背公式，比如，被除数除以除数等于商，加数+加数=和，诸如此类，逐个在他面前过关。如果放学还没背过，那他就等你，直到你背到为止。竞争追击型是四年级开始的，那时候有另外一个村小合并入中心校，于是我们变成四（1）班，其他新来的变成了四（2）班。这个班基础没有我们好，但是有几个黑马型选手。老饶每次都有强烈的危机意识：你们再不努力，别人就要超过你们了。你们看看这平均分，怎么回事，只比他们高5分。同学们……嗯……一班之所以是一班就是因为实力。我们小声嘟囔：一班之所以是一班就是因为我们是先来的，所以排序在前面。

这么漫长的读书生涯，我最喜欢和他拌嘴，最喜欢帮他改卷子，最喜欢找他玩。在小学此后的日子里，我再没有肆意“怼”过一个老师，也没有展现那种小学生得意傲娇的样子。小学岁月，大概是没有什么资本和资格还肆意骄傲的时光。

如今看来，他的教学方法是存在一些问题的，甚至影响了我学习数学的方式，没有形成系统的数学思维而是走上了机械记忆的道路，但是不可否认的是，我喜欢他，至于喜欢的原因，我猜你大概已经读出来了。

（二）老师们的“battle”

我的小学语文张老师和小学数学饶老师曾有过一场没有硝烟的“战争”。

我的张老师是个高挑大方的女老师，自信美丽，又懂英语和音乐，上课从不拖堂，放学绝不留人。作为班主任有点儿严厉，但我觉得她不凶。我的数学老师是个稍微刻板严肃、口音略显奇怪，自己作业不改，老是为了效率，委任组长来改的体育老师。我和我的发小老觉得他俩之间往往暗自较劲，终于在六年级的某一天老张在我们面前哭唧唧：“你们以为要放学留你们才叫好，要给你们免费拖堂补课才叫好。我一直没有认真管你们，我不负责？有些家长也这样觉得，说的话真让人心寒，我一直觉得今日事今日毕，讲不完也不拖堂是我的原则，这就叫不负责？”那是我第二次看她当着全班流眼泪，第一次是因为汶川地震全校默哀，不懂事的几个小学生在嬉笑打闹，她带着哭腔说：“你们懂不懂事，现在是什么时候！”当时不明白她为什么哭，可是在大二那年我突然明白得很深刻。看到家乡突发地震，远在异乡打电话回家却打不通，联系不到亲人的时候，突然就懂了。

我向来是明白老张作风的，她不喜欢拖泥带水，上课富有节奏。她的拼音是全校最标准的，甚至我觉得她是当时全校教学最好的语文老师，比那些特级还好。

只不过，当时六年级下期，要小升初。当年有一所地势优越、资源齐全、名声在外的初中。这所初中的墙体是特别漂亮的淡淡黄和温馨粉，我把它叫“小小黄和小小粉”。但是，学费对我来说高昂，2012 年的学费是一万二每年，且是自主招生命题，考到前 100 名就可免部分学费，报名的人络绎不绝，50 元报名费还可得到历年真题一本。我的数学老师便想自发为想报考的同学讲讲真题。乡下学生的家长大多都是农民，一听老师自发免费补课就十分感动，田间劳动时也常常聊这个，也有拿自己家的瓜果蔬菜去感谢的。我想，八卦总是传得很快，比较似乎是人的天性。这对一起工作语文老师张老师就不大友好了，我自己琢磨。老张作为班主任，兢兢业业六年，连家长口头感谢都没得到就算了，反而被说不负责任，不像数学老师那样。顿时心里委屈憋闷，所以才在班上讲自己的委屈。可是当时 12 岁的我们，不懂得如何安慰人，只是面面相觑，不敢说话，全班沉默了几分钟，张老师把眼泪一抹，憋回去让翻到昨天学习的内容，继续上课。然后转身板书。但是，上节课数学之后，值日生没擦黑板。张老师应该更生气了，但她没作声，没请同学擦也没自己擦，就换了个颜色继续写在原来的板书上。每每回忆到这儿，就有种恨铁不成钢的感觉，当时甭管谁，擦个黑板，说几句安慰的话不行吗？以前活跃气氛的同学没有做，我也没有做。想想那时候是真的不懂事，得亏大方善良的张老师自我消化能力强。

拍毕业照的时候，饶老师穿得比以往都正式些，张老师还专门画了个口红，换了她喜欢的橙色碎花裙子。他俩和我们，拥有了六年以来第一张大合照。而至此，小学生涯结束。在这些肆意洒脱的日子里，老师们和我们大概都在努力地做好自己。而我，奔赴了初中。在那里，又开启了新的旅程。

三、初中 · 樱花烂漫几多时

（一）自律的开始

初中校园小道的樱花伴随着春天的落幕而飞舞。周天，我都会故意从樱花道，闻着淡淡幽香踏入寝室。这是我住过最宽敞的六人间，上床下桌，两个面池，独立浴室和阳台。417 寝室的窗外繁花似锦，绿树成荫。每日的内务打分精确到蚊帐是否 90 度夹脚，床单是否有褶皱，面盆和镜子是否有水珠，六人摆放牙刷的倾斜方向是否相同，漱口杯的标号是不是向外显露。晚上寝室的门是不能关的，宿管老师晚上是不能睡的，必须每隔半小时巡逻一次。她们走路轻轻的，不打电筒，怕惊扰同学休息，也会给同学们轻轻盖上被子。

她们会监督我们午睡，也会监督我们晚睡，上床和下床的时间是有规定的，如果不准时会被扣操行分。生活老师“LiLi 们”会在每层楼道口等我们回寝。每个同学回寝都要说：“李老师、黎老师好。”去上课都要说：“李老师、黎老师再见。”由于学费比较高，勤奋的同学往往喜欢利用夜晚时光在被子里挑灯夜战，或者中午借上厕所的名义背书，最明显这么做的是我的室友六号，她几乎没被逮住过，而挑灯夜战这事，我第一次做就被抓现形了。记得我当时在看初一的地理书，打着我的小电筒，从被窝发出的光吸引到了老师，她径直走到我的床边，收走了我的地理书。没课本明天上课怎么交代呢？但我还是在担忧中安然入睡。所幸，老师一大早就还给我了，也没有喊我写检讨，只是喊我以后不要这样了，现在要保护好眼睛。这真的是一条至理名言，身体一定是革命的本钱。

这是学生生涯最严格的寝室生活，也是我最怀念的充实与自律。有时候结果和偶然的失误并不重要，因为倾向于记住的总会是自主想要记住的。

（二）竞赛和考试趣事

初中的时候，每次返校都哭哭唧唧，磨磨唧唧不想去。我爸每次送我都说：“那就不去。”我说：“嗯？不，好不容易考上，怎么不去？”当时我考入全校数学竞赛班，这意味着我必须在周日下午两点就提前返校，然后由学校老师辅导两个多小时。

这个课上得我头晕眼花，一会儿函数，一会儿图像，关键周围都是学霸，一听不懂就心堵塞，老师讲解的时候还行。但让我自己练习的时候，几乎很少对甚至没有一道是独立自主做对的。虽然如此，我还是要厚着脸皮去上，即使听不懂，毕竟“鬼使神差”才考上的，要坚持上啊。哈哈哈，这个词在此处好像不是那么恰当。

竞赛班一学期会换一波人，每学期期末，全校再次进行公开闭卷选拔，时不时还是会问我爸：“要是下学期考不上了，多尴尬。”我爸说：“那不是正好合你的意，反正你每周哭哭唧唧不想去。”啊这，话虽如此，但被逐出班门，岂不是很失风范。幸运的是，在期末公开选拔的时候，我居然竞赛考试得了 145 分，好像是第一名吧，获得了保班资格并得到了数学老师几天的深深赞许。事实上，考这么高完全是因为有相似题目出现，我依葫芦画瓢蒙的，所以这个结果意外了些却也不那么意外。

周五，我爸来接我，我又告诉了他这个消息，他说：“嘿，我还以为你是超常发挥，原来是做做过的题。”我急了：“但那些题竞赛班的别人也做过嘛，嘻嘻嘻。”得，自己已经得到了想要的答案，并且将要继续下学期每周天的磨磨蹭蹭与哭哭唧唧。

竞赛的故事依旧持续，高中举行全国中学生生物竞赛和化学竞赛，大家几乎都没啥备考方向，但是生物课代表拿出了大学的生物课本和化学课本，据她研究：竞赛的很多知识会超纲，所以先学习大学知识以防万一。化学我是真不行，生物我也是死记硬背，到现在都为自己选择理科而有些迷惑。我又决定破罐子破摔但不完全摔，我的化学竞赛复习计划就是背诵所有学过的反应方程式。我的生物竞赛就是复习前面的知识。就这样，化学竞赛的题让我十分懵圈，自主设计实验题目，化学式都是新的，化学键也是在一个球体上数，和数学扯上了关系。完犊子了，我心里这么想。最终，我并不知道自己的分数。但是毫无意外，我被淘汰了。化学老师说：就念几个及格的同学的分吧。呜呜呜，最后一个上线的同学没及格。那我果真没及格，怕是个位数都能考出来，毕竟，我深知自己的一贯作风。但也许是幸运，也许是我的领悟能力和手速，我居然生物考了全校第 15 名。我当时给同学说：简直不可思议。然后，带着梦幻般的感觉进入生物办公室听老师们对我的恭喜。这难道就是无心插柳柳成荫？

初中的时候，每次月考前，我都会说："考得差怎么办？"我爸："只要不考倒数第一就行了呗。"高考完，我说："要是没学校要我怎么办？"我爸："没书读就在家呗。"其实初中几乎都是班上前三，高中几乎每次都在一本线以上。我现在想来，我把事情的悲观程度老是估计得有点儿高，可如果不把最坏的结果预估到，后面承受的时候会变得很困难，至少我当时是这样想的。

所以现在，我仍是这么想的，但是我又多了一些些感悟。有些人过于在乎某件事是不对的。她可以在乎，可是在乎过头就不好了。适度原则在什么时候拿出来看都不过时。反过来，当时觉得重要极了的东西，现在来看，也就那么回事。当时觉得不那么重要的，现在看来又是很必要的。

四、高中·每一段记忆都是一份礼物

高中生活用三个词可概之：平淡、困难、孤独。

高中没分科之前是平淡，文科理科的课都要上。火箭班隐形自觉不参加社团，当然我反正也因为一没才艺，二没经历，没有兴趣关注这些。有一个人高二分科之后学习异常困难，物理化学困难的人还偏偏坚持选择物理化学，物理还是导致高考失利的关键因素，那些当然是后话了，没错，那个人就是我。

高三和同班同寝室同学校内租房，过着三点一线的生活。

后来我明白，我不是不喜欢这种生活，只是当时总是羡慕别人青春炫目看似轰轰烈烈的高中生活，我却过得安安静静。所以，不自觉欣赏毛不易那句：总要允许一些人有安静的青春。高一大概是我高中的高光时刻，全班 69 人，因为高一不分科，我靠着雨露均沾，能考到班级前 5，年级前 25 的样子。但是到高三，基本稳定在班级中层，年级 85~140 名的样子。落差是有的，记得那时候 69 人的成绩单是两页，贴在教室最后面。高一，我能顺着在第一页找到自己，高二，我能在第二页的表头找到自己。在第二页的次数多了，失望的次数就多了，为了避免失望，我习惯了从第二页倒着找自己，后来过了很久很久吧。有一次我居然没在第二页找到我的名字，很显然，我的努力有了回报，我戏称这是“正义的回报”，当时的那种兴奋不强烈，却直击心门，但是好景不长，我又回到了第二页。

不得不承认，我对理科的学习方法有问题，有些科目也实在没什么天赋。所以，我突然有个大胆的决定，我在高二下学期转文，我把成绩单拿给我的语文小刘老师，请她帮我参谋，毕竟她也曾是高三上学期转文科并且成功的勇士，经过她的一番分析和过来人的经验，她建议我不要转，我思考再三接受了这个建议，然后又继续过上了苦兮兮的理科生活。

刘老师和其他语文老师的教学方式不一样。比起她讲，她更愿意我们读。于是，老是自费打印很多有关作文的素材给我们看，往往一看就是一整节课。火箭班的理科学霸往往是不会完全投入语文课的，他们觉得语文老师的水平不是很高，课也不有趣，于是有些利用语文课写理科试卷，有些自己看和语文相关的资料或者小说，因为他们觉得这样效率更高，语文考得也还不错。以前我不是很理解，但现在我明白，每个人有每个人的学习方式，高三不一样，他们在用自己的方式补短板。我由于理解能力不够，跟上老师的安排是最好的选择。

在师范专业学习后，越发认可“因材施教”的重要性。学生认识到短板，有好的方法，他可以自学。但往往学生是表面认识短板，连片面的深刻都很难做到。而教学的确需要保证在大环境的前提下，尽量照顾到人格类型各异，学习方式不同的人。

我时常也会开玩笑说：如果再来一次，就中高考而言，在语文上面我就不花那么多时间了。中考琼瑶阿姨的一篇散文就把我打回原形，语文成绩拉至新低，高考刘慈欣先生的一篇科幻文看得我怀疑人生，错失一本大营。但是，如果我那段时间没有多看看语文，没有多钻研古文，没有多阅读，现在学习的效率会相对低。所以辩证法告诉我们很多事情不能单看，换种方式的结果不一定更好，所以当下才最重要。

某些事情并不是事情本身，而是事情的结果是会影响我现在的思维和选择。就比如，高中为了清静学习，同时挑灯夜战不打扰到别人，我和同寝室的一个同学在教学楼旁边合租了一个房子，每天我们两个就是洗漱的时间交流唠嗑半小时。他的爸爸妈妈每天都要来看她，给她带爱心晚餐。而我爸妈离学校较远，而且周末要回家，所以他们不来，当然我也不会叫他们来。有时候赶时间或者晚上肚子饿，会吃方便面，但多数还是吃的食堂。现在，我会发现曾经小时候喜欢的东西居然这么难吃，味道依旧很香，但送到嘴巴就不想吃了，以致我到大学之后的住校生活再也不碰这个东西。当有同学为了不肯多爬楼而购买整箱的方便面时，我劝他们大可不必，多走几步，有助于身心健康。

五、大学·当时觉得很忙的日子现在反而怀念

（一）我和我的室友师姐

我要先从我的大一上期讲起，虽然嘴里嚷嚷着是不是还要复读，身体已经诚实地来到大学。2018 年 9 月，很不幸的，我是班级最后一个到校，孤零零地只能和师姐们混寝。同样，很幸运的，我因此遇见了 5 个可爱的人。

她们理解我一开始的拘谨不安，了解我的磨蹭慢热，接受我间歇性地喋喋不休，懂得我的一些奇奇怪怪。在我不开心的时候安慰我，在我有麻烦的时候帮我，会耐心地解答我七七八八的疑惑，她们让我觉得，原来大学还是可以很有趣的。我内向、宅女不喜欢出门，但我仍然喜欢和她们一起出去，爬山也好，吃饭也好，赏花也好，看电影也好，都很好。我喜欢和她们在一起学习奋斗的日子，多晚也好，多累也好，也都好。我喜欢晚上敞开心扉地聊天，欣喜的、悲伤的，都好。因为那是我和她们在一起的日子，是充满着友爱和关怀的温柔岁月。

可时间总是这么快，一眨眼就转到到了她们毕业的日子。很遗憾的是，那段日子因为疫情原因，不能一起拍毕业照，不能一起去毕业旅行了，一些想一起去做的事情不能实现了。

有人问我，如果2018年9月再选择一次，我会不会早点儿去报道。现在的我会回答说：不会。我还是要选择同样的时间去。如果不是，我就可能遇不到她们。她们毕业了，祝他们山野皆有雾灯，漂泊亦能归舟。前路徜徉，一路有光。

（二）我和我的部门

大一下期，我从开学到期末一直在纠结要不要部门留任，一是怕不能，二是怕做不好。其实，如果事情不是90%的把握，我一般不太想做。大二的时候，我成功留任。

整个大二上期，是盲与忙的结合，一是忙碌，二是盲目。有了很多工作上的第一次，如第一次进行例会、第一次独立写策划案、第一次组织办讲座……疫情那阵，蜗居在家，网络不佳，交接不及时，工作量和工作方式有所改变，有新挑战。而如今再看，能力得到锻炼便是欣喜之事。我例会第一天是想给我的干事同志们留下一个：我严肃、认真、不好惹但我很温柔的印象。这个人设不到一周，除了“我很温柔”以外，未击就垮。理由很简单，我没有转换好当一个部门负责人的角色，在潜意识里，我只是一个比他们大两岁的师姐，以后都是同学，没必要这么较真，平时和谐相处。他们才刚入校，工作做不好很正常，我没必要拿我的强迫性要求他们，毕竟他们以后会慢慢上手的。事实证明，当他们还没上手的时候，疫情来了，部门的工作量确是以前的好几倍。蜗居在家，网络不佳，人机分离，交接没有办法。在时间紧急的情况下，给他们做的时间还不如我一人搞定，于是我又变成了默默做事的同志。不是说绝对不好，但是我丧失了一个学期锻炼的机会，导致现在的组织力还在原地踏步。

大三开学的时候，我终于领到了聘书，但还是继续得带领新部长们一段时间。他们会走我当时走过的路，会给我抱怨我之前向他们抱怨的问题，会明白我之前精心准备的开会内容其实是在为他们以后的部长生活铺垫，毕竟忙起来还是真的很忙的。他们会告诉我：谢谢姐姐的耐心和温柔。虽然他们在切身体会后才会明白，但证明我当时默默地渗透还是有些作用，也不枉当时熬夜也要为他们列出经验。如今是大三下学期，我再回过去看当时的候选人，经过将近一个半学期的锻炼，她们已经熟炼地掌握“业务”，也会拉着告诉我，他们的部员虽然有些不大主动，但是会越来越好的，他们已经在准备交接工作了。

也许是因为类似的性格，我希望和我一样内向不大胆的师弟师妹们能走出失败的阴霾，同时悦纳自己，不是接受，而是悦纳。时间总是推移，但相似的事情总会出现在不同的人身上。春来秋往，我想要是一直这么宁静美好就好了。

（三）“嗯嗯”的小组作业——有时候觉得挺好，有时候觉得挺不好

首先说明，“嗯嗯”是难以言说，又爱又厌的复杂情感的可爱代名词，其灵感借鉴德国作家霍尔茨瓦特、埃布鲁赫的绘本《是谁嗯嗯在我的头上》。

我当了很多次组长，也当了很多次组员。大学小学合作的基本流程是：讨论无果，组长安排，其他人等分工然后做。问意见，就是回答都可以，这种现象司空见惯。我一度认为我没有领导力和创造力。可是我在大三下学期偶然的一次机会，我发现不是没有，而是有的不多，并且不愿意展露和发展。其实是有决策能力，甚至有设计的小小天赋，可就是因为觉得要尊重每个人，通常我会把决策机会放弃。现在我明白了，太过宽松，人多的时候，更是无法决策。所以，当有人反对时，我会保留意见说出想法，当没有多少人附议时，我也不会再过于强辩，以免伤了和气。我一直以为我是个慢性子。小组合作中的事实证明，我是个急性子，只是做的事情很磨蹭而已。当有人提出意见可是他又讲不出所以然的时候，我恍惚是看到了一面镜子。

2021 年，心理小组协作课，我们再次组成了 9 人的心理游戏创设组。也许是因为大家对于心理学的热爱，又或者是因为学习了人格差异，大家在合作中有一个明显的进步：比起关注自我，更注意观察自己的同伴以及用礼貌的语气表达自身不同的观点。注重细节，也更顾全大局，要有自我萌发的创意，但不能天马行空，要结合组内的实际情况。

多数人同意的路，大家一起才能走，才能走得更好、更有力量。

（四）我的小日常——空虚的生活会让我感觉慌乱，所以我选择让自己忙起来

在志愿活动上，我以作为一名青年志愿者而感到无比光荣。在常青藤、

三医院，帮助腿脚不便的老人上电梯，在康复科陪伴；在科技馆，和小朋友做游戏，朗诵弟子规和三字经；疫情期间，主动到乡镇卫生院进行防疫工作；在残疾人康复中心，陪伴脑瘫患儿，帮助患儿家长减轻负担。还记得第一次到绵阳雷锋志愿服务中心总站，大雨滂沱中，繁忙车阵里，雨伞几乎被吹坏。抵达时，全身都已湿透。但有意义的事一般都不会很轻松，志愿活动是助人与自助的统一体，不在于时长和次数，在于坚持不懈的正确初心。每每想起这些日子，总觉得青春有爱和激情。

在比赛上，我积极参与学校组织的各类比赛，有征文，有体育，有配音，有演讲，有设计等，当然，不要为了活动而参加活动，在每次活动中体验过程才是享受。我也从中找到了不足和比较擅长的领域并收获了一些证书。

在思想上，我积极向党组织靠拢，有幸参加了绵阳师范学院第十三届青马工程。在培训中，我丰富了有关党的理论知识、去北川县应急管理学院接受应急救护培训、和同学们共读一本书、分享《习近平与大学生朋友们》阅读心得、去电影院观看《我和我的家乡》……这些使得生活充实且有意义。青年学子应该在真学真信中坚定理想信念，在学思践悟中牢记初心使命，主动了解世界，大胆尝试。学生时代是人一生最美好的时光，长身体、长知识、长才干。虽然人可以一生学习，但是能够单纯静心的时间段不多。这几年的学习上，我不怎么局限于课本知识，积极探索在未知的板块上。一次次总结后，我发现，时间是基础，效率是保障，对于看上去不可能的目标，要善于进行分解。缜密的计划和不懈的努力是非常必要的。如果改掉磨蹭很难，那就多花点儿时间，因为有些事只是困难但并非做不到。当初单词背了又忘，就继续抄写着背，一遍、两遍、三遍……资料查不到，继续换引擎查，百度、谷歌、知网……没写过项目计划书，就去看模板，不会做目录和动画，就去自学。参加“互联网+”大学生创新创业大赛时，熬项目熬夜通宵的日子不容易，披星戴月的实习生活也不轻松，但是坚持确实是很酷的行为。“那些看似不起波澜的日复一日，会突然在某一天让人看到坚持的意义。”

每个人都是独一无二的，而作为标准衡量尺度的只能是自己。高考完，在六月的盛夏，突然需要做很多重要的决定，左思右虑，瞻前顾后。因为没有人可以预测未来，所以，总有人后悔当初。可是很多事都是幸运的，多年来，我遇到很多懂我的老师。“一棵树会摇动另一棵树，一朵云会推动另一朵云，而一个灵魂，真的可以唤醒另一个灵魂。”在提交志愿的最后一天，我还是选择了师范。我蛮喜欢现在的专业，借助热爱和努力，学业和综合排名还不错。在数次的小学见习、实习活动中，曾因学生调皮而烦恼，任务繁重而焦躁，但当学生说“老师，我好喜欢你，舍不得你”之类的话时，的确感受到了教师的幸福感。优秀的教师需要培养很多品质与能力，希望在后期学习和生活中自己继续保持乐观积极心态，努力进取，爱自己，爱儿童，爱教育。一只粉笔，两袖清风，三尺讲台，四季耕耘。我想用千百倍的耕耘，换来桃李满园。我想做一个召唤者，去唤醒更多需要我的灵魂。

【教育自传后记】回望我的教育之路，我想说！

“你要允许一些人，有一个安静的青春。”毛不易在节目中说这话的时候，我的眼眶有些微微湿润。我不追星，但是我喜欢他的歌，他的词，他对生活的态度。不用事事都轰轰烈烈，但是最好在安静的青春中，有过“轰轰烈烈”的温柔岁月。

回顾往来径，苍苍横翠微。我的青春里，没有早恋，没有逃课，没有打架，生活简简单单，岁月安安静静。每个人的长处都是不一样的，有些人是外秀，有些人是内慧。“沉默寡言不意味着不善交流，独来独往不代表没有朋友。活泼的人通过社交来充电，安静的人通过独处来回血。”所以，活得开心就得坦率地悦纳自己，是这20年中我明白的道理。

教育需要安全感。纵有风景千千万，最念念不忘的，却是长久的心安。我四年级的时候去学习游泳。那时我10岁多，在班里算大龄。年轻的女老师很暴躁，问我多大了，这么大是听不懂她说话吗？我没作声。因为地方的口音不一样，她们说话我确实听不懂。当浮漂被拿掉的时候，被呛水的无助感历历在目。学游泳的这个过程，确实没有什么安全感，那时候小小的我好像悟到了“一朝被蛇咬，十年怕井绳”的道理。好的学校与家庭具有某种亲密感和安全感。一个人在感受到安全的教育环境中学得最好，因为陪伴是一种力量，没人是一座孤岛。因此，学校、家庭、社会应当有足够的安全感，能容忍质疑、争议和不同意见。书里面有写，学校的管理者和老师企图不惜一切代价去避免问题和困难，从教育学意义上说这是不现实的。儿童的生活就是与困难生活在一起。活着就会有困难，因为从事实出发，所有的成年人都在努力地做到对孩子的问题和困难保持着敏感性。

教育需要好期待。希望是一个简单的宣言：我不放弃对你的希望。我也知道你可以造就自己的生活。当从大人“我希望”变成孩子自己主动说“我希望的时候”，这个内化的过程就成功了一大半。我可能受我爸的影响，因为他老给我开玩笑但是不兑现诺言，美其名曰：“以后遇到的人不会全是说话算话的，所以我是在锻炼你。”所以，我往往会抑制我的自我期待感，但是仍然要去爱、要去相信、要去期待。作为教育者要做那些对孩子好和恰当的事。要给孩子保留学习和成长的空间，要保护孩子脆弱的东西，要使学生好的品质得到巩固和加强，要加强孩子的独特之处，促进孩子的学习和个性成长。如果伤害已然形成，我们就要淡化伤害，如果伤疤难以愈合，我们要教会他们将接受变成悦纳。

教育需要好时期，教育也是一种对话形式。在对话中，机智的教师、家长更容易发现其中的问题和困难，对孩子的兴趣更感兴趣，创造了新的可能性。就像徐影老师说的那样，得承认，太精确的教育学有好处但是它不智慧。因为过于精确就会导致标准化和模板化。我们还是要敏感地找到那个教育时机且找到可以实施的条件，比如，爱与关心、希望与信任、责任感等。在教与学这个共同活动中，双方最终得到的东西也许不是精确的什么，但是是不同的分享惬意。我们，会在教育故事中认识别人，也认识自己。

“故事并不真的那么神奇，只是我们在故事中认出了自己。”是的，教育这个故事，我们总在寻找着自己的影子。教育学是迷恋自己成长的教育学，同时也是迷恋他人成长的教育学。就像作用力与反作用力，教学相长的过程恰恰是共同成长的过程。而希望自己在后期学习和生活中继续保持适当的期待，积极的心态，严格要求自己，不骄不躁，努力进取，尽己之力，爱自己，爱儿童，爱角色，爱教育。

每个故事开始的时候，往往就开启倒计时。知道时间会过得很快，但快得出乎我的意料。我和绵阳师范学院的故事始于 2018 年的金秋，即将终于 2022 年的盛夏，有幸成为小学教育专业的一名学生。目之所及，皆是回忆。四年光阴，曾拼搏，曾迷茫。承蒙恩师教诲，有师如斯，实属我幸；感谢学校培养，“厚德、博学、笃行、弘毅”的校训必将牢记于心。

每一时刻的自己都让自己感动过

自我小传

【姓名】：李国庆

【出生年月】：1997 年 9 月

【出生地】：四川省雅安市名山区百丈镇蔡坪村五组 69 号

【求学经历】：

2001 年 9 月至 2004 年 6 月在蔡坪村小学幼儿园就读；2004 年 9 月至 2008 年 6 月在蔡坪村小学就读（小学一年级到四年级），2008 年 9 月因村小合并转到百丈镇中心小学就读（小学五年级到六年级）；2010 年 9 月升学进入百丈镇初级中学至 2013 年 6 月毕业；2013 年 9 月考入名山区第三中学，于 2016 年 6 月毕业，2016 年 9 月至 2017 年 6 月于名山区第一中学复读。

【大学获得主要奖项与担任相关职务的经历】：

第一部分：四川幼儿高等师范专科学校

2017—2018 学年担任系文秘部干事，被评为该学年度“优秀干事”；2017—2018 学年度获“系级优秀共青团员”；2017—2018 学年参加“活力团总支”制作，荣获“优秀工作者”称号；2018—2019 学年度“校级优秀共青团员”；2018—2019 学年当选系团总支、学生会文秘部部长，学年度“优秀干部”；2019 年获得一星级志愿者证书；2019—2020 学年度评为优秀顶岗支教老师。

第二部分：绵阳师范学院

2020—2021 学年上期荣获二等专业奖学金；2021—2022 学年上期荣获“优秀实习生”称号。

一、幼儿时光·天真浪漫的水彩画

水彩画下最令人难忘的就是童真、纯粹的美好。虽说，幼儿园至今已相隔甚远，但有些记忆却能在心底长存，慢慢想来，嘴角总会微微上扬。甚至仿佛听见了幼儿园时的张老师和我们捉迷藏时的呼唤声，置身于和小朋友之间的嬉闹中，至今都能感受到温暖。都说童年是游戏的，看来我的童年也毫不意外。

那时我们最喜欢的便是，张老师带我外出郊游。春天来临，一群活泼乱跳的小朋友在张老师的带领下，来到学校外的一片山坡地游玩，而也就是这场郊游让我变得开朗外向起来。由于从小是爷爷、奶奶带的缘故，我总是像一个保温箱里的襁褓，他们总是害怕我做危险的动作，以至于在玩耍之初我总是和伙伴安静地坐在一旁，看着其他小朋友在草坪上肆意地滚来滚去，心里也很是羡慕，但始终不敢迈出脚步。这时，张老师仿佛就像一个神仙似的，她知道了我心中所想。她微笑着向我走来，拉着我到草坪上，带着我玩耍。慢慢地，我的胆子大了起来，草坪中不断传出我的欢笑声。

至此，我在班上成为一个整天笑呵呵的开心果，也不惧怕老师。至今还有一个画面仍停留在我的脑海，便是张老师抱着我教我拉二胡的场景，那温馨与情切之感从心底涌出。或许是张老师的爱滋养了我稚嫩的心灵，她用真心爱着。后来的日子里，我的学习成绩也很优秀，经常能带着大红花回家，能遇见张老师是我的幸运。读小学时还能常常见到张老师，我总会跑到她面前闹个不停，后来初中高中大学，十多年过去了，她渐渐被我忘记，而我再也没有见过她。如今，我只记得她有一头短短的头发，格外有精气神。

二、小学时光·色彩丰富的油画

停下来静静回忆，小学的时光慢慢清晰起来。我上小学时经历了基础教育的一次变革，也就是村小的合并。那就以这为一时间截点，分别聊聊在这之前和之后的一些难忘之事吧！

村小的学习生活也就是从小学一年级到四年级，这时的我全然没有学习的烦恼，脑海里只剩下在操场上跳绳、玩捡石子、弹玻璃弹珠的身影。每次的六一儿童节我总是会穿着妈妈买的新裙子站在领奖台上，那时骄傲会情不自禁地流露出来。

应该是在三年级的时候，也正是由于这份自傲的虚荣，让我差点儿失去了一个好朋友。我在学校的老师眼中一直是个爱学习的孩子，也是老师的得力助手。可那年的六一儿童节，我仿佛感觉自己失去了这一切。六一儿童节的颁奖台上，毫无意外其中有一个我，“三好学生”的荣誉称号再次让我摘得。可后来，老师让同学帮忙发糖果时只是叫了一个学生，而这个学生就是我的好朋友，却没叫我帮忙，我失望极了，我开始质疑自己是不是没有她优秀，开始反思最近的学习是不是不够认真，以至于后面好几天我都不愿意和这个好朋友讲话。后来，奶奶发现了我的不对劲，她在询问我的情况之后，告诉了我这样一句话，当你获得奖状的时候，你的好朋友有没有为你感到高兴呢？并给我讲了一个互相认真鼓励的好朋友的故事，我也明白了好朋友是不会相互妒忌成功的，反而会为他的成功鼓掌。我和好朋友从幼儿园，小学都在一个班学习，初中时在同一个学校，我们依旧是一起上学，一起回家，一起写作业，一起……至此，我们俩也是无话不谈的朋友。

村小合并那年，我正读五年级，从村上转到镇上，我同样是每天满怀期望，可这时的我开始在为我自己的学习苦恼了。镇上一个年级 4 个班，一个班平均将近 50 人，这时学习的压力也大了。教学模式的变化，教学要求的变化，我课间的活动场所越来越小，从操场到走廊，从走廊到教室，慢慢自己的课间活动场所只是自己的课桌周围，每周的家庭作业不再是只有语文简单的字词抄写、一篇简短的周记和数学简单的口算题，其他科的作业也纷至踏来。

学习压力远不止于此，爷爷也开始让我每天练字。起初，我是百般不愿意，坚持了一段时间后，发现竟然喜欢上了安静下来坐下练字，以至在初中时经常得到语文老师的称赞。

夜晚，入睡前我总喜欢缠着奶奶给我讲故事，白毛女、黄香温席……只是读过一年初中的她总是尽自己所能给我讲这个故事。她也常问我，你以后长大想要做些什么，我说我想做一名教师，如今我离这个梦想也越来越近了。

三、初中时光·个性张扬的写意画

我的青春期还算过渡得比较平缓，没有大起大落，但也有些许小小的叛逆。初一时，由于对外界和长大的好奇，放学后总爱四处逛逛，偷偷背着妈妈打好几个耳洞，留着那妈妈看不惯的挡着眼睛的妹妹头……小学时几乎都是爷爷奶奶在照顾我，初中开始爸爸妈妈回来了，我也开始在他们的监视下开启我的学习生活。他们不会过多管我的学习成绩，但生活习惯在我妈这就像是一个炸弹，仿佛随时都会爆炸。

每天读书的早晨，爸爸总是早早将早饭做好，我呢，必须在家吃了才能去上学，他总是骑着摩托车将我送到校门口。记忆中，有一天没做早饭，爸爸在送我的路上叮嘱我一定要在校门口买包子，进入学校大门的路口较为狭窄，他就在外面的路口停下车了，而我认为他会转身就离去。万万没有想到的是，他等我买好早饭后，眼看我进校后才离去。

慢慢我感觉我爸早上送我的时间太晚了，我开始不让他送我上学。这时的我已经上初二了，不再有初一时的“叛逆”，我认为我可以自己去学校，早点去还可以背一会书，在我看来这再正常不过了。但多年后，和妈妈偶然间聊起这个话题，她的回答让我很惊奇，但也感觉很温馨。那时爸妈认为自己很早去学校是要去网吧一趟，再等到上课时回学校。为此，妈妈还让爸爸悄悄地在我的身后，看看我是否有此举动。见我在上学的路上，一心直奔学校，他们才放心地让我早晨早点儿去学校。

爸妈总是小心翼翼地照顾着我的，可留的妹妹头却成了我和妈妈争吵的导火线。我觉得留着妹妹头很好看，可是妈她却买回了一个当初的我看来奇丑比无比的发夹，让我把头发别上去。在不断争吵中，我终是失败的一方，最后我们双方都让步了，就是我不用她买的那个发夹，我自己去买发夹把头发别上去。

初中时，我的学习只能在班上算是中等偏上的成绩，数学老师也多次请我去过办公室，可能这就是给高中那不及格的数学或多或少地埋下了一些伏笔吧，但初中的我可谓在体育赛场上大展风采。每次的体育课，每一场的运动会都能看到我奔跑的身影。立定跳远满分、1500 米第一名……终于让我找回了一些自信。可好运并没有由此延续，中考我离区重点高中失之交臂。

四、高中时光 · 灰白不乏恬静的线条画

第一次重要考试的失利，我来到了区上的一所普通高中。刚踏入高中的

我想起这所高中当初去我们学校招生时讲的“宁做鸡头，不做凤尾”，坚信我在这里也能取得成功。学习了一个月下来之后，学校已经将我们这个“鸡头”班定义为文科班，班上的理科老师讲课也较为宽松。我呢，在初中老师的影响下特别喜欢理科，为此在开学之初我还成功竞选上了化学课代表。可慢慢地这份热情消失了，慢慢延续到了其他科目的学习上，每一次考试就可见成绩大幅度地下滑。所以，那段时间过得浑浑噩噩，漫无目的，自己也开始封闭起来，不愿意和老师交流。或许出于逃避那段高中三年的日子，或许更多的是懊悔，很多记忆已不愿翻开。

直到高三，我的文化课成绩也无法让我考取大学的入学通知书，连上一个好一点的专科院校也相差甚远，班主任也多次找我谈起考虑读播音编导，可我考虑到家庭的经济状况，我多次挣扎。最终鼓起勇气和爸妈说出了这个想法，起初爸妈支持，后来不知怎么他们就不同意了，这条路也就止步于此，我也没有放弃学习，迷惘却再次成为我的绊脚石。

依旧记得那个天还灰沉沉的早自习，班主任将我叫到教室外面给我分析情况时的场景。具体不记得老师讲了些什么，我听着听着眼泪就滚落下来，紧随着我的座位搬到了后面。还好，这打击还是我能承受的范围，我感觉瞬间长大，将这化为学习的动力。周围的同学都不打算考大学，但他们却鼓励着我，不来打扰我，留给了我一个相对较好的学习氛围。

拖欠的东西太多，已无法弥补，最终我的成绩不能进入一所好的专科学校，于是我选择了复读。都说复读很苦，压力很大，而我却在复读的这一年里，找到了自己，爸妈没有给我压力，他们只是说了希望我不要后悔。

如果说前面那三年是灰白的线条画，我的人生没有掀起过任何风浪，那在复读的这一年就是恬静的线条画，虽然我的生活就是规整的三点一线宿舍、教室与食堂，但是我找回了自己。

复读那一年的我活泼开朗，我只对自己说了这一句：你只管努力，剩下的交给时间。课上时常会看见举手的我，课下老师的身边经常会发现拿着试卷问问题的我，食堂排队打饭时也发现拿着单词本背单词的我。这样的场景在这个学校是司空见惯的，对我来讲却是很陌生的，但对于踏出第一步的我来讲，我喜欢这样的学习环境。慢慢地，我自信起来，看见了进步的自己。当第一次见自己的学习小组被评为优秀学习小组时，我说我不能拖后腿；当第一次以个人季度进步之星爬上光荣榜时，我说我得继续努力；当第一次收到英语老师从外出学习带回的复旦大学明信片的鼓舞时，我说我不能让老师失望……

我并不能时刻保持这种乐观向上的心态，最直接的表现就是不想上课，不想学习。下午上完正课的我，立马冲去班主任的办公室请假回家，自己却没有任何合理请假回家的理由。班主任询问我为啥要回去，我支支吾吾地说不出来。他不紧不慢地看着我问道，是不是身体不舒服？没有，他又问道，是不是家里有事？没有。见我这样，班主任说，那这假就没法批，回去学习吧！我也赖着不走，说我就是想要回去一趟，没有什么事，就是想家了，我保证明天一早就来上早自习，他再也没有多问，就这样我就回家了。

爸妈见这时本应该待在学校学习的我回到了家，他们没有过多惊奇，只是问了一句是不是没有生活费了呀，你多久回学校呢？我想他们这么淡定，定是班主任已经给爸妈打了电话。我也高兴他们没有追问其他的，回答道，我就是想来耍一趟，明天早上就回学校。爸爸听了说好嘞，那晚上就吃你喜欢的酸菜鱼，他忙了起来，我坐在客厅里看着电视，仿佛忘记我是一个备考的高三学生。

那晚，我看电视看得很晚，也没有一个人催促我睡觉。第二天一早爸妈就叫我起床，吃完早饭我也回到了学校，再次开启了学习模式。

高中的学习真的不是一个人在战斗，我们的背后有无私传授知识的教师，有细心留意我们情绪变化的班主任，有为我们生活保驾护航的父母，有夜晚陪我跑步的同学……所遇见的一切都值得我感谢。

现在的我多想对高中时的我说一句，谢谢你当初没有放弃，谢谢你能承受最糟糕的状况，也能享受自己最好的时刻。

五、我的大学五年

我的大学生活主要分为两个阶段，第一阶段为专科三年，第二阶段为本科两年。话说经历过一次毕业的我应该会很坦然地面对这次本科学习生涯的完结，然而当我开始回想五年大学的学习生涯时，我似乎不愿接受即将毕业的现实。五年的大学时光，我在同一座城市——绵阳。这五年里，我也走过了这座城市的很多地方，与其说我不愿毕业倒不如说我是对这座城市有了牵挂，因为这里有我的青春与汗水。

（一）幼专的三年，忙碌而充实

经历的一点一滴回想起来似乎还在跟前，做了很多自己喜欢做的事，有过欢笑也有过眼泪，也正是这些使我从一个幼稚的高中生日渐成熟稳重。

大一，我的整个学习生活就是两个阵地：学习与学生会。记忆中的这段日子除了军训期间有过闲适，其余时间都很忙碌。大一，学校开设的课程很多，除了专业文化课、公共必修课外还有就是专业技能课，舞蹈课、音乐课、美术课、书法课总是会占据我学习的大部分时间。当然，那时的另一部分时间，我给了学生会。谈及此处，不得不说说我当时进入学生会时候的想法，刚军训结束也没课程，闲着也是闲着，可万万没有料想到的是，至此我总是很少有时间坐在图书馆里看书，而我的学习时间从白天慢慢变成了夜晚或是清晨。

大一学习有压力，除了文化课程的背诵，大大小小的作业外，更让人紧张与恐惧的就是舞蹈和音乐课。四肢不协、五音不全的我在这两节课总是处于精神高度集中的状态。毫无基础的我们，那时都有一种共同的感受，舞蹈一节课身体酸痛三天，音乐一节课我自己还在吗？什么是唱名、音名、简谱和五线谱，什么是音阶？还有就是大大小小的文体比赛，于是我不是在音乐教室就是舞蹈教室和书法教室，至于文化课就是完成作业通过考试，万事大吉吧！

另外，就是学生会，真的很忙。系里有关学生大大小小的活动，支教、敬老院、图书馆、各种比赛、开会无处不见我们的身影，他人能看见的也就只有这些，然而晚上修照片、写稿件、做总结，我们部门也不会闲下来。周三下午是系里活动的时间，其他同学在享受快乐的同时，我们部门 14 个人却没有一个是能空闲下来的，我很荣幸成为其中的一员。用个夸张的比喻，若这一天有个时间好好吃个午饭，我便满足。我们习惯忙完后，大家一起去校门外的小吃摊。部门内有个传统，不能有挂科的干事。大一上学期快要结束时为了不影响学习，于是有人离开了。

大一下学期后半期，学姐找我聊了很多次，学习的、部门的、自我发展的，最终我还是选择了留在部门，并在学姐的鼓励下成功竞选上了部长。感谢那些让我快速认识与适应大学生活的学长学姐，还有要感谢的就是一群可爱的室友，总有人帮我带午饭、带课本，帮我上课占座……

大一我就这样忙碌地度过，好像也没有啥明确的目标。

大二，我的大学生活增加了两项——兼职和旅行。学习上，学校也可算想方设法地逼我们学习，周三下午的自由活动变成了全系的教资检测，若每次成绩过差那定逃不过辅导员找你喝茶，此外无非就是四级、普通话、二级这些考试，我在这些方面也算得上考场的常客。学生会的工作，新干事上手后，我平日里便少了很多忙碌，但也常常晚上两三点还在修改稿件。兼职是在大一放假时找的，大二开学去面试，每周六便开启了我兼职语文教师的一天。这时我不得不抽出半天时间来写教案。大二下学期由于课变少了，又尝到了兼职带给自己相对富足一些的经济，我又找了一个相对轻松的兼职——晚辅，大二的假期自然也是在教育机构度过了一半的日子。

多了兼职的经济来源，我的大学生活也就增加了一项娱乐——旅行。大二的长假，我不再像大一时那样飞奔回家，而是和好友（这里感觉有必要介绍一下，我们是高中的同学，也是同样踏入了复读班，最后我俩竟选择了同一座城市读书，她学医，我读师范，我们就这样相互鼓励，但缘分与感情也远不止此，大三再次让我们相聚在了一起，这就等到下面再来讲）走遍了绵阳的很多旅游景点，在李白故里、窦团山、九皇山、药王谷……留下了我们一张张青涩的照片。

慢慢地，这样的日子我已习惯，总想过点儿不一样的生活。大二下学期期末，教体局到我们学校招聘顶岗支教实习的老师，这让我兴奋不已，不仅可以改变现在的学习生活状态，还可以提前在就业前了解正式的教师生活，还有生活补贴呢！这何乐而不为呢？

第一个来招聘的是盐亭教体局。那天招聘会的现场坐满了人，一个大会议室，满满当当，可能有200人的样子。我和同学坐在了相当靠后的位置，四个老师同时面试，可1.5小时过去了，才面试了三分之一的人。坐在后面的我感觉希望渺茫，面试的老师也嫌时间太慢了，最后他说后面改变面试的方式，让还没有面试的学生写字，根据字的好坏做评判。这似乎让我一只脚跨进了成功的大门，毕竟从小学五年级就开始练字，大学里苦修毛笔字的我还是有一些功底。最终，我成功被选上了。

大三我顶岗实习，来到了盐亭。在这里我也再次碰见了我那个学医的好朋友。我们同样是，没有提前约定，我是自己的选择，她是学校的安排。我在乡镇定岗实习，她在县医院实习，就这样，她的出租屋成了我们快乐的小天地，在这里我还结识了她两个热心、真诚的室友。那一年我们同样相互鼓励着。

顶岗实习的学校叫安家小学，后来我离开后改名了，现在具体叫什么已不清楚。我们来到盐亭，在教体局的安排下集中培训了三天，我便被分配到了安小，这个学校说大也不大，说小也不小，就拿我熟悉的五年级来讲，有两个班级，共有 80 多人。在这里我同样遇见了一群值得感恩的人，无论是校长还是老师，还是那一群可爱的学生，都是我记忆中甜蜜的时刻。

我的第一次公开课，是在开学后的第三天。说是公开课也不能叫公开课，就是分管教学王校长考察上课情况，而我却毫不知情。就这样，我的第一堂与这学校老师的见面课，拉开了序幕。课后，王校长对我笑了，他说他相信我能带好班级。随后的日子，我便是跟着我的师傅任老师学习，我没课就去听课上课，有不懂的就去请教，她总能耐心地带着我。在办公室里，任老师说："小李，以后你就叫我任姐吧，这样亲切些。"开始我还有些腼腆，后来，叫任姐成了我的日常。是的，那一年，任姐帮助了我很多，不仅在教学，还有在人生规划方面。不仅仅是任姐，整个办公室的老师也是如此。

一个月后，我正式迎来了我的第一次公开课。那天所有实习的语文老师都在上，我被安排在了最后一个上。可知，前面两个实习老师上课时，我听起来也是全无心思，紧张得干啥都匆匆忙忙的。我站在讲台上，看这台下坐的，有两个校长、学科带头人、我的师傅，还有一年级、二年级……的语文教师，挤满了教室的后面走道。说真的，不紧张那是假的，毕竟这是我的第一次呀！那天天气不热，我还穿着毛衣开衫，上完课后内搭衬衣后背已经湿透。总的来说，那节公开课对于我来讲还算是成功的，在规定时间内上完了我的备课内容，剩下的便看研课。研课中，我得到了许多老师好的建议，也是收获满满。

还有一位令我值得感谢的人，他就是柳校长。起初是因为每周要回县城，他就让我搭他的车回去，慢慢他就与我谈起了职业规划，给我讲起了他自己的学习和从教经历，从中我收获不少。

安小的上半年，我所带的班级是全县成绩最后的，期末那群孩子的努力得到了结果，有了些许的进步。下学期，我依然留在这个学校，除了前辈们的教导，我更进一步感受到了孩子们对我的爱。

快要半学期时，我突然患上了眼疾，还没来得及给学生安排学习任务，我就请假去县里看病了，紧接着就是长达一周的养病时间。我在请班主任安排好课程之后就安心养病，但一个电话打破了这样的宁静。两天后的中午，我接到了一个让我意想不到的电话，这是班上的孩子用校园卡给我打来的电话。学校是寄宿制，他们只能通过这样的方式联系我。他们那稚嫩的声音在电话那头响起，李老师，你好点了吗？你要好好休息，我们都想你了。你请假的这段时间我们都在很认真地上早读。听着，我竟一时不知道怎么回答，挂了电话后心底暖暖的。

周三去医院检查，眼睛消肿了，我也再也忍不了了。只记得那天下午，我买了很多蛋糕和蛋挞回到学校，孩子们见我回来可欢喜了。由于眼睛并没有痊愈，晚上我给他们上了两节作业评讲课后，第二天一早就返回县城了，开启了两周一次医院的养病旅程。

那半学期中，我还有一件重要的事情，准备专升本考试。虽然我一周只有一个晚自习，但我每天都会在办公室里待到所有学生的晚自习结束，安静地备考。柳校长路过时，有时也会来和我闲谈上两句，为我加油打气。他说，在教学上，他不给我压力，因为他相信我是可以两者兼顾的。而我，却没有那么多自信，把所有能挤出的时间都留给了备考。值得高兴的是，这群孩子真的很努力。五年级下学期的期中成绩有了很大提升，我还作为优秀顶岗教师代表，在期中总结上发言了。

班上的孩子也知道我很忙，以前大事小事他们喜欢来找我，后面他们打架之类的事，再也没有出现在我的耳边，全是班主任数学老师在处理。记得离升本考试的前半个月，我照常给孩子们做检测，他们说了一句让我这一辈也无法忘记的话，李老师，你安静地看书，我们认真地做卷子，绝不作弊，你做试卷，我们也做试卷。

感谢我的成长之路上有这么可爱的你们。

（二）绵师的第一年，调整、适应与“充电”

我如愿再次踏进了大学之门，刚入校时给我最大的挑战就是不适应。专科那年的大三，我习惯站在讲台上那自信讲课的自己，现又让我坐在教室里听课，两节大课我还真有些坐不住。慢慢地，我发现了自己的问题，我问自己来绵师，只是为了一个毕业证还是说有其他的一些东西。我学医的好朋友也同样专升本成功，进入了成中医，他们学校安排他们在绵阳上课。缘分就是这样，我们两个再次相聚在同一个地方。开学后，我们相约了一次，这次我们没有外出旅行，而是在一个奶茶店坐了很久。我们讲了近期的感受，也说了很多自己的不适，最后我们得出这样一个结论，我们理论基础知识过于薄弱。于是，绵师的第一年里，我待在图书馆的时间越来越久。上学期间我没有做任何兼职，只有在每次假期的时候回老家的辅导班上课。

热爱旅行的我和她，也继续了我们的行走计划。小长假，我们不再局限于绵阳，我们开始向周边的城市探索。慢慢地，南充、成都、德阳的很多景点也留下了我们的足迹。

在日常的学习生活中，我和室友也逃不过熬夜写教案、做课件，写教育研究报告的魔爪。那时，我们有句调侃自己的玩笑话，我见过任何时刻的绵师，白天的、夜晚的、凌晨的、清晨的……

（三）绵师的第二年，遇见一群可敬的老师

一年的时光恍然如梦，来到绵师的第二年，实习、论文与备考就业成了我校园生活的全部。

先来说说实习，大四上学期开学不久，为期三个月的实习就按下了开启键。时隔一年，我再次踏进小学的大门，但这次的身份和前一次的身份完全不一样，也得到了一定程度的成长。无论是从教学能力，还是与学生、家长的交流上我都有新的感悟，可见，农村的教育与城市教育之间的差距还是很明显的。

实习的那段日子我简单地将它成为早7晚6吧，早上7点出门，晚上6点左右到校。说实习苦也算不上，但早上挤公交真的是非常难受。或许有些同学教育实习的日子就是天天改作业，然而我却很幸运遇见赵老师——一个年轻有为的高级教师。记得当时开完会后，所有的指导老师都将自己的实习生带走了，而我是跟着主任直接去的她办公室找她，路上主任说赵老师带的是一年级，她是一个很优秀的教师，你跟着她定会学到很多东西。还好，去的路上碰见了刚忙完来接我的赵老师，简短介绍后我就跟随在她的身后。没想到，我的实习里与他人有些不一样的就是，我很少批改作业。原因有以下几点：第一，一年级作业少；第二，赵老师很多事亲历亲为，所以每一节课之后，她总是会让我给她讲这一节课的亮点，因为我就坐在她的对面，所以交流起来很方便。在教学上，赵老师一点儿都不含糊，比如，我的第一次公

开课，让我提前一周准备，还将她的一节课写了3000字左右的课堂实录。除了教学上的必要交流外，赵老师给了我很多自由，这让我也有很多的时间做自己的事，我再次学起了计算机二级，也翻开了教师公招的书。实习开心的日子还有就是在教师休息室里，午饭后，我们小组的6个实习生在此分享喜怒，最奢侈的就是午睡。

很幸运遇见赵老师，这也是实习结束时我对赵老师说的话，离开那天我们在办公室聊了很久，最后给彼此留下了一个温暖的拥抱。

写论文日子开始，也就是从实习结束后开始吧，那时实习作业也很多，我那些日子几乎天天坐在电脑前，甚至在图书馆一坐就是一上午、一下午。记得第一次论文选题与论文指导老师交流的那一天，我很紧张，信息编辑了很久也没有发出去，后面交流后发现完全是我顾虑太多，老师很负责任，很热心，有想法就大胆一些吧！后面因为论文的事，我也回实习小学找过几次赵老师，她也是拿出本子边讲边写地帮助着我！

面对备考就业，我也比较迷茫。毕竟这两年竞争压力也很大，我怎样才能走上那条目标的道路呢？那就是只管埋头努力吧！不管结局怎样，也期望在今后的日子里我同样可以看见那个自信的自己。

【教育自传后记】回望我的教育之路，我想说！

作为一名即将踏入社会的大学生而言，对过往教育之路的认识或多或少有些不够成熟，或只能泛泛而谈。若是给我一个倒回去的时光，我绝不会责怪当初那个不够认真、不够努力学习的自己，我只想告诉她，你只管做自己，因为你的每次成功与失败，每次欢笑与哭泣都是一次又一次的成长与蜕变。

作为一名师范生，未来的人民教师，我更多是希望我的学生可以从我的经历中得知，并不是人人都是优秀的，我们多数都是平凡之辈，但我们要学会让自己在该有的年纪活出该有的自己，学会看到自己的每一次成长，或好或坏，都要学会欣赏自己，这样才能拥有值得回忆的时光。

很幸运在毕业之际，能有这样的机会来回顾与整理我的基础教育之路，也让我更加进一步了解了我自己，也对自己的未来的生活更加有了信心。

平平凡凡，回顾我大学五年的时光，没有那骄人的成绩，但却没有过多的遗憾。初入大学，满是豪情壮志，可奈何三分钟的热度让自己停留在原地。后来，慢慢懂得了坚守的重要性。感谢有你，我的大学！包容和等待了一个稚嫩的女孩日益成熟稳重。

感谢有你，我的大学，让我的学习生活充实而有乐趣！

感谢有你，我的大学，让我遇见了值得遇见的老师和同学！

感谢有你，我的大学，让我遇见了一群可爱的室友！

感谢有你，我的大学，让我看见了不一样的自己！

春华秋实，寒来暑往，感谢有你的陪伴！

最后，祝愿我的大学，我的母校年年桃李，岁岁芬芳！

爷爷种下的教师梦

自我小传

【姓名】：叶曼

【出生年月】：1999 年 6 月

【出生地】：四川省会东县大崇镇新集镇

【求学经历】：

2005 年 9 月—2007 年 6 月就读于大崇镇二坪小学；2007 年 9 月—2009 年 6 月就读于重庆市三十六中学附属小学；2009 年 9 月—2011 年 6 月就读于大崇镇中心小学，在此小学毕业；2011 年 9 月—2015 年 6 月就读于鲁吉职业中学（复读了一个初二）；2015 年 9 月—2018 年 6 月在和文中学读高中至毕业。

【大学获得主要奖项与担任相关职务的经历】：

2018 年 9 月，我满怀激情地踏入大学的校门，怀着要为自己打下美好大学江山的憧憬，同样怀着羞涩而又雀跃的心情参加部门选拔，但始终是稚嫩与欠缺胆量占据上风，没加入任何一个部门。接着，便将目光转向了班委选拔，凭着自己义务教育阶段的干部经历，我成功入选了班内老二——团支书。大一这一年在一腔热血的冲击下，在学业上我勤奋、刻苦，在工作上我尽心尽责，不负众望地获得了二等奖学金和“优秀共青团干部”称号。许是大一“用力”过头，也或许是周身迷惑太多，令自己感觉身心疲惫，大二的我便果断辞去了团支书这份工作，想做一个“闲散人员”，终究是一分耕耘、一份收获，耕耘不多的我便遭到了令自己后悔不已的“挂科之祸”，大二下学期下定决心重整旗鼓，即使是网课也认真对待。为了重拾信心，大三的我又回到了工作岗位上，发誓绝不能再倒退回去，在一番努力下，于大三下学期获得了三等奖学金并再次荣获“优秀共青团干部”称号，大四仍然在坚守我的岗位。纵观这四年，发现被耽搁的日子实在太多，留有太多遗憾，曾“三顾”图书馆而不入，去翻阅书籍的次数屈指可数；也发现自己的圈子实在太小，几乎都只是围绕班级、学业而开展，参加的竞赛活动也屈指可数，似乎缺少了年轻人应该拥有的蓬勃朝气。

一、忆往昔温馨岁月

从我记事时起，我就跟着爷爷奶奶一起生活，一直到二年级。我的爷爷在我眼中是位饱读诗书、带有书卷气息的人，他曾经担任过乡村里面的老师，还当过书记，虽然我没有见过，但是我听他提起过，并且他的一举一动都给我一种公平、正义、满腹经纶的感觉，所以小时候很崇拜爷爷。爷爷喜欢看书，喜欢写字，每次看见爷爷坐在沙发上或者是小板凳上，捧着一本书，金黄色的阳光洒在他那还没有爬满多少皱纹的脸上，就觉得特别舒服与赏心悦目。只要看见爷爷在写字，一个圆滚滚的脑袋便会在他的眼前晃悠，学着爷爷的动作装作自己什么都懂的样子在那儿比着葫芦画瓢儿，但爷爷每次都是以“我还小，不会写”拒绝教我写字。现在想来，可能是爷爷觉得我年龄太小就写字会影响我的发育，也有可能是爷爷怕我在旁边胡闹，不小心打翻了他的墨水，影响他的发挥。但不管怎么样，爷爷从小就给我种下了想要写得一手好字的强烈欲望，所以，每次我练字的时候就会想到爷爷，在别人看来枯燥无聊的事，我却乐在其中，心中感觉特别宁静与享受，愿意比别人花更多时间来练字。

自从上了小学后，就和无忧无虑、逍遥快活的日子“say goodbye”了，每天回家的第一件事便是做作业。因为爷爷奶奶总会告诉我，每次放学后要先做完作业，才能去玩，还好我生性乖巧，愿意听爷爷奶奶的这番话。做作业的时候，许是小孩子活泼好动的天性在作祟，爷爷总会对我说“做事情要一心一意，不要三心二意”，这句话潜移默化地影响了我很多年，或许已经变成了扎根心底的一种信念。直到现在，我仍然会听到爷爷用这句话纠正我弟弟的行为，当刚听到爷爷对我弟弟说这句话时，刹那间觉得自己回到了那段被尘封已久的、令人回味无穷的、披着暗黄色灯光的往事。只要爷爷看见我认真做作业，他就会发自心底地夸赞我，这对我也很受用，原本有点出神的我在听到这句话后会不由自主地拉回自己的小思绪，专心致志地投入。只要我背课文背得够快够准，爷爷奶奶也会夸赞我，所以背书对于那时候的我来说是一种享受，在爷爷奶奶的鼓励下，我通常会超前学习，觉得学习是一件快乐的事，因为不仅没人压迫，还能受到表扬，便觉其乐无穷。

奶奶是位不苟言笑的人，小时候的我很怕她，总觉得一旦惹着她我绝对会招来一顿劈头盖脸的训骂。奈何那时候的我或许真的就是一个不知天高地厚的黄毛丫头，总是要反其道而行之，明知不可为却非要为。记得以前奶奶曾再三劝诫我，叫我不能去水沟边洗澡，她给我举了某某小孩就因为在水里玩，被水冲走了，找到时已无生命体征，这种类似的例子。那时候天气实在炎热，又加上有位和我玩得比较好的同龄人还信誓旦旦地和我保证绝不会状告我的奶奶，在他的一番怂恿之下，我将奶奶的劝诫抛诸脑后，全心全意地感受着这股清凉之意。可惜好景不长，没洗多久的我突然发现自己的裤子已无踪迹，显然是顺着水流而去了，找不着裤子的我心急如焚，刹那间感觉整片天空都是阴沉的，再热的心也瞬间凉了。后来，终于顺着水流找到了裤子，但裤子已经被浸得透湿，想着难以挽救，便带着惶恐不安的心情回到家中，但却发现奶奶没有在家中，瞬时觉得天助我也，我赶紧跑回房间翻找裤子，可这裤子仿若和我玩捉迷藏，不见踪影。无奈之下我只好湿漉漉地往床上爬去，觉得睡一觉可能就自然烘干了，等身上干了奶奶就发现不了什么。谁知渐入梦乡的我突然被掀开被子，奶奶发现我的裤子不仅是湿的，就连被子也一同被浸湿了，一气之下，将我呵斥下床，厉声叫我去菩萨面前跪着，跪在菩萨面前的我既委屈又懊悔，痛哭流涕，直打哆嗦。原以为奶奶会像以前一样用棍子抽打我，没想到她居然只是叫我好好反省，并没有动用棍棒，原本还在号啕大哭的我发现没人管我，便慢慢转为了抽泣，边在那儿哭泣边想着事情不对劲儿，奶奶怎么会知道我在床上躺着的呢，为什么她一进来就会掀我的被子呢。突然灵光一现，我这是“被人卖了”，肯定是被那位给状告了。奶奶见我的哭声小了，便过来问我下次还想去不，想着这次的教训，就算给我一百个胆儿我也绝不会去了，小声地跟奶奶保证以后不会去了。

因为当时感触很深，所以这件事记忆犹新。一来是第一次体会到了被信任之人出卖的滋味；二来是觉得奶奶并非以前我所想的那么狠心。现在细想，以前奶奶对我的严格其实都是为了我着想，她惩罚我也是因事而论，犯的错误大一点，惩罚形式便是“跪菩萨+棍棒伺候”（其实用棍棒打我的时候下手也并不重，只是受点儿轻微的皮肉之痛，并不像现在新闻中报道的那种血腥场面）；错误小一点，便是“呵斥+反省”。以前总有人觉得她重男轻女，但不经他人事便不知他人情，因为我是被她带大的，就算是再固有的重男轻女观念也会被我这小机灵鬼给打破，我深深感觉得到，她总是“口是心非”地无声地爱着我、呵护我长大。记得有一次，很少看见奶奶笑容的我便想方设法地逗奶奶开心，发现卖萌撒娇，她不吃这一套，于是我就鼓足勇气爬到她身上挠她痒痒，那一次我看见她笑了，虽然被轻声呵斥了一下，但也值了。上学时，争取拿奖状博奶奶一笑也是我学习的动力之一。

在和爷爷奶奶相处的那段时光，很感谢他们为我营造了一种既不算太严格又不算太宽松的学习氛围，让我学得开心快乐，还体会到了其他兄弟姐妹所没有体会过的这份特别的祖孙之情；对他们来说，也体会到了第一次抚养女娃娃的独特感受，对我们双方来说都是一次特别的经历。

二、成长路上的少年

三年级的时候，我被爸爸妈妈接去他们工作的地方就读，从此以后便和爷爷奶奶分开了，这段记忆令我印象最为深刻的便是一位老师的宽容。这位老师是一位严慈相济的语文老师，待我们很好，当时也比较尊敬与喜欢她。她曾经对我们说过，自己做错了事、犯了错误就要勇于承认，如果等老师亲自来点出谁犯了错误那就要另当别论了。记得那时我是忘记做作业了，当天的作业便没有交，当时觉得心里面很忐忑，想着万一被老师查到了怎么办，要是在全班同学的面前点名批评可就难受了。于是，在自己的一番斟酌之下，我决定去向老师坦白。我怀着忐忑的心情小心翼翼地走到她的办公室，走到门口感觉进退两难，还有一位陪同的同学在旁安慰我说只要向老师说清楚她不会怪我的，我又站在门口犹豫了一会儿，最后硬着头皮进去了，还清楚地记得当时心情真的异常不安，觉得口干舌燥，两腿发软，但我还是鼓起了勇气向老师坦白，我原想老师会厉声喝斥，罚我抄写，但她却在一番盘问之后对我的行为表示了肯定，叫我今后此类错误绝不可再犯，并把对应的作业补起来。这番话给足了我勇气，很好地保护了我的自尊心。在转身返回教室的时候，愧疚的泪水不由自主地从眼角滑落。虽然老师没有批评我，但可能当时的心性比较敏感，心灵比较脆弱，所以在面对老师的这番话时，感觉她的宽容给予了我无比强大的力量，给予了我温暖，觉得未完成她所布置的任务有点儿令她失望，所以自此以后，我听她的课显得格外认真，总是积极配合，回答她的问题，认真完成她所布置的作业。

接下来的这件事仿佛旧日重现，只不过后果没有之前那么严重，那便是——晚归之事。在和爷爷奶奶待在一起的时候，好玩成性，有时候要在别人家玩到天黑才回来，奶奶平时也并没有特别管我这件事，只是让我以后注意时间，早点回家。许是奶奶管得宽松，有次去一位朋友家玩，那家人叫我就在他家歇息，说会帮我向我的奶奶说明，于是我便在那里开开心心地留宿了一晚，等第二天回去的时候，觉得自己闯大祸了，因为在回去的路上有几个人和我说昨天晚上爷爷奶奶找了我一宿，我才知道那家人没有和我奶奶说明，我居然轻而易举地相信了他们，回到家后面临的后果便是“跪菩萨+棍棒伺候”，自那以后，我再也不敢在别人家留宿，就算要，也要亲自跑回家报告自己的爷爷奶奶。而和爸爸妈妈待在一起的这段时间，我差点儿又犯了同类错误。放学后，我去了一个和我玩得比较好的男生家一起和他做作业，他的家长见我乖巧，又和他家孙子玩得来，于是，想让我在他家留下来吃便饭，那时的我仿佛记忆重现，想起了和爷爷奶奶待在一起的那次，于是果断拒绝，在作业做完后，便背着书包回家了，那时天已经擦黑了，我加快脚步赶紧往家里赶，毕竟从来没有这么晚回过家。等回到家中的时候，妈妈大声询问我去了哪里，给班主任打电话，班主任说我已经回来了；跑去学校里找，学校里也不见我的踪影，她真的心急如焚，还以为我被别人拐走了，差点儿就报警了，还好我回来得及时。我给妈妈说了放学后的经历，妈妈语重心长地和我说最好不要去别人家里玩，因为万一我不小心把别人的贵重物品弄坏了怎么办，万一别人家的贵重物品不见了怪罪在我的身上怎么办。当时觉得妈妈说得很有道理，但也觉得妈妈有点儿过分担心，就反驳妈妈说不会的，但妈妈还是极力劝说我最好不要去别人家玩。谨记这一点后，我似乎真的就没有再去别人家里玩过。若说妈妈的当时担心有点儿杞人忧天，但现在想来面对当时那种人生地不熟的地方这也是让我保护好自己的最好方法。

爸爸妈妈平时工作较忙，又加上要照料弟弟，所以在我身上花费的精力并不像独生子女那么多，慢慢地就觉得父母很多时候忽略了自己的感受，感觉自己是个多余的人。久而久之，我的性格变得奇怪而又孤僻。那时的父亲或许比较年轻气盛，脾气稍微有点儿火爆，每次给我辅导作业的时候总是耐不住性子，当时学数学的智力未开，学不懂，不理解那些抽象概念，虽然讲了很多次，可我就是不明白，我终究是挑起了老爸的火焰，很多时候都要被老爸敲敲我这榆木脑袋。敲个几次还好，但敲的次数多了，我也起了逆反心理，有次在老爸还未下手之前，我便害怕地跑了出去，找了个黑暗又潮湿的地方躲了起来。藏起来的我霎时间什么情绪都出来了，被同学看不起、被爸爸妈妈误会、弟弟撒谎时的栽赃嫁祸、委屈、孤独、怨恨，对爷爷奶奶的思念一瞬间全都爆发出来，我哭了，哭得歇斯底里，但是却又不敢哭得太大声，因为我躲藏的地方离家里并不算太远，我也害怕被附近的街坊邻居听到，只能小心地抽泣着。当时的我有了轻生的念头，但想到爷爷奶奶以及那堵墙的高度，我还是渐渐打消了这个念头。后来妈妈找到我了，她对我的行为哭笑不得，接着便轻声细语地劝我回去，我终究还是听了妈妈的话。但到家门口时，我犹豫了，我不敢进去，妈妈就和我保证，说爸爸不会骂我，犹豫了一会儿过后，我进去了，但爸爸并没有对我说什么安慰的话，只是叫我把作业完成后早点儿睡觉。从那以后，爸爸似乎很少会因作业而打骂我了，他有时候得空了会和我与弟弟一起出去放松、玩耍，或许当时的他觉得成绩不是第一的。但当时的我觉得这是一段灰暗的时刻，觉得感受不到父母对我的疼爱，总觉得在他们眼里，成绩是第一位的。所以，从这段经历中我能够深切感受到家庭教育对于孩子未来的成长有多重要，这个阶段所带来的影响是终生的。所以，我这一生只当老师，并且只会是小学老师，我要给这个阶段的学生带去我对他们的关爱，让学生感受到学校、老师、同学带来的温暖。在对孩子进行教育时，不能只关注他们的学习，还要多关注他们的心理健康，随时关注他们的心理状态，了解他们的家庭生活与所受的家庭教育，调动家长配合学校工作的积极性，共建和谐的家校关系。小学生的心灵很脆弱，我们需要慢慢让他们的心灵变得强大起来，能够经受得住各种困难的考验，勇敢面对生活，开心快乐地生活与学习，所以我们要和家长构成统一战线，共同促进小学生的健康成长。

三、爱的力量

从初一到初二，我的成绩在班上忽上忽下，还因为身材矮小和性格的原因，经常受班上人的排挤，特别是同寝室的。那时候因为和奶奶的感情较深，失去奶奶的我就犹如失去了自己的挚爱，心如刀割，难以接受这个事实，大概隔了半年之久才渐渐接受，但是一旦触碰到她生前用过的东西我便会睹物思人，或者是提到她时，眼泪仍会情不自禁地往下流，所以知晓我这种情况的同学便会因此而排斥我，觉得我很懦弱。他们的排斥与嘲笑让我渐渐习以为常，也让我开始学着隐藏自己的情绪，明白有些事情是天命不可违的，要学会直面现实，所以再有人提及我奶奶时，只是会觉得心中闷得慌，但未曾掉过一次眼泪，我将她埋在了心灵的某个深处，始终觉得她没有离我远去，她只是换了一个地方在默默看着我成长。所以，从某种侧面来说，他们的嘲笑与排斥反倒让我学会了坚强，让我和以前的脆弱告别。现在想来，我比那些同年龄人要成熟得晚一些，但也或许是他们有点儿过于早熟。身处在这样的氛围中，我不得不学着如何与他们打交道，否则我只能是被人排斥与欺负的那一方，但我的心里很清楚，什么事情该做，什么事情不该做，久而久之也学会了如何处理同学关系，也从中明白些许做人做事的底限与原则。

本该是到读初三的时期，但由于各种原因，我复读了一个初二，新加入的这个班级给我的第一印象便是热情、友好，学习氛围和我原来所在的那个班级相比要浓厚一点儿。复读的这一年我的潜意识告诉我，既然复读了一年那掌握的内容就应该比他们新的这一届要牢固一点，否则就算是白白复读了，所以这一年我全身心投入了学习中，凭借着对书本内容的熟悉程度，能够较为快速地理解老师所讲内容，渐渐地便找到了学习的诀窍，建立了学习的信心，终于功夫不负有心人，取得了名列前茅的成绩。尝到努力所得的甜头过后，越发喜欢这种感觉，喜欢给别人讲题，喜欢在黑夜里蒙着被子伴灯夜读，愿意花时间去主动学习，能够勇敢地迈出询问老师问题的那一步，有了挑战自我的勇气，担任从来没有做过的班干部，在自己的一片赤诚之下，算是得到了班上大部分同学的认可。在这期间，我不断用“虚心使人进步，骄傲使人落后”这句话作为自己的信念准则。所以在教育中，还是不可忽视对学生进行正确自我评价的培养，不能只注重家长、老师，外界对学生的评价，最重要的还是要让学生从内部对认可自己，对自己有一个正确、清晰的认识，对于学生人格的完整发展起着重要作用，对于其实现个人人生价值至关重要。

新加入的这个大家庭给予了我很多温暖，弥补了我从小到大所缺失的一些东西。特别是这位班主任，可谓我人生路上的一盏指路明灯，他给予了很多父亲没有给予过我的关怀与温暖。因为初中时期，爸爸负责在外挣钱维持生计，妈妈在家照顾我和弟弟，所以初中成长期间没有体会过父爱，每次假期回家的时候，看见别人的父亲来帮着收拾行李，接送自己的儿女，心中总是有种道不尽的失落与心酸，多希望这个世界上真有魔法，能够让父亲一下子出现在自己的眼前，能够亲耳听见他唤一唤我的乳名，那时我便会骄傲自豪地和所有人说："这是我的爸爸！"这位班主任对我照顾有加，那时候可能多半是心理原因，总是隔三岔五地生病、感冒，每次班主任听到我患病的消息，总是不辞辛劳地从他的家里赶来，带着我去医院看病，时刻关注我的身体状况，对我嘘寒问暖，让我感受到了一种父爱。每次坐在他的摩托车后座上，我都在心中渴望，要是我爸爸也能这样对我就好了，要是爸爸能一直在家里陪着我们一家人该有多好呀，但幻想终归是幻想。只不过令我激动又兴奋的是，父亲在我初中毕业的时候，来接了我一次，我深刻地记得那天我开心激动的心情是前所未有的，感觉那个时候我是全场最靓的仔，有人问及这是否是我的爸爸时，我会毫不犹豫地回答他：是！从这段经历中，我感受到父母之爱对于青少年儿童的重要性，关注留守儿童是极为必要的，父母之爱于他们而言就是无价之宝，比任何东西都要贵重。血浓于水的亲情是这世界上最美好的事物。作为老师的我们，虽然没有作为父母的身份，但是我们应该给他们带去父母般的关爱与温暖。

四、披荆斩棘"跃龙门"

高中是一场关乎人生选择的重要战场，三年的磨砺只为争一朝的胜算，我们就犹如一群群争相而上的"鲤鱼"，而那道象征着人生选择的高考之门就如"龙门"，没有经历千帆磨难是难以越过那道"龙门"的。高中——多么充实的一个阶段，每天三点一线，和自己的室友并肩作战，起早贪黑地奋斗，周末最常说的一句话便是“我今天没时间出去玩儿，还有很多作业要赶”。还记得曾和自己的室友约定挑灯夜读，就看谁有那个毅力，熬得最晚，从那以后“熊猫眼”就没从身上离开过。从刚踏进高中校园的那一刻起，才发现人外有人，天外有天，自己的成绩从初中的年级前三一下变为高中的班级倒数，这样的落差是冲击心灵的，从那一刻起，知道原来所有的一切终归于零，这是一次新的开始与征程。将所有的目标都指向了高考，为了高考，规定好科学的作息时间，向成绩优越的人请教，随时都能看见笔杆摆动的身影，凭借自己的勤奋摆脱了“差生”的代号。但为期一月的所谓锻炼自己的“舞蹈参演”打破了自己的常规计划，养成了好玩、懒惰的坏习性，对最擅长的科目开始神游四海，自那以后便没有特别大的起色，只能达到过关水平，老师虽总是旁敲侧击地鼓励我，但我终究没有达到理想水平。

高中青春懵懂，暗恋风波，一波未平一波又起，我也涉事其中。妈妈耐心倾听了我的想法，她为人开明，没有一票否决我的青春懵懂，向我分析了其中利弊之处，我也终究听取了她的意见，未捅破那层窗户纸，反而化情意为动力，努力向他的成绩靠近，渐渐我竟突破了自己特别不擅长的科目，改变了对此科目的厌恶态度，喜欢上了这门科目，或许这就是爱屋及乌吧。和自己喜欢的人在懂得分寸的情况下一起并肩作战有何不可。倘若当初我将那层窗户纸捅破，不知结果会如何，但我却知目前的状态是上天最好的安排。既尝过了暗恋滋味，又让自己的学业得以提升，可谓两全其美。随后的时间便是埋头刷题，在考场的那一刻算是发挥稳定，使我这条平平无奇的“鲤鱼”最终越过了那道万众瞩目的“龙门”。

五、好坏各半的大学生活

（一）鼓足干劲炼本领

大一的我满怀激情与动力，以勇往直前的冲劲参加各种社团活动，奈何当时口才与胆量欠佳，被众多英才碾压，只得作罢，将目标转向了班委，在自己的一片赤诚之下，很荣幸得到了班里同学的大力支持，从此走上了为班级服务，为同学们尽责的道路。秉承着对班级负责、对同学负责的理念，我每次都尽心尽力将上级交给我的任务认真完成，并力争工作与学习并重。终究还是功夫不负有心人，得到了一些荣誉。这一年虽然任务繁多，但过得充实而有成就，并懂得了作为班委就要以身作则、尽心尽力、脚踏实地地完成每项工作，这样才能得到大众的认可。大一激情满怀，还记得曾在赵老师的课堂上当着全班同学的面分享过一堂“豪言壮语”课，励志不负韶华，要把大学生活过得有滋有味，有一番作为，但许多事并非全都尽如人意。

（二）松散懒惰惹“大祸”

大二的我辞去了班委的工作，想要感受没有班级琐事困扰的“闲散人员”所带来的感觉，这次的抉择却令自己进入了“滑铁卢”时期，没有了班委琐事便觉一身轻松，自制力相对一年前有所下降，贪恋这种轻松带来的快感，最终惹来的挂科之祸便是咎由自取。过后颇感懊恼，追悔莫及，深觉辜负了初入大学时立下的豪言壮志。但自己种的苦果，怎么也得咽下。大二下半年因疫情原因在家学习，虽是网课，但不管是考查课还是考试课我都严格要求自己，每堂课下来都能见到满页的笔记，自制力有了明显提升，就算天气再炎热，也阻挡不了我向前迈进的决心。若说大一给予我的是发展机遇，那么大二给予我的便是惨痛的教训，从教训里我明白了，无论做何事，都要不骄不躁，做正确的选择，切不可因一时贪图享乐而忘记了自己的初心，否则便会偏离轨道，稍有不慎就会掉入堕落的深渊而无法自拔，要时刻在心中坚守正确的信念与信仰。

（三）幡然醒悟求真知

从大一至今，比较大的收获便是自己的心智逐渐成熟，做事要沉着冷静，三思而后行。虽然大一和大二的老师都曾苦口婆心地和我们说过要好好利用大一大二的时光，确定好今后的人生走向，奈何还是玩心较重，醒悟得太晚。

大三上期才觉得前些年大多数日子都在得过且过，怎担得起“大学生”的名号，别人的大学积极参加各类活动，抓住各种机遇找人脉、寻真知，努力提升自己的综合素质，我的生活却过得异常简单。本是青春正好的年纪，却辜负了最能奠定牢固基础的大好时光。所以，大三上学期在家中时，我有种不甘平庸的冲动，逼着自己阅读，想要拓宽自己的视野；端正原来漫不经心的态度，敞开心扉，开始注重与人沟通交流；对待学习能做的就要尽量做好。大三下学期当我得知可竞选加入卓越班时，在核实自己符合条件后果断进行了申请，我不想再错过任何有利于专业发展的机会，我已经虚度了大二，也错失了很多良机，所以想利用这个平台提升自己的能力。这次实习也是一次前所未有的经历，比以往任何一次都要认真，非常感谢指导老师车老师给予我这次机会，让我上了生平当中的第一堂新课，感慨颇深，发现自己的实践能力过于欠缺，一旦进行实地作战，所有理论都丢到了九霄云外，只剩下一片空白，没有逻辑。所以求真知不仅是专业知识，更重要的是一种实践能力，理论来源于实践，而实践能够发展理论。

（四）天降机遇练本领

大四是主打实习、找工作和写毕业论文的时期。实习前期一通猝不及防的电话改变了我跟随大众前往实习单位的轨迹，因所在实习基地教学工作需要，需要一名卓越班的同学提前去跟岗实习，而这项任务竟出乎意料地降临在了我的身上。初接这通电话的我是喜忧参半，既害怕难以胜任这份任务又想去把握这来之不易的机会，最终我选择了打破原有计划，前去赴任。如今回想起来，以代课老师的身份进行实习是我此生莫大的幸事。为期三个月的实习让我对小学教师和小学生的认识有了新的变化，给予了我提前步入工作岗位的一个机遇，有助于我今后快速适应教学工作。既要实习又要做好自己的教学任务对于我而言是一场挑战，常常因为写教案要到十一二点才能入睡，常常因为对课堂管理得不够合理而耽误教学进度。想尽办法吸引学生，集中学生的注意力，但终究因个别学生的捣乱而难以顺利进行。因起初未在学生心中树立威严的形象，又加上自己的教学并没什么特色，所以对课堂纪律难以有效维持，教学目标难以达成，曾几度陷入怀疑、否认自己的状态。在母亲的多次开导下，逐渐走出了这段心理历程，开始接纳目前自己的现状，学会以平常心对待，改善自己的教学方式，虽然最后做出的改善并不明显，但至少了解到原因所在，为今后更快速投入教学工作奠定基础。这三个月说长不长，说短不短，随着太阳的东升西落而悄然离去，初入校园时的短夏装在银杏叶撒满大地的刹那间宣告结束，取而代之的是里三层外三层地全副武装。回顾实习期间的经历，只觉过得充实而又充满意义。从起初的不甚了了变得轻车熟路，由不知所措变得沉着淡定，由毫无章法变得结构清晰……这是修身慎行、朋心合力、发人深省的三个月，让我真正体会到了教师之责，教学所专以及教师之德。

夸美纽斯曾说过：教师是太阳底下最光辉的职业。我想我现在算得上是理解了这句话的深层含义。教师教书育人，只求把学生培养成才，未曾想过从学生身上索取什么，若非要说索取，那索取的东西必定是学生身上的进步与成功。世界上只有两类人才会一心一意盼着别人好，一类是至亲，另一类是教师。正是教师这一身份，把没有血缘关系的一群人召集在了一起，这一“大家族”的得与失时时刻刻牵动着老师的心。面对学生的问题，老师会不留余力地付出，或间接或直接，只盼其能学有所长。所以，经过这次实习我非常认同教师是一份光辉的职业。要想管理好这一“大家族”，我认为重在“责任”二字。判别一个老师称不称职，关键在于其是否有责任心。这责任心：一是体现在对待教学工作认真负责，不敷衍了事，一心一意地教真书、育人才；二是拥有扎实的专业基础，自觉提高自身的教学质量，对学校负责，对家长负责；三是自觉承担起教师的本职工作，不因小失大，不傲然万物、目空一切，而是虚心求真经，拥有长远眼光与大局意识，为提高学校的教学质量而尽职尽责。

术业有专攻，各行各业都有自己的专业本领与方向。教师这一行业除了必备的本体性知识和条件性知识外，还需要有广博的知识。对于一些综合性较强的学科，对教师的综合能力要求比较高。在这三个月的教学过程中，深觉书到用时方恨少，从中深谙一个道理：倘若没有扎实的学识如何能上好一堂课？倘若没有扎实的学识在面对学生的提问时如何能够从容解答？倘若没有扎实的学识如何能得到学生的认可？所以，教师自身拥有扎实的知识是上好课的第一步，有了它，才有从教的底气。拥有扎实的知识并非一朝一夕的事，而是一个循序渐进、不断积累的过程。这就需要我们自身主动地搜集、拓宽自己的知识面。教学所专，一是在于以上谈到的专业知识，二是在于要拥有专业的教学组织能力，包括课堂组织和语言组织，倘若这方面达到专业水准，那离合格的专业教学又进了一步；三是要拥有专业的教学结构，牢牢抓住主线，从这条主线上产生生成性的东西，不脱离重点；四是要学会合作，同心山成玉，协力土变金，教学不是一个人的，只有大家团结合作、集思广益才能提升整个学校的教学质量。

小学生的心最是纯真无邪，他们的可塑性非常强，是处于发展中的人。从指导教师处理班级事务的一些方法中让我明白，对待犯错误的学生要恩威并施、严慈相济，既不能一味地严格，也不能一味宽容。倘若仅以严格处理，那便会师生离心；倘若仅以宽容处理，那教师便会失去在学生心目当中的威严。所以，最佳方法是恩威并施，让学生乐于接受。这便是我认为的教师之德，不在于有多大的作为，而在于处理好每件小事，当学生的良师益友，让学生从错误中成长。

【教育自传后记】回望我的教育之路，我想说！

或许是冥冥中注定的事，从小爷爷就为我种下了一颗渴望当老师的心，喜欢笔墨气息，喜欢书香味儿，小时候还会偷偷拿粉笔回来自导自演“老师教学生”的游戏。他们为我所营造的既不算太宽松也不算太严格的学习氛围给予了我很大启示。既然是学习就要为学生营造恰当的氛围，让他们能够自由、快乐地在思想中遨游，感受知识、生活的乐趣与世界的美好，过于严厉的课堂不利于学生创造性思维的培养，容易扼杀学生的积极性；过于宽松的氛围又会让学生容易变得散漫，无规无距，也不利于学生的健康成长。

家庭教育极其重要性。父母对儿女的关切与陪伴是孩子健康成长的第一步，父母是孩子的第一任老师，家庭是孩子人生成长的摇篮。从这句话可以看出，家庭教育与学校教育、社会教育的关系：孩子就是一棵大树，社会教育是大树的枝叶，学校教育是大树的树干，而家庭教育就是大树的根基。所以，家庭教育的重要性可想而知。从我的教育经历中也可以体现出家庭教育的重要性，小孩子心性单纯，许多价值观都未成型，学校和家庭就应该牢牢抓住这个关键期，在学生的人格培养、才智的形成、健康心理的养成上下功夫。只有构建良好的家校关系，和家长构成统一战线才能促进孩子的健康成长，单靠学校教育是难以培养优秀人才的。

大学四年总的来说过得比较“中庸”，我为何用“中庸”二字来形容呢？理由如下。

一是有收获，并未迷失方向。进入大学后是一个全新的世界，没有固定的教室上课，没有老师、家长催促我们好好学习，没有固定的三点一线，除了上课其他时间可以任由我们支配。总的来说，自由多了，选择多了，但若没有自律和明确的目标，随之而来的就是容易迷失自我。很庆幸大学这四年我有自己的目标，并未迷失自我，虽然曾经犯过错，但好在及时悬崖勒马。我更加清晰，在没有敦促的情况下，我是一个较为自律的人，会为了达到自己想要的目标而全力以赴。我很清楚自己上大学是来做什么的，是来学习、成长的，所以我会选择当班干部，会选择加入卓越班，在面对顶岗实习时也会选择去挑战自我。我也清楚自己毕业后的职业生涯走向，大多数人选择考研、考公招，而我选择先找到工作，所以在双选会时我会选择签下三方协议，在正式上任之前准备公招，让自己毕业后不依靠爸妈，靠自己的双手吃饭。待工作稳定后，再决定在职考研，我认为这是值得自己肯定的地方。

二是有遗憾，未有效利用大学资源。大一、大二是利用大学资源、博览群书的好时机，大一既要管理班级琐事，又要熟悉流程做好团支书工作，是较为充实的一年。大二却是令自己最为遗憾的一年，不仅在学业上，在生活上也是如此。没有抓住好机遇参加各种竞赛，增长见识和广交好友，提升人脉；也没有利用空余时间去图书馆阅览书籍，丰富内涵；更没有想过利用学生的身份去参观具有纪念意义的地方和旅游，感受生活的美好。大二下学期由于疫情，就算有想改变的想法，也被掐灭在摇篮里。大三学业繁忙，没有了往日的激情，只想把考试科目顺利通关。大四更是充斥着忙碌的气氛，无暇顾及学校有哪些资源。这些就是我这四年最为遗憾的地方，总觉自己未活出大学应有的样子，缺少了点儿蓬勃朝气。

总体而言，我的大学四年算是好与坏各占一半，没有哪一方面比较突出，故用“中庸”二字来形容。遗憾没有回转的余地，唯一能做的便是珍惜当下，趁着年轻，尽力做好自己力所能及的事，保持为达目标全力以赴的态度，活得透彻，相信未来有一天，自己想要的结果终究会来临。

兜兜转转中努力战胜胆小怯弱的自己

自我小传

【姓名】：雷希贤

【出生年月】：1998.11

【出生地】：四川省广安市武胜县万隆镇黄桩村3组24号

【求学经历】：

2003年9月至2004年6月在万隆小学附属幼儿园就读；2004年9月至2011年9月在万隆小学就读，2011年9月升入万隆初中至2014年6月毕业；参加中考，考入武胜中学，2014年9月在武胜中学就读至2018年高中毕业。

【大学主要获奖与担任相关职务的经历】：

在大学期间，无挂科现象，平均学分绩点为3.39，曾参加思语协会，两次加入绵阳市雷锋站，参加血站志愿服务培训，参与多项志愿服务，参加寝室文化艺术节、朗诵比赛、加油征文，参加“青年红色筑梦之旅”活动，参加课本剧表演，参加吟诵讲座等活动。

一、上学前懵懵懂懂

在我还没开始上学时，那时人们的生活还是很贫困，那时还是泥泞小路。我们家的情况也不是很好，住的砖瓦房，母亲在家中干农活、养猪，父亲去外面打工以维持家中生计，还要归还分家时分到的一笔债务，一年到头就只有过年时父亲才会回家，但几乎每周都会打电话回来问候家中的情况，哥哥也读书去了，家中大多数时间就只有我和母亲，母亲忙于农活，几乎没时间管我，我也是我们这个大家庭中最小的一个，就这样跟在姐姐们的后面，跑跑跳跳地成长。

母亲在闲暇之余，也会教我怎样为人处世的一些小道理。关于生活方面：遇到认识的人就要打招呼，若不知道怎么喊人，看见老一点儿的就叫爷爷奶奶，年轻一点儿的就叫叔叔伯伯、阿姨等；遇到叔叔伯伯叫我吃饭时，就应该学会拒绝，就算还没吃饭，也要说自己已经吃了，虽然不懂为什么，但还是照做；关于学习方面：每当哥哥姐姐回来时，会教我认一些简单的字词，如爸爸妈妈、哥哥姐姐等，还教我背1~10的数字，并要学会写，还会教我认识钱币以及怎样用钱；每天早上由于母亲会出去干农活，会早早地起来煮饭，吃饭时我就会被叫起床，那时没有电视，吃完饭后就出去东奔西跑，玩游戏，晚饭一般7点吃，吃完就洗漱睡觉，有着规律的作息时间。

那时，我们村上有一所小学，就是由几间砖瓦房构成的学校，听说上课的老师也是由周边人中稍稍有点儿文化学识的人构成，可以说办学条件、环境、师资力量都很差。不过这所学校离家很近，为了方便孩子上下学，家长们也不得不把孩子送去读书。不过这所学校没有开设幼儿园，刚好镇上的小学兴办起来了，有附属幼儿园，大人们流传一个说法，镇上的小学修建得很好，教师也是有文化的，虽然学费要贵很多，但为了自己的孩子能够学到更多东西，应该把孩子送到镇上去读书，先读学前班，读一年后满7岁了，就直接可以在镇上读小学了，所以之后很多小孩就被送到镇上去读书，我也不例外。这样几年之后，我们村的小学由于学生太少而停办了。

我有一个比我大一岁半的堂姐，她也是在镇上读书。我记得在一个镇上赶集的日子，恰逢堂姐报名学前班，而我也跟着去了，那是我第一次进入学校，看见了大大的操场和高高的教学楼，刷着白漆，非常漂亮。那时我们家还是砖瓦房，所以很羡慕在这儿读书的哥哥姐姐们。我还感受到学校的氛围，报名场面非常热闹，那时我在想：好热闹啊，比菜市场还热闹！等待堂姐报名时，我看见那位老师很年轻、漂亮，在她了解堂姐的姓名、年龄等问题，缴纳学费后，看见了一脸惊奇的我，还开玩笑地对我说："小妹妹，你是来送姐姐报名的吗？"我点了点头，她继续说："走吧，陪着你姐姐一起去班里看看。”然后我来到了学前班，那儿有我从没见过的很长的桌子，还有很长的板凳，在墙的四周还画着漂亮的画，我跟着姐姐坐在长凳子上，东张西望，对那儿的一切都非常感兴趣，我开始期待我读书时的样子。

二、学前班初步感受读书时光

第二年，我如愿上了学前班，由于离家较远，母亲每天都会接送我上学。与我们家附近的两位同龄女孩子成为一个班级的学生，在大人的交好下，我们成为好朋友，每天上下学都一起。不过，刚开始上学时，白天上课就见不到母亲了，最开始的两周时间我都是闷闷不乐的，后来慢慢习惯了这样的生活。

学前教育我只记得每天很好玩，老师们也不会讲很多枯燥的知识，最主要的是教我们学一些好玩的东西和一些基础知识，表现好的老师会奖励大红花，大红花是老师自己买红纸裁剪的，有各种样式的，非常好看，我自己曾经也尝试过，但都是歪歪扭扭的，连自己都会嫌弃，所以会尽量让自己在老师眼中是一个乖孩子，就能得到大红花，并且回家也可以炫耀一番。在学前班还有就是要学规矩，以便上了一年级能够更好地被管理。就这样，在学前班我度过了愉快的一年。

三、童年的味道

第二年，到了小学一年级报名的这一天，我也早早地就起床了，其原因是大人们吓唬我说“你不早点起床，去晚了的话，老师就不给你报名了，那你就没书读了”，所以自己就希望能够早点儿去报名，连早饭都没吃多少，就急匆匆地走了。由于我家距离学校较远，大人们要走近 20 分钟，而我一个小孩子就要走 40 分钟。好不容易到了学校，已经到了一大半学生。母亲去报名，人太多，我没挤进去，没看到新老师。那时候的书桌凳子都是现场买的，在缴纳了 200 元多一点儿的杂费之后，就去操场上买书桌板凳，而我也一直跟着母亲，害怕这陌生的环境，看着母亲挑选了一个好一点的书桌和板凳，就开始往教室里搬，然后遇见了我们家附近的那个孩子，与我竟然在同一个班级里，我感到很开心。之后就坐在一起静静等待新老师的到来，新老师是一位非常漂亮的年轻女老师，给我们按照身高调换位置后，就让我们认识周围的新朋友，打招呼，自我介绍，然后就让我们记住现在的位置，下午三点钟领书本，就坐在这个位置上，然后就让大人把我们领回家了，一路上很兴奋，喳喳哇哇地说了一路。

一二年级的记忆不太清晰了，只记得我在学校还很胆小懦弱，虽然在学校没人欺负我，但也没有交到真心的朋友。我家附近的那两个孩子，她们的关系更亲近，常常待在一起，而我感觉自己融入不进去，若我与别的同学交好时，她们更会不开心，在一起上下学时，她们偶尔还会联合起来欺负我，在她们看来是开玩笑，可却对我影响却很大，导致我更加不敢与他人交好了。

在三年级时，由于家中实在存不了钱，父亲所挣的钱几乎是挣多少花费多少，母亲看到他人的家中父母都一起出去赚钱，也想出去打工，为了我和读书的学费以及为哥哥的未来做打算，坚定意志要出去打工，留下我一个人在家，到处寻找能够照顾我的亲戚，第一个找的是我奶奶，但奶奶坚决不同意带我，最终找到了我的舅舅，舅舅在石盘镇工作，这就意味着我需要转学过去。本来就舍不得母亲离开我，再加上还要转学，又要换学习环境，我不禁情绪崩溃，第一次大哭大闹，但最终还是被送到舅舅家，当时的感觉就像是被爸妈抛弃的小孩，虽然理解爸妈打工的原因，但就是心里感觉很难受。

舅舅是在银行工作的，家住在石盘镇上，我每天上下学很方便，舅舅舅妈对我的管教很严格。记得刚进石盘小学时，那儿的环境没有我们老家小学环境好，三年级的教室仍是砖瓦房，我作为一个转校生，本来胆子就小，又换了一个环境就更不敢说话了。不过，那儿的老师很亲切，我不是第一天到校的，班上的课已经上了几天了，老师把我的书亲自给我送到座位上，并且把她所教的语文的知识点给我从头到尾大致说了一遍，并帮我勾画第二天要听写的词语，老师也给学生们介绍我，课后有两位学生主动和我说话，让我感觉到新老师、新同学似乎也还不错，就这样渐渐地与同学们打成一片，真正融入了班级当中，性格方面也有了一些转变。

不过，才读了一年，舅舅因为工作原因又要调任龙女镇，我又面临转学的问题，刚结交的朋友们又要说再见了，我很是不高兴，又很担心会不会读一学期之后又会转到另一个学校去，最后在我的强烈要求下，我就转回家读书了，但父母亲没留在家中，这个时候就由奶奶带我。

进入班级，明显感觉到这儿的老师没有石盘的老师那样亲切，甚至都没有给我做介绍，由于没有换位置，我就坐在最后一排的角落里，没有同桌，也没有朋友，由于一年不联系，我家附近的那两个孩子都不同我一起玩了，而班上的同学大都不认识，我就又变成孤单的一个人。在读了两周之后，终于迎来了换位置，终于有了同桌，也有了两年的好伙伴。

由于我的成绩是班上中等偏上一点，能力又不出众，平时又不调皮捣蛋，就成了老师眼中容易被忽视的学生，没有受到老师的关注，老师的关注点全都放在学业能力突出的学生身上，还有就是把精力拿去整顿那些调皮捣蛋的学生了，我想要得到老师的关注也没有机会，在课堂上举手也容易被老师忽略，后来就不再举手发言，就默默地待在位置上或者与同桌一起玩。到六年级时，再次面临分班，我被分到了六年级三班，原以为是随机分班的，结果并不是，原来的老师把班级中那些成绩优异的学生都留下了，成绩中等的学生被分走了，我就是被分走的那一批次，心里有点儿失落，不过也并没有感到有多不适，认为老师选择成绩优异的学生是天经地义的，所以我被分走很正常。

六年级所遇到的班主任是一位男老师，姓刘，一位语文老师，是一个对待知识很严肃，平时很幽默的老师。那时学校刚修建好塑胶跑道不久，班上也安装上了电子白板，教学设备上有很大提高。刘老师对待我们并没有严重的偏心，对班上的学生都很了解，几乎都是一视同仁地对待，在他的带领下，让我感觉到了学习的快乐之处，而我的成绩也相应有所提高。让我印象深刻的是刘老师对我们的管理，他教语文，对我们的字要求很严格，平时若遇到学生犯错误，不认真做作业，调皮捣蛋的一类学生，他就会让学生去写字，他会特别强调，“我这样的做法不是惩罚你们，而是奖励你们，你们把字练好了，不得感谢我吗？所以对你们来说这是一个机会，可以提高你练字水平的机会，所以说，练字是给你们的奖励而不是惩罚哦，记住了哦!”在他这样风趣幽默的语言下，就算被罚写字，也不会有太大的抱怨情绪，学生们还会互相取笑，“你又被奖励了呀，真好”。就这样，在轻松愉悦的氛围中度过了小学六年级的时光。

四、友谊：成长的见证

我顺利升入了万隆镇初级中学，初中学校的环境比起小学来说又好了不少。升入初中时，恰逢实施国家义务教育改善计划，学校里每天都会发放牛奶、面包、火腿肠或鸡蛋等东西，为的就是给我们改善营养，一般是每天下午的第二节课上完，刚好饿了的时候就分发营养餐了，全班学生都很高兴能够吃到一些喜欢的东西。

初中的班主任是一位男老师，姓张，是一位很好相处的老师，他所教的科目是数学，由于老师人很好，再加上我哥哥不定时地给我补习数学知识，我对数学方面的知识就很感兴趣，所以数学成绩一直是在班上前几名，受到了老师很多关注，后来初二的时候就直接让我担当了数学课代表。让我印象深刻的是一次发生在公开课上的一件事，每每想到它就觉得我给张老师丢人了。记得那次上数学公开课，教室后面坐了十多个老师，整个班上的学生都很认真地在听讲，我看见这么多老师来听课，说实话有点儿紧张，导致那节课没太认真听，结果待老师把例题讲完了后，要找一个学生上去做，而我恰好被点名上去做，我很紧张，就连加减法都运算错了，很羞愧地回到了位置上，虽然老师没有批评我，但这件事一直是我心中的一根刺，始终觉得对不起老师，给老师丢人了。我以为由于我公开课上的表现，老师之后就不会关注我了。不过幸运的是，老师并没有说什么，之后也同样关注我，并没有因为那次事件导致有别的想法。我感觉到了别人关注、被人重视的滋味，就更加喜欢我们老师，对待数学课也更加认真了。

在初一时就得知新增加了英语课程，从哥哥姐姐那儿了解到英语是很难学的，这个观念就一直在脑中挥之不去了，在加上教我们英语的是一位非常严厉的男老师，几乎没看到他对我们笑过，上课时总是拿着一根小木棍在我们身边走来走去，一看到不认真听讲的就一棍子下去，并且他会骂人，他教的英语注重语法，而不注重我们的基础，如单词的拼读技巧、翻译文章的方法等，着重讲语法，就枯燥无味，导致班上的同学一上英语课就反感，但是作为学生又不能反抗，只能承受。我上课时就一直担心他的棍子会不会落在我身上，神经一直紧绷，而老师说什么就根本没有听进去，导致我们班整体英语成绩很差，就连班主任张老师也暗暗为我们着急，一直说我们没有均衡发展，提醒我们多花时间学习英语。

初中时期，我也交到了好朋友，与班上有两名学生耍得很好，与班上的男同学关系也还不错。特别是那位姓彭的同学，对我的帮助很大，她是一个直性子的女孩，有啥说啥，为人非常直爽。她的家比我家还住得远些，她若和我一起走的话，就要绕路，但她从没抱怨过。她是一名非常爱看书的女孩，她家中有很多书，也看了很多书，而我是一个不太喜欢看书的人，在她的带领下，我慢慢对看书有了兴趣。平常时候，在课间或是上学、放学时期，我都喜欢听她讲书中的一些故事，这是非常有趣的。另一个女孩的成绩就要差点儿，不过我们也没嫌弃她，而是一直鼓励她、给她补习，上课提醒她认真听讲等，希望我们能考上同一所高中，就能再续友谊。虽然她的成绩不怎么样，但是她喜欢运动，每次都要把我们两个拖着出去散步或者小跑一会儿，然后就开始各自谈论家中发生的事，或者小时候干的傻事，真是从来都谈不完的那种，我们仨在一起总会有很多说的，我们还学着大人的模样，提议在一棵桃树下埋一坛酒，待到20岁时再挖出来喝，不过后来由于一些事情而放弃了。很遗憾的是，最终我们仨还是没在同一所学校念书，不过我们约定了一有空就再次相聚，但由于种种原因，我们已经很久没有再见了，俗话说“天下无不散之筵席”，希望我们彼此安好。

初中时期，还有一些有趣的事情，我们班里有“五大金刚”，其实就是五个男生组合的小团体，他们的友谊确实非常牢固，记得有一件事令我记忆犹新。他们中的一位学生听说头发越剪，发质就长得越好，就想尝试，还与别人打赌，结果周末放假回来，他带了一顶帽子，他真的把头剃了，成了光头，班上有学生嘲笑，结果第二天，其余四个人同样把头剃了，这时谁都不再嘲笑他们了，只暗暗佩服他们的勇气。

在初三下学期时，才初次感受到学习的紧张气氛，我们要考物理、化学实验，各占比10分，平时几乎都没有去过实验室，结果到了考试前两周，我们才开始进入实验室去疯狂做实验，老师把每个实验的要领、步骤、实验现象以及实验结果都告诉我们，让我们务必熟记于心，并且要注意各个仪器的检查与使用，就让我们开始练习，那两周几乎每天都要花一节课的时间去实验室练习，学生们心里也在抱怨，平时不让我们去实验室，要考试时才让我们疯狂练习。不过抱怨归抱怨，做实验还是很小心仔细，把每个步骤都尽力完成好。到了实验考核的那天，需要去隔壁镇考试，老师再三叮嘱我们注意事项，最终的考试结果还是挺不错的，同学们都合格了。

初三下期时，我对“分流”一事仍有较深印象，这是很残酷的现象。应学校的要求，需要把班上的学生分为两部分，一部分去读普通高中，而另一部分学生去读职业高中。那段时间，班主任很忙碌，在一边劝说班上的一些学生，从他们平时的成绩来看，去读职业高中是一条很好的出路，另一边又督促能够考上普通高中的学生，要认真复习，好好备考。这么一来，班上有一些学生被成功说服，选择了去读职高，而我的一位朋友也在其中，当时他很痛苦，却又无可奈何，否则就只有不读书，而出去打工了。当然，班上还有几位同学直接选择了退学，看见同学们的无奈之举，心里很是不舒服，但也无可奈何。对于剩下的一部分学生，都是要参加中考的，是想要考上普通高中的，所以管理更加严格，而我是幸运的一个，考上了我们县上最好的一所高中，很开心。就这样，初中时光在充满欢笑、充满情谊又充满无奈之中结束了。

五、青春不会散场

虽然很遗憾初中要得好的那些朋友不在同一个学校里，同时又感到开心，能够考上武中校。武中校是很漂亮的一所学校，很大很美，有三所教学楼，还有一所附属初中，有 5 栋学生公寓，还有两个大大的操场，一个篮球场，还有一个公交车停车场，学校真的很大，是我所未见过的美。考入武中校的那年，招收了新生约 1800 人。我从此开启了住校生活，每半个月会放两天的假，就可以回一次家，接近 1 小时的车程。最开始的那两天很不习惯离家这么久，不过，很快就适应了。

由于学校招收的人数较多，几乎每个寝室都是 8 个人，最开始我还在担心会处理不好舍友之间的关系，原来是我想多了。在进入宿舍的第一天，就遇见了一个开心果，她真的很善于社交，待我们 8 个人员到齐之后，她先是自我介绍，然后我们再互相介绍，之后她就说："你们介意取外号吗？我觉得外号听起来更加亲切一点，也好记一点。"我们没意见，"那好，从我开始吧，因为我长得很矮，你们可以叫我矮子。"她愉快地说，然后她把我们所有人的兴趣爱好问了一遍，给每个人都取了一个小名。当时我就在想，有她在，寝室舍友的之间的关系应该会很和谐的，果真如此，我在她的带领下，也慢慢变得喜欢开玩笑了。在这一学期，我们寝室没闹过矛盾，我与她们几个人关系都很好，收获了美好的友谊。虽然之后没在同一个班级，但在同一个学校，也常常一起出去玩，虽然也闹过不愉快，但朋友之间小打小闹很正常的不是吗，通过打闹，我们的关系反而变得更加亲密了，我很珍惜这份友谊，并且让这份友谊一直持续到了现在。

武中校内按照学生的成绩分班，把学生分为火箭班，重点班与平行班，由于我的成绩超线仅有几分，就被分到了平行班。虽然学生按成绩分班，但教学的设施设备、师资力量大多是均分的，火箭班的老师也会带平行班，平行班的老师也会教重点班。而我被分到了17班，按照学校预定的，该班为文科班，高一上学期是不分文理科的，所有学科内容都要学。由于我们提前听说了本班是文科班，受这个影响，我们班从整体上来说，对于理科方面的知识不太愿意去学，教理科的老师也认为不好教，他们常挂在嘴边的一句话就是“学好物理化，走遍天下都不怕”，说我们对理科学习的态度与习惯太差，是学不好的，随着整个班级表现出来的对理科的不重视，老师对我们也越来越没信心了。

不过，班主任关老师一直对我们抱有很大期望，几乎每天都在对我们说教，也对我们要求很严格，早晚自习班主任都会到场，查看班级内的情况，也常常去寝室查看学生的情况，询问我们的学习情况以及生活情况，有什么问题都可以及时给他反应，他也会尽力为我们解决问题。关老师对于手机问题管理较严格，若玩手机被发现，就会被没收，就要等到毕业时才能取回。我由于离家较远，仍然把手机带回学校里面，但几乎在校内没玩手机。关老师对于我们学习问题抓得紧，在经历一次月考后，由于总成绩在班上排名靠前，被班主任集体谈话，要求我们要积极主动帮助周边学生，要把学习氛围带好，带动周边同学学习，争取把整个班级水平提上来，他为了我们这个班级可谓煞费苦心，为了我们的发展劳心劳力，所以我还是喜欢关老师的，他的形象也一直在我脑海中。

高一上学期让我印象深刻的另一位老师是英语老师黎老师，她的教学方式方法非常新颖，她很喜欢李阳疯狂英语，并用其中的教学方式给我们上课。黎老师知道我们的基础差，就从头开始教，注重单词的发音，让我们每个人都要到她那儿过关，还教我们唱英语歌曲，说是通过不断哼唱英语歌曲，就能慢慢找到学英语的感觉，她还说英语就是要靠不断大声朗读，就要求我们天天大声读，她也常常到教室里来监督我们，还带有小礼品，能主动到她那儿背诵课文或者读文章的学生，就能得到小奖励。就这样在她的督促与鼓励之下，我的英语成绩慢慢有了起色，很感谢她为我们带来的特殊的学习方式。

到了高一下学期，进行文理分科，由于受到“理科好找工作一些，就业的门路多”的影响以及自我认为对数学方面、数字类的东西较为敏感，还有就是不想背太多东西，想用理解性思维来掌握知识，还有家庭因素的影响，虽然很舍不得一些老师和要得好的朋友们，即使那时的期末考试，文科成绩比理科成绩的排名高了接近200名，但也最终还是选择了理科，被调配到了理科19班，开始了新的理科学习生涯。

在新的班级中，又结识了新的朋友。由于换班级，就要调换寝室，新寝室与原来的寝室在同一层，这是令我感到开心的地方，这样有事没事就可以互相串门，可以更好地联络感情，虽然分班了，但并未分断友谊。新的班级中住校的人数不多，所以我们寝室里仅有4个人，而且都是转班过来的学生，两个13班的，两个17班的，还挺幸运的，遇到一个原来班级的老同学，这是值得高兴的事情。由于与新同学的不大熟悉，所以中午的午饭仍然是同以前的朋友一起在外面点餐吃，而晚饭就与新同学一起去吃食堂，就这样相处了一段时间，彼此关系越来越好，如今我们4个每年都会找时间出来相聚，过生日时互赠礼物，平时也常常聊天，这份友情一直维持得很好。

19班的班主任江老师是一位很好的老师，在我心目中形象高大，他偶尔严肃，偶尔会很搞怪，是非常亲近学生的一位老师。他对待学习方面，是非常严肃的，对我们的偏科情况非常看重，不只管他所教的数学，更是兼顾了所有学科，我们上课时候也常常看见他的身影，从外面的走廊上经过，顺便看一看我们的学习状态。他非常担心我们的偏科，特别是高三时期，他把全班每个学生相对薄弱科目列举出来，每个科目都选出负责人，制订相应的学习计划，每天按时完成计划，还督促我们利用下午读报时间补薄弱科目，而我的薄弱科目还是英语，就需要天天背单词，练习阅读与完形填空，江老师还会不定期抽查，对我们的学业成绩、对我们的未来非常看重。

说到英语，还有一件有趣的事情，因为我们班的英语成绩相对来说是最差的，而19班教我们的英语老师是一位快退休的女老师，上课时自顾自己讲自己的，不管学生在下面做什么。学生没有老师的管教，本来英语基础就差的我们，英语就更差了，学生都在抱怨英语难学、难背，江老师却说，“我们也是这么过来的，英语有那么难背吗？给我试试，我都好多年没学英语了，我都能做到的话，你们肯定能做到”。然后，一位男同学找了我们必背的单词给江老师，江老师满怀信心地说，“给我半小时，之后你抽查，我到要看看是否你们学的英语真的那么难”。之后的一节课时，我们看见江老师在教室门外不远处正努力背单词。大约半小时后，老师让那位男同学出去抽查，结果老师只有一两个单词不太清楚，其余记得都很清楚，老师对我们说："看，每天花半小时去学英语，我就不相信你们的英语提不起来。"老师用实际行动向我们证明了，只要你努力去做，结果就不会太差，老师在我们心目中的形象不禁又高大了一些。

关于我们的班主任江老师，我对他的记忆非常深刻，仍记得他每天下午吃完饭后就坐在教室里督促我们学习；每周两节的唱歌时间几乎都让我们唱歌，这让其他班的学生很羡慕。记得高三下学期时，我们处于高度紧张状态，这时候他反而显得不那么紧张，他常说的一句话就是"不要一直学习，会很疲惫的，应该劳逸结合，不要急躁，把心静下来，好好复习，这样的学习效率才更高"。为此，他监督我们下午吃完饭后不能立刻待在教室，他就坐在教室里，让我们去操场上去走几圈，他说："心静不下来就去操场上数石板，看你第一圈与第二圈数的石板块数是否一样，当你全身心投入另一件事中，你的心也会随之静下来。"他看我们学习状态不好，还拿他的数学课让我们出去娱乐，提前让我们想娱乐游戏的点子，然后准备好一些工具材料，轮到他的课就到操场上去，那一节课我们玩得真的很嗨，玩了撕名牌、打羽毛球、扎气球、五人四足等游戏，还把老师也拉入我们的队伍，一起娱乐，这节课是我们体验的最开心的一节课，也是非常有趣的一节课，让其他班级的学生羡慕不已。

就这样，高中三年的时光就匆匆过去了，高考完后我们班组织了聚餐，邀请了班主任江老师和所有科任老师一起吃喝娱乐，也听到了老师们对我们的期望与祝福，江老师说："同学们，高考结束了，我们也不要过多去纠结成绩的好坏，你们未来的路还很长，参加高考上大学并不是你们唯一的出路，要对未来充满希望，要有信心。"说完，全体师生举杯畅饮，拍照留念，再一一道别，各自向远方奔去。

而我的高考发挥失常，比平时的诊断性考试考得还差，填报志愿，被阿坝师范学院的一个冷门专业录取，听说转专业很难，再三考虑之下就选择了复读。复读期间，老师几乎不怎么管我们，认为既然是复读生，就应该会很自觉地去学习，不用老师的督促了。我也感觉到了，复读期间的学习氛围确实比以前好，老师们先是把整体知识过一遍，再有针对地进行复习。复读期间，我也收获了新的友谊，一位姓曹的同桌，她胖胖的，很是可爱，她擅长化学，我在她的带领下，化学成绩有很大提升，她平常很爱开玩笑，为人活泼开朗，是很好相处的一个人。就这样，高四在紧张的复习中度过了，最终考入了绵阳师范学院的小学教育专业。

六、我的大学，我的绵师

（一）初入校园，感知学校

9月5日一大早坐车到学校，刚来到绵阳时，就遇到了倾盆大雨的天气，自己的衣服裤子，还有母亲的衣服裤子全都湿透了，甚至行李箱都浸水了，然后报名不知道具体地点，在学校乱转，最终拿着重重的行李到达了寝室，寝室的环境设备等还没有高中时期好，感觉是一所很老的学校，反正到学校的第一天给我的感觉不是很好。但是，既然选择了这里，就应该有“既来之则安之”的想法，虽然这里不是想象中那么大，环境不是想象中那么好，不过我所选择的专业还是挺火爆的，老师们都学识渊博，我相信可以学到很多东西。

在大一学习生活中，我懂得了许多。从来到大学，首先迎来的就是军训生活，每天都要准时起床，准时睡觉，有良好的作息时间，这样才利于第二天的训练。军训的生活确实很苦，但是苦中有乐趣，我们遇到了一个很“逗比”的教官，在休息时，他教我们唱歌、跳舞，偶尔也谈谈军人是怎样训练的，非常有趣。我们还跟随教官去拉练，十公里的路途，头上顶着大太阳，确实很累，但我们都坚持下来了。军训生活很短，但以后的生活很长，从这次军训当中，我学会了服从，学会了忍耐，也学会了坚持。

大学是一种新的教学模式，有更多时间都是靠自己去安排的。在师兄师姐们的介绍下，我加入了感兴趣的社团，也认识了更多朋友，在每周一节的社团课中，会有师兄师姐来给我们做分享，讲他们的经验，讲解了很多书本上没有的东西，从他们身上我学到了许多东西，也相应地锻炼了自己的能力。

在大一上学期时，我还加入了雷锋站，顾名思义就是做志愿者，服务社会，帮助需要帮助的人，奉献自己的一片爱心。我们有时间就去做志愿者，帮帮老人、小孩们，给他们带来更多欢乐，能了解社会中的现象，还能提高我的社交能力。

大学不像高中那样，在老师的监督下学习，没有老师随时在身边指导与督促，就很放纵自己，导致我在漫无目的的学习与迷茫中度过，甚至临近期末考试时，我才开始翻书复习，临时抱佛脚，还好平时上课还是认真听老师讲过的，这才没有期末挂科。不过，英语四级考试就没那么幸运了，本来我的基础就不好，每周只是完成老师布置的任务就了事，导致四级一考完，就感觉情况不妙，结果真的没过。在大一下学期时，才觉得时间很紧张，学习状态要好些，在英语老师的严格要求下，每周读背单词、练习四级题测，抽出更多时间在英语学习上，最终通过了英语四级考试。但是，在其他科目的学习上，还是显得有些懒散。

（二）新的生活，新的朋友

我是很幸运的，我们寝室都是一个班级的学生，这样更方便我们学习，因为学习任务都差不多，课程也差不多，作息时间也差不多，我们寝室6个人的性格都不是很张扬的那种，会相互理解，虽然偶尔会有一点小小的冲突，不过很快就会解决，平时的相处还是很和谐的。每当有什么事情发生，都会互相通知，遇到什么事情时也会互相帮忙，我们寝室还一起相约出去玩耍、聚餐，一起去逛市中心、去越王楼、去爬富乐山、去两弹城、仙海湖、湿地公园等，感受到大学生活的自由与美好。在平时的生活中，通过这些日子的相处，我们越来越了解，也喜欢互相开玩笑，但也会闹矛盾，会有小摩擦，不过最终都处理好了，关系也没有恶化，都秉承着同寝室的同学要相互关爱、相互包容，这样才能让全寝室的关系更加和睦友好的初心，共同构建和谐美好的寝室。

（三）一场疫情，没有阻挡我们学习的脚步

大二在繁忙中度过，直到大二下学期，一场突如其来的疫情打断了我们回学校上课的脚步，但在网络如此发达的世界，虽然不能与老师面对面地交流，但可以通过视频与老师们进行沟通。

大二下学期的学习任务还是挺繁重的，课程科目相对来说较多，考查科目也是五花八门的。除了星期六之外，几乎每天都有课，就在匆匆忙忙中结束了这一学期。我们虽然在家里线上上课，但是家中的学习氛围不如学校浓烈，偶尔还会有一点意外发生，比如，停电、断网，还会有杂七杂八的事情出现，不过无论发生什么事，在学习上我还是没有耽搁的，每天准时打卡签到学习，听老师讲课，认真做好学习笔记，准时完成老师布置下来的作业。

那学期的课程很多，学习任务也重，上课时根本记不完笔记的情况时有发生，在课下还花费了大量时间来完成笔记。除了笔记外，每周三次的普通话，两次钢笔字也没有落下，还花费了很多时间来练习弹琴、画画、学礼仪、练习口语等，特别是在期末时期，特别忙，忙着各科的考核作业。总而言之，在疫情时期在家上网课还是过得很充实。

（四）见习与实习，收获颇丰

在大一下学期时，学校组织了见习活动，值得庆幸的是，我们的见习时间是两个星期，以往都是一个星期。如此，我们有了更多时间去了解小学生，去接近小学老师。我们每天早上6点钟起床去安昌路小学，直到下午6点多钟才回到寝室，说不苦不累，那是假的，但是我结识了很多小朋友，一群小朋友围过来，问这儿，问那儿，原以为我会被小朋友们忽视，结果他们很令我兴奋，在此期间，我不仅提高了自己与小朋友的相处能力，也学习到了一些基本的教学方法，初步了解教师是怎样上课、如何管理学生，这对于对自己以后的职业生涯有很大帮助。

在大二上学期以及大三的下学期，学校都组织了见习，见习就是让我们有机会深入小学，能够走近学生，走近老师，亲自感受课堂氛围，教师的教学，对学生的管理以及与学生的相处模式。老师站在三尺讲台上，利用一支支粉笔，在黑板上展现个人风采，为学生传达出新的概念与知识。在课前辛勤的备课，书写教案，制作PPT等，为下一堂课的顺利开展做好准备。在课中，要求老师要随机应变，在讲解新知识时，要用生动活泼的语言去吸引学生的注意力，还要注意知识点的深度和高度，用学生能够听得懂的语言去描述。教师还要时刻注意观察学生的状态，多与学生互动，让学生明确清楚老师在关注自己；在课后还要通过学生的作业，反馈学生知识的掌握程度，以更好地为下一节课的内容做准备，在见习中，深深感受到老师们生活的繁忙与充实。

在大四上学期，学校有计划、有组织地安排我们进行实习，我被安排在了富乐小学，开始了长达3个月的实习生活。我的指导老师有着20年的教学经验，她教五年级的两个班，工作量是很大的，每天都很辛苦。老师对待上课严谨认真，她所带的两个班级成绩差别挺大，五年级一班的学业成绩较差，五年级四班成绩较好，但是我的指导老师并没有差别对待。在我看来对五年级一班的学生更是用心，常对我说，虽然五年级一班的学生成绩较差，他们的管理较为松散，但是正是由于管理不太严格，学生的思维比较活跃，比较富有创新能力，相对来说，五年级四班的学生学业成绩较好，但是他们的思维太过局限性，这点我也深有体会。老师还告诉我，对待学生不能太过于亲近，应该树立教师的威信，课堂上严肃一点，让学生知道你的性格与处事方式，对学生不听管教时，应点名，哪几位学生做得差就批评，哪几位学生表现得好就表扬，这样课堂纪律才有把握。在这段时间的学习中，老师给予了我很多指导，我也学到了很多东西，最开始的一个月里，除了日常批改学生作业，其余时间几乎都是去听课，听各个学科的课，也听了不同班级、不同年级的课，每个老师上课的风格是不同的，对同一堂课的讲解方式也各有特色，对学生的管理也有所不同，从不同老师的教学过程中，我领悟到了很多东西。

通过3个月的实习，我收获了很多东西，了解到教师的日常工作，也知道了教师肩负的任务的繁重与重要之处，知道身为教师的不容易。纸上得来终觉浅，绝知此事要躬行，亲身经历过才知道其实上好一堂课并不是一件很容易的事情，当老师没有外界想得那么简单，只有当自己站上讲台，才能真正体会当老师的感受，体验之后对"老师"这个词有了自己的感悟，知道了要做好一名老师不容易，成为一名好老师更不容易，所以以认真严谨的治学态度，勤勤恳恳地从事教育教学工作，把在学校里学到的理论知识与实际教学很好地结合在一起，要以更宽阔的视野去看待我们从事的教育工作，不断提高自身素质和教育教学水平，不断地总结自己的得失，提高认识，不断学习。

(五) 论文与就业

在实习中旬，导师就督促我们开始思考毕业论文选题，抓紧在小学实习的时光，注意观察周围的事物，善于发现在实习过程中的一些问题，然后再选择自己所感兴趣的问题进行深入探究。在这期间，导师也曾召开组内会议，对每个人的选题和大致的思路给了一些建议，随后我们开始着手对论文的选题进行相关探索。毕竟这是第一次写论文，根本不知道如何下笔，导师就让我们先看看别人怎么写的，多看几篇，就会有感觉，知道如何动笔了。我实习结束时间是12月17日，而论文开题报告需12月底就上交给导师检查，时间是很紧迫的，但最终还是完成了任务。在实习期间，辅导员多次开班会强调：我们如今最要紧的就是毕业论文和找工作，希望我们能合理安排好时间。在实习期间，我曾报名教师公招考试，但是实习期间繁忙而又很累，就没有花多长时间去看书，最终的结果可想而知。大四下学期，相对来说就轻松一些了，在下课后，有更多时间去看书，去查资料写论文，每天过得也较为充实，就希望能顺利毕业，找到合适的工作。

【教育自传后记】回望我的教育之路，我想说！

我的小学、初中以及高一高二几乎都没有感受到时间的紧迫，在读书方面也确实没有很努力，感觉只要跟得上就行，没有很大追求，导致学习成绩忽高忽低，一直都不稳定。直到高三高四才对未来有了一定的目标，希望能够考上一所好一点的大学，不想太早进去社会，做一个靠双手吃饭的打工人。回想我的小学、初中和高中的学习生活，我的性格在很大程度上影响了我的学习，小学时本就是一个胆小害羞的女孩，加上母亲外出，把我托付给舅舅再转学一事，对我有了一定的打击，一直徘徊于陌生的环境中，虽然也有新的友谊，但软弱、胆小的性格一直没有改变，有问题不敢问老师，怕老师说“你连这样的问题都不会”的话；在交际方面，也没有主动去与他人交好，感觉和他人聊天找不到话题，一般都是他人主动与我说第一句话，之后再慢慢与她交好，几乎班级中就只是与周围同学关系好些，与其他同学几乎没怎么说过话。我觉得这种性格不仅对学习方面有着很大影响，对人际交往上面也有影响，心中明白是一回事，但做到又是另一回事了，就害怕受到他人的不待见，所以不敢去轻易尝试。如今我的性格方面有了很大改善，虽然还是不太擅长人际交往，但能明显感受到自己的改变与成长。如今想来，想要对以前的我说，你应该早点儿敢点、大胆些，也许你的生活将是另一番风景了，不过时光不能倒流，不能改变过去，那么就把握好当下，努力战胜那个胆小怯弱的自己，变得勇敢起来吧！

我的大学学习生活经历在我看来是算不上成功的，但也不算太失败，毕竟能来到大学，相比他人来说，有了更多机会去提升自我，能够学到相应的理论知识，选择一份好点的职业。其实，在填报志愿的时候，我对未来没有规划，也没有目标，就像温室里的小白鼠，什么都不懂，听从他人的意见，他人认为教师这份工作稳定，轻松好要，女孩子是很适合教师这一职业的，我就来到了绵师。我来到的就是绵师的老校区——游仙校区，这是一所建立在山上的学校，空气清新，环境虽比不上新校区，但经过几年的生活，也逐渐喜欢上了这里，在这里度过了人生中较为重要的大学时光。回想大一、大二时期的我，对未来没有什么打算，整天是浑浑噩噩地过日子，心思几乎没放在学习上，对自己的要求也很低，觉得不挂科就行了。直到大三来临，看见师兄师姐们忙碌的身影，忙着为未来而奔波的身影，我才开始思考我的未来，难道真的要应了那句话“毕业就等于失业”吗，我不想成为这一批人，我开始正视教师这一职业，了解关于它的方方面面，再经历过3个月的实习生活，让我更坚定了，有了奋斗的目标，那就是做一名好教师。

如今最关键的事就是抓紧时间修改毕业论文，要好好学习，好好看书，能够有更多准备去面对教师公招；还应该把小学的教材琢磨清楚，把知识点梳理好，多练习备课、说课、讲课以及课后反思的教学流程，以便更好地应对面试；还应该注重教师必备的技能，把作为一名教师应有的知识性技能技巧和教育教学性技能技巧方面掌握好，以便有更多机会在这充满竞争压力的社会拥有一席之地。加油吧，前方风景正好，努力奔向远方！

在尝试中成长

自我小传

【姓名】：杨露露

【出生年月】：1999 年 05 月 13 日

【出生地】：四川省广安市广安区枣山镇强华村 3 组

【求学经历】：

2004 年 9 月至 2009 年 6 月 在强化中学就读小学（幼儿班到小学四年级）；2009 年 9 月至 2010 年 6 月在鞍山中学就读（小学五年级）；2010 年 9 月至 2011 年 6 月在希望小学就读（小学六年级）；2011 年 9 月升学进入五福中学，至 2014 年 6 月毕业；参加中考，考进代市中学，在代市中学就读，2017 年 6 月高中毕业；2017 年 9 月在广安第二中学复读一年，2018 年考进绵阳师范学院，2018 年 9 月就读于绵阳师范学院教育科学学院小学教育。

【大学获得主要奖项与担任相关职务的经历】：

获得专业三等奖学金两次，获得一次“寝室文化月”三等奖，未担任过职务，大一加入计算机社团，加入了中国共产党，现在是一名预备党员。

一、记忆模糊的小时候

我是我们家的老二，我出生的时候还在实行计划生育，二胎是要罚款的。我家里人为了能逃过这一劫，做了许多的工作，我的母亲经常躲在柴房里，有时候躲在我外公家，但是还是被村长发现了。我出生在路边，是在我母亲从我外公家回家的路上出生的，因为我出生在路边，所以他们就为我取名为杨露露。

上学前的事情，其实现在我已经记不太清了，但是长大后我听我爸爸妈妈说起过我小时候的事情，说我在上学前，是很不情愿来上学的。但是在对待亲戚朋友，我总是很有礼貌，又热情，嘴巴很甜。我也喜欢和我婆婆玩，我婆婆对我很好，因为我婆婆在我很小的时候就过世了，所以我并没有太多的记忆。但是我听说，我婆婆也很喜欢我，还给我编了一首童谣—杨露露，打兔兔。虽然只有简单的一句，但是我现在依然记得。

我想那个时候的我，是比较依赖父母的，不想逃出这个舒适圈，不想离开父母去学校，学校对我来说是一个新的环境，在那里我需要结交新的朋友。在家里，我的交际圈子其实很窄，我喜欢跟着我的哥哥一起出去玩，哥哥去哪里我就去哪里，我没有和我同龄的玩伴。我对上学前的记忆比较少，那时候离我已比较遥远，获取那时候的记忆往往是通过家里人告诉我，我才知道。

二、幼儿班·害怕与人交流的我

我上的幼儿班和现在的幼儿园是不一样的，现在的幼儿园是专门一个学校，是请专门的幼儿教师来教学生。而我那个时候的幼儿班，就是在小学学校里上的，其实就是一年级前的一个过渡班，学习的内容就是课本上的知识，也没有什么娱乐活动，不像现在有专门的老师，有很多游戏和活动，那时候的我们并没有小班、中班和大班，读的年限也没有规定，有人读一年，有人读两年。我也不记得我读了几年，我去问我妈妈，她说她也不知道，我自我规定为从 2004 年开始读的。

在幼儿班生活的我内心和表面是完全相反的，内心的我是渴望和同学一起玩，渴望拥有一个朋友，可现实的我却时常胆怯，害怕和别人相处，所以我经常一个人待在教室里，有时走出了教室，看见其他同学在玩，却又不知道该如何融入进去。有时候内心深处的我会跑出来，想冲破牢笼，获得自由。举一个典型的例子来说吧。记得有一次去上学，我和一个小伙伴走在路上，我们在路上玩。这时，我们走到了一个老房子处，这里已经很久没有人住过了。我们在这里玩起了几乎每个小女孩小时候都会玩的游戏——过家家，玩着玩着，天下起了雨，我们的玩心还没有散去，反而越演越烈。看着外面还下着雨，我们也没有带伞，当时我就提出了一个想法：要不我们不去上学了，就在这儿待着吧，我们很快就决定了。后来，我们玩着玩着就想到了一个问题，要是我们现在回去，家里人发现了肯定会骂我们，于是，我想到了一条妙计：等他们放学了，我们跟着他们一起回去。我们当时觉得这个想法棒极了，也没有想过老师知道了会怎么样，于是，我们按照计划就这样执行了，期间我们告诉了其他的小伙伴，瞒过了家里人。现在再来想想看这件事，有人可能会觉得这是小孩的心性使然，但我现在却觉得这是对教育的不负责。那时候我和我的小伙伴一个下午都没有出现在学校里，老师没有给家长打电话，因为回到家我的父母并没有问过我这件事，因为通信并不发达吗？并不是，因为第二天我来到学校，老师也没有问我为什么昨天下午没有来。这是教师对学生安全的不负责任，放在现在，那肯定是一个重大安全事故了。当时的我并没有深究，自己还高兴逃过了一劫。

虽然自己打破枷锁，将自己内心深处的灵魂放了出来，但好景不长，我最终选择了后退，选择了逃避。看到其他同学在玩耍，我虽然内心渴望，但胆小占据了我的心灵，我还是选择了自己一个人待在教室里。慢慢地，我不再爱出去，有时候同学会邀请我出去玩，大多数我会选择拒绝。我成为别人眼中内向的孩子，我也真正成为内向的孩子。我不爱说话，特别爱哭，别人只要稍微说重一点话，或者只是开玩笑时逗逗我，我的眼泪就忍不住了。

那时候的我造就了我现在的性格，墨守成规的，不太爱打破规则，没有主见。而我幼儿班的时候就是那样调皮，说胆子大吧，而大多数时候我的胆子是很小的。自己因为害羞拒绝和别人一起出去玩，也养成了后面的性格，胆小、内向，有时候还有些懦弱。那个时候的我，也是不爱学习的，老师经常布置很多加减法的作业，我会问我爷爷答案是什么，我妈妈有时候看到了，会让我不要问，让我爷爷也不要告诉我。但是，只要我妈妈不在场，爷爷都会告诉我，那时候的我觉得爷爷非常厉害，自己的惰性让我变得不想写作业，只想要现成的。现在想来，我觉得妈妈的做法是正确的，要让孩子学会自己思考，教会孩子学习方法，而不是直接告诉孩子答案。

三、小学 · 从一个地方到另一个地方

我的小学在三个学校就读过。第一所学校和我幼儿班的学校是一样的。

因为是乡村学校，所以师资力量也没有城市学校那么好，一个班只有一个老师，这个老师上除了体育课外，其他课都要上。全校只有一个体育老师，看起来任务很重，其实也还好。因为每个年级只有一个班，每个班的学生20个左右，而我们那个学校一共只有四个年级。如果要上五年级的话，就要去另一所学校就读，这两个学校的校长也是同一个。所以，我五年级就去了另一所学校，这个学校的五年级有两个班，一个班有50多个人，教育条件比以前好多了，有相应的科任老师，不再是一个老师上所有课了。到了后来，因为我父母的原因，我六年级转校到城市里上小学，这里的小学跟之前差别就太大了。这所小学有两个校区，我们六年级和幼儿班的在一个校区，其余在另一个校区。我在新校区读书，教学设施很好。六年级13个班，每个班有60多个人，老师教育水平也很高。小学我一共读了三个学校，每个学校的我都是不一样的，都在慢慢地成长。

首先，在第一所学校的我，不爱学习、调皮，受到的教育不太理想。在这个阶段，我经常完不成作业。记得有一次，我在一个小伙伴家玩得很晚，可是作业还没有做，我又不想做，于是我编了一个理由：我的作业被狗啃了。当时我就在想这个理由一般人没有用过，虽然很荒唐，但就是因为荒唐，说不定就显得很真实，我第二天真就这么干了，结果全班同学哄堂大笑。那时候我也不爱背书，于是老师就想到了一个办法，没有背会的，不准回家吃饭。我没有背会就被留在学校，妈妈得知消息，就托我同学给了我五角钱，让我自己去买吃的。当时我很高兴，以为只要我不回去，妈妈就会给我钱。于是，我第二天也这么做的，结果妈妈并没有给我钱，我很伤心，我觉得这个方法行不通，可我还是背不会课文，也不想背。后来老师实在拿我没办法，让我自己给家长说，但是我不敢，于是老师就让同学告诉我的家长，后来妈妈和哥哥都开始监督我。那个时候我成绩很差，基本没有及格过，整体成绩也不算太好。

我自己不爱学习，也觉得老师在一些地方惩罚得不太合理。那时候班上有很多调皮的或者不完成学习任务的同学，对于男同学，老师让他们站在后面扎马步，这还算轻的，重则会脱掉他们的裤子打屁股，我觉得这个惩罚过于严重了。还有一件我亲身经历的事，一天我在去上学的路上看到了一个牛奶盒，我身边还有班上的一个男同学，就让他去踩，我以为那是个空盒子，没想法踩下去才发现是还没有喝的牛奶，当时，我们也没太在意这件事，以为是别人不小心掉下来的。回到学校，有人向老师告状，说他的牛奶被我们踩了，现在我也记不清那个人是谁了。老师把我们叫到了办公室，让我们跪在办公室，后来了解事情缘由，老师只惩罚了那个男生，虽然我没有受到惩罚，但是我觉得让我们跪下来的行为是非常不合理的。可以说那个时候农村的教育基本上是打过来的，只要学生做错了事，老师就会打手心，这是很常见的惩罚方式，让学生扎马步，打学生屁股，留在学校不准回去吃午饭。放眼现在，完全不体罚学生的教师也比较少，有些班级的纪律就是靠打才保持下去的。

在这个阶段，我不太爱学习，完全没有学习的兴趣，老师教的我听不懂，作业不会做，加上自己又有些贪玩，所以那时候我的成绩不太好，考试基本上都没有及过格。后来我去了另一所学校读小学五年级。也许是受老师教育水平的影响，也许是受周围学习环境的影响，这个时候的我，有一些想学习的迹象。表现比较突出的是，我会安静地完成作业，我会独立做题，持续的时间也比较长。

再后来，我去了城市里上小学，这里的教学质量和之前的学校是天差地别。老师的教育水平很高，每个班有两个班主任，一个正班主任，一个副班主任，共同管理班级。学生的学习成绩很好，很多 80 分、90 分的，而我刚提升了一点点的学习成绩，在这里只能排倒数。之前我的字写得非常丑，这里的语文老师看不下去我的字，几次让我重写。就是因为这几次重写，我写字写得慢下来了，也买了几次字帖练习，通过一年时间的练习，我的字改变了许多，后来我以前的同学看到我的字，还有些不太相信是我写的。

在这所学校，我的数学老师李老师，他的一个教学举动，让我感触颇深，到现在我还记忆犹新。在一次班级测验时，李老师说了这样一句话："这次考试我不会监考你们，由你们自己随意发挥，但是课堂里要保持纪律。"这句话几乎让我们每个人都欣喜若狂，因为这样就意味着我们可以不用靠自己的努力就可以获得高分。我的同桌是一个学习成绩很好的人，班上的同学基本上都围在这里抄答案，我则是在旁边认真地做，做完后对一对答案，如果不对，我自己再下去思考一下，看看是我错了，错在哪里了。后面有个题我对了答案，和我同桌不一样，但我还是坚持自己的答案，结果考完老师公布答案的时候，发现还是自己错了。考完后，李老师并没有把试卷收上去，而是让自己改一改，到底有多少分。几乎每个人的成绩都很高，李老师说了这样一句话："现在你们手中的成绩基本上都不是自己的。你们要想好好学习，把分数变成自己的，就得努力。"具体怎么说的，我也记不太清楚了，大致意思就是这样。我想李老师大概想通过这次事件让我们明白靠别人的努力可以得到高分，但那永远不是自己的。这样的教育经历对于我以后从事教育行业也是非常有帮助的，我也将秉持促进学生全面发展的原则，教好每个学生。

从这三所学校的经历来看，我想城乡教育的差别确实挺大的，小地方与大地方的教育水平不一样，这也在很大程度上影响了这两个地区学生的发展，教育环境和学习氛围也会影响一个人的学习状态，当然遇见一个好老师，会使你终身受用。教师也应该遵守职业道德规范，公平对待每一位学生。

四、初中·我们处在叛逆期

初中的我，刚开始对学习是很感兴趣的，刚开始学的知识也是比较简单，所以第一次月考，我考得还算不错。可是，后来我的学习没有那么用心了，因为我买了一个手机，经常看小说，这也影响了我的视力，眼睛度数越来越高。班上许多同学刚开始是一个乖乖娃，经过三年后，变化很大，社会属性很高。可以说，初中改变了许多人，但我还是老样子，要说最大的影响就是六年级保持的学习习惯并没有延续下去。在这个阶段，我的初中物理老师的一个简单的举动给了我很大鼓励。在初中我的存在感不强，成绩一般，也没有什么光荣事迹，所以我觉得老师应该都不认识我，更不会记得我的名字。在一次我去办公室交英语作业时，物理老师直接叫出了我的名字，让我帮他开一下多媒体，当时令我非常震惊。虽然只是一个简单的举动，却让我在物理上多花了些时间，这让我感觉我的存在还是有价值的。还有一个教育事件，不是我经历的，但却发生在我们班上。一次英语早自习，我们班的一个女生，公然在班上吃泡面，这很明显是不对的。然后，我们英语老师看到了，就让她不要吃，她竟然说："我没有吃早饭，凭什么不让我吃呢？"后来英语老师跟她讲道理讲不通，还把英语老师气哭了，最后由班主任来解决这件事。这个女生在班上公然挑衅老师，这明显是不对的。本来这个女生刚进校的时候是很乖的，学习成绩又好，后来跟一些社会上的人接触后，就变成现在这个样子了。在这之前，我其实还是想当老师的，但是在初中看到很多学生和老师顶撞，在背地里骂老师，就不太想当了，即使要当老师我也不会去教初中生。初中生太可怕了，即使到现在我也是这么觉得。他们正处于叛逆期，调皮，有些人与社会上的人接触，是很难管教的，会做出许多不好的举动。在学校，有人打架，甚至有人拿着刀去打群架，这给我留下了阴影。这也是我目前会选择小学教育专业的一个原因吧！

初中的我，当然也是有些叛逆，虽然现在对我来说，一些事情是很可笑的，但是我也想拿来说一说。在家里的时候，我很懒，妈妈让我做家务，我不情愿，还跟妈妈大吵了一架，把自己锁在房间里，然后偷偷地抹眼泪，却也不肯让步，也不出去吃饭。有时候我知道自己错了，但却拉不下脸来。后来还是妈妈主动给我说话，退一步海阔天空，最后和好了。我想说这次经历让我明白，有时候叛逆是不受自己控制的，可能这就是初中这个阶段，许多人都要经历的，有些人一晃就过了，有些却对自己产生了极大影响。

五、高中·温暖的回忆

（一）高中三年·遇见了可爱的老师（2014—2017年代市中学）

在高中时期对我来说是最美的时光，虽然高中很辛苦、很累，但我却感觉到很温暖，因为在这个阶段，我遇到了我的朋友们，他们给我平凡的高中增添了许多乐趣。

因为在上高中之前，我们都是不上晚自习的，周末也不补课，所以晚上睡得很早，也从不睡懒觉，一天睡眠很充足。但是到高中，每天要上晚自习，周末还要补课，睡眠时间没有之前那么多了，自己还不是很适应，很多时候，上课都没有精神。

在这个时期，我遇到了和蔼可亲的刘老师，他非常敬业。他是我们班的生物老师，在高一的时候，他好像是刚来到我们学校，是一位新老师，也很年轻，但却不妨碍他的教学。他对待教学很认真，也能观察到班上哪些同学听课，哪些同学思想开小差。有一次上课，我很困，不知道老师在讲什么，这时候，刘老师可能注意到了我，就提了一个问题，让我去黑板上写，可是我没有认真听课，并不知道答案是什么。但是，我还是硬着头皮上去了，写了几个很滑稽的答案，全班都在笑话我，我却很淡定地走了下去。刘老师也没有批评我，只是淡淡一笑。后来我一想，这可能是刘老师在提醒我要认真听课吧。后来高中分科，我选择了文科，但是理科并没有完全离开我们的生活。自习课其他老师都是让我们上自习，而刘老师则问我们的意见，问我们想不想听他上生物课，我们都说想。他说如果你们想听的话，我可以给你们讲，你们有兴趣就可以听一听；如果不想听的话，我也不强求，你们也可以写其他科的作业。刘老师很认真地给我们讲了生物的知识，虽然他很忙，因为他还要教好几个理科班，也没有因为我们是文科生就放弃了我们，将生物讲得有声有色。虽然内容我已经记不得了，但是刘老师的这种精神让我非常感动。他在高二的时候就没有教我们了，因为那时候没有生物课了。还记得高三的一次月考，我们将东西搬出教室后，在教室走廊里复习，快要开考了，我就去了个厕所，在回来的路上，我偶然遇到了刘老师，我还没有给他打招呼，他就主动给我打了招呼，我当时真是受宠若惊，没有想到刘老师竟然还记得我。

这次高考我考砸了，在高考的时候，我和我同学不会开酒店的空调，因为我们第一次住酒店，并不知道是要插上房卡才能有电的，当时我们傻傻地以为是停电了。就是因为这样，我因为太热了，就感冒了。第二天考语文的时候还好，考数学的时候头就很昏很痛，提不起精神。回到酒店，我也没有吃药，第二天考“文综”的时候，还是很恼火，只有最后一科英语的时候，稍微好些。但是我也不能将原因都归于这件事，因为我自己对知识的掌握也并不牢固。出成绩的时候，我并不惊讶，我自己很清楚我考的状况。后来，其实我也并不想复读，我把志愿都填好了，通知书也收到了，是一个普通的专科，但我并没有去读。我的家人和朋友都劝我去复读，经过长时间的思考，我决定了，去报了另外一所高中的复读班。

（二）复读·不完美才是最完美（2017—2018年广安二中）

复读是辛苦的，也面临许多压力。来到复读班，班主任给我们说了许多开导性的话语，当时我并没有怎么听进去。来到这个复读班，我感受到了与高中应届教育的差异，特别是数学课，老师年龄比较大，是个女老师，但是她非常有活力。讲的数学知识也非常有结构性，以前学的知识都是散的，老师也很少给我们整理，在这里我不仅对之前的知识更熟悉了，而且学到了许多新知识。虽然是复读，老师也给我们许多放松性的活动，班主任彭老师在班级组织了一个活动，有唱歌、跳舞、游戏，真的给我们放松了许多。虽然班上有90多个同学，不是每个人都参与，但是作为观众，我们也感到很愉快，班里的同学也熟悉了很多。彭老师对我们很好，我们都亲切地称她为彭妈妈。后来虽然她怀孕了，但她还是坚持带我们走完这最后一两个月，挺着大肚子，送我们去高考。在高考出成绩那天，也就是6月22日，彭妈妈的女儿诞生了，我想这是多么有纪念意义的日子啊！彭妈妈也很开心女儿诞生在这一天吧！

彭妈妈总是告诉我们，我们其实很有毅力，我们经历过高考的一次挫折后，还能努力站起来，相比其他人来说，我们有了战胜挫折的勇气，我们是很棒的，她一直给我们加油打气，当时其实感受并没有那么深，现在想来，我认为我确实是很棒，复读其实也需要勇气，通过一年的努力，我考出了理想的成绩，这次高考成绩是我入高中以来最高的一次分数。虽然高考经历了一次挫折，但是我想这并不算挫折，而是我人生路上的一次转折。说得现实一点，如果当初我并没有选择复读，我现在应该毕业于专科学校，未来的我也不知道在哪里落脚。后来，我选择了复读，在这一次高考超常发挥，考到了我以前从未考到的成绩。拿着这个成绩，我填了志愿，来到了目前的大学，对我来说已经很好了。我也很感谢这次经历，让我在处理其他事情上，也不过于彷徨、失落。这是一次宝贵的经历，因为不完美才是最完美。

六、大学·忙碌中获得成长

（一）大一——找准自己的发展之路

在大学一年级，我开始认识自己。在选择这个专业之前，我也仔细分析过自己的性格，我的性格是不太适合当教师的，但我还是选择了这个专业，一是亲戚朋友的推荐，二是我觉得通过自己几年的努力，是能够改变自己，胜任这项工作的。在开学之前，我就计划好了，我一定要加入一个部门，好好锻炼自己。来到这个学校，我选择加入的是宣传部，这个部门竞争很大，我等了一个下午才轮到我。我开始了我的自我介绍，说了自己想竞选的职位，但是我落选了，后来文督队部长给我打电话，让我加入他们部门，但是我拒绝了，现在想想还有些后悔，为什么就这样放弃这个机会了呢？这是一个多么好的锻炼机会啊！真是不应该就这么放弃了。后来我陪同学去参加了组织部的面试，我自己没去，她也劝我去试一试，但是我害怕，放弃了。就这样，我放弃了开学锻炼自己的机会。后来，我想我应该在教学上多多提升自己的技能。于是，在学校给我们安排的见习生活中，我虚心向老师请教，老师给我讲了许多知识，使我受益匪浅，虽然还是不能胜任教育工作。但是我想，通过自己的努力，一定会取得成功。在大一的时候，我也参加了许多课外活动，比如，团活表演、寝室文化月表演、班里团支书文化大赛，也参加了许多志愿服务活动。

我记得上大一上学期时候的英语课，这个老师对我们管教比较严厉，给我们布置了很多形式的作业。记得有一次我没有认真听讲，在做一个题，我自己刚开始其实也认真做了，但是没有做对。这个老师就抽我回答问题，问我这个地方应该填什么，我的同学偷偷告诉了我答案，但是我没有听清楚，囫囵说了一个答案。可能从那时开始，这个老师就记住我了，在好几次上课的时候就点名让我回答问题。有时候，我是真的很无奈啊！我的英语成绩不算好，听力处于听不懂的状态，很多题我都不会做，她抽我回答了几次问题，我都没有回答上来。虽然因为老师如此“特殊照顾”，我在英语上下了很多功夫，因为怕她下次抽到我不会的问题，可是我对英语的兴趣却慢慢变淡了，只是把它作为一门考试科目。但是，我很感谢她，因为有她，我的英语成绩从高考以来并没有下滑，并顺利通过英语四级。

在这个阶段，我觉得我改变了许多，以前的我是一个内向、社交恐惧的人，现在通过参加各种活动，与人交流、增长见识，提高了自己的胆量。虽然，在一些过程中还是会紧张、害怕，但是我比以前淡定了许多。在这一个阶段，我也很认真地思考了自己到底适不适合这个专业，我想既然选择了，就不要放弃，努力做好，提升自己。很荣幸，在大一的时候就被定为入党积极分子，虽说是运气使然，但是我也不想就此放弃，珍惜这次来之不易的机会，努力提升自己。

（二）大二——珍惜时光

大二上学期在紧张的学习中度过，因为大二上学期的课比较多，所以每天都在上课，课外还需要补充笔记，因为内容太多，上课时根本做不完，所以只好留在下课时间写，补充笔记就要补充一天。这学期有教学论，是需要进行实践操作的，这门课是 LQ 老师给我们上的，上完这门课对我的帮助非常大。这门课的期末作业就是需要每个人上一门课，并进行录像，小组内和大组内进行点评，提出问题，根据自己上课的情况，进行反思，并对自己的教案进行修改。因为没有真实的学生，所以我们都是准备微课。一个大组里面既有语文小组，也有数学小组。我们不仅能看到数学课堂的风采，也能看到语文课堂的风采，学科之间融合互动，对我们的帮助很大，这提升了我们的教学能力，锻炼了我们上台的胆量。

大二下学期，因为疫情的原因，在家里上网课。网课前期，我非常认真地学习，也记了许多笔记。但是后来，慢慢放松了，有好几次我边听网课，边做饭，或者出去拿快递。笔记也没有按时写，好多都是后面补的，就这样这一学期过得非常快，很快就到期末了。我缓过神来了，知道自己浪费了许多时间，开始反思自己。于是，在暑假的时候，我针对自己的不足，开始练习普通话和三笔，每天规定自己练习多少篇，说哪些内容的普通话，也约定了和班里同学一起进步，互相监督。在暑假的时候，也要准备下学期开学的期末考试，我怕自己自制力不够，和同学开视频一起学习，互相监督。浪费了一个学期的时间，但是我们不能继续浪费，所以一定要珍惜眼前，时间永远不等人。

（三）大三——紧张的学习生活

步入大三，就开始了紧张的学习生活，比如，开学的期末考试，10 月份的教师资格证考试，忙完又要准备普通话和三笔考试，各种考试堆在一起了。我很庆幸，这次我没有浪费时间，而是抓紧时间学习，去提升自己。开学的期末考试准备的时间只有一周，因为在暑假自己并没有很好地复习功课，所以就需要在开学花大量时间去复习备考。每天 6 点起来，晚上 10 点才准备回寝室，真是忙碌的一段时光。开学不久，我就报名参加教师资格证笔试，对于这门考试，学校也有相应的课程帮助帮助我们备考。这门课程是 LQ 老师上的，因为这学期还有其他的课程，再加上自己的惰性，对教师资格证笔试的准备不是很充分，笔试要考两门课程，一门课只看了一半，一门课都没怎么复习，所以我对这次考试没有什么信心，准备下次再战，但我又不想浪费这次机会，所以在考试前几天我做了几组真题，熟悉考试的题型与考试状态。参加考试时，对于选择题我大多数还是能够做对，但是不能完全保证正确率，简答题和论述题大多没背过，有些是之前准备期末考的时候背过还有点儿印象，但是整体效果不是很好，下午的考试因为大多数做不来，答完所有题目，提前半个小时就交了卷。考试成绩出来后我竟然过了，我想可能是我之前在学校学习的相关课程还没有完全忘记，挣了一点分。因为笔试准备得不好，虽然通过了，但我想应该是运气好，所以在准备“教资”面试时，我下了许多功夫，我会看许多的名师讲课，给我一些经验，在正式在班级上讲课时，我会提前练习好，尽量把最好的呈现给大家。LQ 老师为了提高我们的教学能力，让我们以之前教学论的小组为单位，展开了同课异构的教学活动。所谓的同课异构，就是每个人准备同样的课题，因为每个人对这堂课的理解都不太一样，上出来的效果也不同，就能很容易地发现问题，同时也能借鉴别人的长处。在小组内我是组长，所以我查阅了之前“教资”面试的题目，汇总在一起，因为时间比较短，要想全方面进行练习就需要考虑到各个年级和各个知识点的情况，所以我们进行了多个年级的教学练习以及对图形、算术都进行了练习。每次写教案之前，我会先看教材内容，然后在网上观看相关视频教学，学习名师们的教学，再结合自己的知识呈现出来，供大家批评指正。我也选择了小学数学模拟课堂这节课，我们寝室只有两个人选择了这节课，当时选这门课，是因为它与数学有关，我觉得作为一名数学方向的学生，是都要选择这门课的。可是我没想到寝室 5 个数学方向的，只有两个人选择了这门课程。这门课程是由石塘小学的副校长 WLJ 老师给我们上的，她也是教师资格证考试的评委之一。虽然是一门选修课，但是我们也有三个班级，王老师给我们三个班布置了任务，每个班又分为几个小组，因为这是两周上一次课，所以每个班在下次上课之前准备一个知识点的微课，知识点是王老师给我们指定的，在我们进行展示前，王老师会先给我们讲理论知识，后面的时间就给我们展示，然后她来点评。因为王老师是来自一线的教师，所以她对我们的点评都非常实用。王老师也针对不同类型课该如何进行教学给我们提供了建议，这不仅对我的“教资”面试提供了很大帮助，也让我的教学能力得到了提高。虽然自己得到了很大的成长，但自己很多方面还需要提升，我会虚心听取老师和同学给我的建议，成为我成长的财富。

在大三下学期，也要忙新的事情。很快就要步入职场，我要准备工作的事情。例如，我要准备公招考试，我也想找一份兼职提升自己。这学期，我忙得最多的就是入党的事情，先是入党积极分子选发展考查对象，再是发展对象转为预备党员，需要填写许多材料，填材料也是非常严肃的事情，所以忙了不少天。在这个阶段，虽然自己很忙，但我觉得很充实，有价值。当时我想先备战下半年绵阳的公招，积累考试经验，再准备第二年广安的公招，因为广安的公招一年只有一次，所以要抓住机会。

上了大学，我感觉父母对我的教育方式不太适合我。每次爸爸给我发语音的时候，他会问你是不是在做作业，今天上没上课？而不是问你吃饭没有。我给我父亲发了祝福的话，他并没有回应我对他的祝福，而是对我说，你一定要努力，不要挂科，要好好学习。每次谈话的内容都是学习，除了学习还是学习。在家里，在吃饭时，跟我谈论的还是学习，也会给我说谁家的孩子现在在干吗，到现在为止，他还记得最近这四年的高考录取分数以及我一些同学的高考分数。以前在高中的时候，我出去跟谁玩，我爸一定要问他成绩怎么样？在班上考了多少名？上了大学，在大一的时候，他也问过我这样的问题，我说不知道，后来他就没再问了。不仅如此，我在大一的时候给我爸说过我要考研的事情，他就四处散播消息，可是后来我决定不考研了，我的亲戚还在问我考研的事情，面对这样的情况，我很尴尬。我觉得我与爸爸的交流几乎全部变成了学习，每次听到他说学习的事情，我都不想跟他说话，我知道他是因为对我期望太高，所以造成现在这样的情况，但是我并不想把所有的时间都放在学习上。本来回到家就是要好好放松的，可身边还是学习、学习，所以我对学习就有了莫名的抵触心理，有时候面对学习我都快麻木了。这样的事情也没有办法说他完全不对，只有继续忍耐。

所以，我觉得父母对孩子的教养方式是会间接影响他们之间的关系的，就像我和爸爸一样，他对我这种教养方式，我不接受，但又被迫接受。但我和妈妈就好些，虽然她也经常在学习上对我有很多要求，但是在生活上给了我许多帮助，我们的讨论话题不仅仅局限于学习，所以我跟妈妈的关系就要好些。现在长大了，父母的要求不减反增，我也感受到了很大压力。

在大三下学期我一直在找一份暑假的兼职，起初我找了一份家教，但是因为那边的小孩不想补课了，所以这个家教就只能作废了。后来经过朋友的介绍，我在成都找了一份与我专业相关的兼职，是在一个公司里面做托管实习老师——这是这个公司为自己和周围公司员工做的福利活动。因为暑假期间，学生没有上课，家里如果没有人带的话，就可以把孩子带到这里来给老师托管，这里可以接受小学一年级到初中三年级的孩子。在托管营的生活，早上完成作业，中午老师带着学生一起吃饭，下午会有相关企业的一些课程推广，学生可以自愿参加，如果没有就是我们几个实习老师准备一些课程或活动。在这里，我学会了与不同年龄段的学生相处，对一些难以管教的孩子我还是会感到头痛。比如，那里有个刚读完六年级的学生，他脾气有点暴躁，来这儿的第一天就与这里的一个女生吵起来了，中午吃饭的时候不跟着大部队走，还记住了密码偷溜进去。还有一个初中生，他不爱写作业，喜欢玩游戏和看小说，虽然成绩很好，但是自制力不行，家长管不了他，我们对他也束手无策。因为这里的孩子年龄不同，性格不同，经常发生争执，所以我们几个老师经常前去调和，处理他们之间的矛盾纠纷。在这里我也学到了许多处理问题的方法，为我以后的工作打下基础。因为那段时间成都疫情，停课了一段时间，我还在公司里做过疫情防控工作，也在公司里当了一个普通的员工，接触到了不一样的生活。

（四）大四——学习与工作的调节

步入大四，首先迎来的就是实习，此次实习我去的是绵阳石塘小学，我实习的班级是四年级三班，指导老师是陈老师。来到这个学校我觉得也是缘分，我们学校在这个学校的带队老师是我的论文指导老师，小学的带队老师是之前给我们上模拟课堂的王老师，而且王老师跟我的指导老师陈老师在一个办公室，教的班级也是挨在一起的。三个月的实习，让我成长了很多，我最想感谢的是陈老师，他不仅在教学上给了我很多指导，而且鼓励我、照顾我。来到这个班级，我首先是听了一个星期的课，在第二个星期的时候，陈老师就给我选了一个比较简单的课让我来上，第一节课我上得不是特别好，陈老师还安慰我，这让我很感动，他也会给我推荐学校里其他老师的课，让我去听。每次我上完一堂课，他都会耐心给我指出问题，有时候是最后一节课，他会利用放学时间给我及时讲解，指出我的不足。陈老师还在其他方面帮助了我，我需要写关于校本课程的简报，陈老师就联系相关老师，也帮我找到了相关书籍。实习的最后一天，我们互相说了道别的话，陈老师知道我下个学期要写论文，就说如果要发问卷什么的，可以随时联系他，这真的让我非常感动。到了真正写论文、发问卷时，陈老师协调了他的时间，在百忙之中帮我发问卷、收集问卷，我真的很感谢他。因为他知道我要写关于数形结合思想的论文，还给我推荐了相关的文章给我看，对我的论文写作提供了帮助。

之前计划 2021 年下半年在绵阳考一次公招，因为实习耽误时间比较多，再加上自己也没怎么复习，所以就放弃了此次备考，准备 2022 年 5 月的考试。说实话，对自己去参加公招考试没有太大信心，所以我得做好两手准备，一边找工作一边复习备考。目前，有一家广安的私立学校的面试准备去参加，但是因为疫情，具体时间还没通知出来。

【教育自传后记】回望我的教育之路，我想说！

回望我的基础教育之路，我因为性格原因再加上学习动力不足，错过了许多学习机会。小学的时候不爱学习，学习成绩很差。初中的时候我开始认真学习，但因为性格的原因，我很少主动问老师，一般先是看看同学做出来没有，看一看解题过程，如果不会的话也不会主动问老师。再加上那时候我的自制力不行，学习时间不长，总是想着要玩，所以我的成绩并没有保持很久，一直起起伏伏，不稳定。到了高中，由于作息时间和初中出现了很大的差别，我没有办法很好地适应学校里的生活，适应了又因为我的注意力不太集中，上课时总是爱东想西想，学习成绩也是起起伏伏，不上不下。高四那年，我开始补之前学过的知识，却发现总是补不完，之前落下的东西太多了，特别是历史与语文，要背的东西实在太多了，只好舍弃一部分。

总的来说，我的学习是没有毅力的，总是三分钟热度，过了一段时间热度就会消退，归于平淡；在学习生活中，我的自制力不行，总是会受到外界的干扰，影响学习；因为我性格的原因，我又不太爱问问题，总是憋在心里，自己消化。之前的学习状态对我来说是糟糕的、糊涂的，上了大学我想改变这种状态，也选择了与我性格不符的专业，未来会成为一名人民教师。既然之前的我浑浑噩噩，对学习失去了信心，那么在以后我从教的过程中，我一定不会让学生重走我走过的路，要激发学生的学习兴趣，培养他们良好的学习习惯。

我要感谢绵阳师范学院，正是因为加入了绵阳师范学院，在这四年我才会有这么大的成长，在这四年里，我真的学到了很多。感谢您为我们提供了这么多平台，比如，志愿服务平台，让我们能够有机会参加这么多志愿服务活动，感受为人民服务的快乐；为我们提供见习、实习的学校，让我们能够在小学里学到许多实践知识；有各种各样的活动，让我们能够丰富自己的校园生活，锻炼自己；这四年的学习，让我的胆量提升，教学能力提高了许多，逐渐向着人民教师的方向努力前进。

我的大学生活在忙碌中获得成长，审视我自己的大学生活，我也有许多不足的地方：做事懒散，浪费了许多时间，也丢掉了许多机会；因为害怕、胆小，上台的时间较少，丢掉了许多锻炼自己的机会；对信息的获取不够及时、准确，让自己多走了一些弯路。在以后的日子，我会继续前进，做一名优秀的人民教师，用心去教书，不负“绵师”对我的培养。

马上就要毕业了，我也希望我的母校能够发展得更好，所以在这里我也给母校提一点建议：我们学校的学生都是热爱学习的，安静的学习环境对学习有很大的帮助，我希望学校能够多开放几个自习室，让能够学习的人有一个好的学习环境；大学不仅是学生学习的场所，同时也是为学生以后的就业打下基础的场所，希望学校能够为师弟师妹们提供相关指导，让他们能够少走一些弯路，获取有效的信息，最后衷心祝愿绵阳师范学院能够发展得越来越好。

守望岁月静待花开

自我小传

【姓名】：刘佳欣

【出生年月】：2000 年 1 月

【出生地】：四川省罗江区万安镇柏云村 3 组 71 号

【求学经历】：

2006 年 9 月至 2008 年 6 月在希望小学就读，2008 年 9 月至 2010 年 6 月在红花小学，2012 年 6 月在实验小学就读；2012 年 9 月升学进入七一潺亭中学至 2015 年 6 月毕业；参加中考，考进七一潺亭中学中学，在七一潺亭中学就读，2018 年 6 月高中毕业。

【大学获得主要奖项与担任相关职务的经历】：

连续三年获得奖学金、获得两次国家励志奖学金、校三好学生、校优秀学生干部、校优秀毕业生；担任班长。

人生 21 载，回想受过的教育，无论好坏，造就了现在的自己。

一、小种子的萌芽

我出生在四川的一个小乡村里，自小和大自然亲近，好山好水好气候，家家户户基本上门挨门，村居的景象映入眼帘。自有记忆起，大概是 3 岁时就入了幼儿园，但与其说是上幼儿园，不如说它是有人管我、让我玩耍的一个地方。至于为什么这样来评价它，是因为那其实根本不算一个正式的幼儿园，你敢相信隔一条马路对面就是幼儿园？还是在那时候的乡村，显然就没有现在的幼儿园规范。那是我们村上的一位老师自己开办的，里面就村上一些小孩子，大概不到 10 个人。而我是一个例外，当时家里的经济条件不富裕，父母要外出挣钱，我在家没人带，恰巧村上有这样的一个幼儿园，尤其是幼儿园园长还是我的亲戚，所以我自己就经常跑去玩。因为小时候比较可爱，就和那些大哥哥大姐姐打成一片，有时候睡午觉也要拉着一个小姐姐一起。3—7 岁的时候除了家庭教育，大致就是在这个幼儿园所接受的教育了。虽然没有现在的幼儿园还分大、中、小班这样分层次的接受教育，没有现在系统化的幼儿教育，但优越的地理环境也让我在自然中度过了无忧无虑的几年时光。我与自然相处的几年，对比现在幼儿教育是少有的。而著名教育家杜威说过“生活即教育”，放手让孩子自己在自然中去探索，自由发展是非常有必要的。反观现在的学前教育，大多忽视了学生的自由发展，把孩子规矩地束缚在活动中，孩子自主探究的时间减少，甚至一些幼儿园开始讲小学要学习的东西。而这一阶段的孩子主要的任务我认为是玩耍，不根据孩子的身心发展规律进行教育，这显然对孩子的发展是不利的。我们应该让孩子更多去自然中主动发现、探索、创造，在做中学习知识。幼儿的时间总是短暂的，我这粒小种子也在努力地发芽中。

二、迎风的花苞

一天一天地过去了，小小的种子长成了一个小花苞。在生长的过程中，它感受到了来自各方阳光的滋润以及水的浇灌，很多人爱护它，它是最幸运的那个花苞。

到了上小学的年龄，村上没有小学，就只有到镇上去上课，很多学校都有户口的要求，有的还分区域。然而有很多的条件不满足，我就跟着我的那位幼儿园园长到了她工作的学校——希望小学。这是希望工程所建立的一所小学，它位于我们镇当时的城边上，距离我家非常远，没有人上下班接送，所以很小我就开始住宿了。寄宿学校，每周可以回去一次。因为太远，所以就和同村的同学一起坐包车上下学。这时候我回家也仅有爷爷奶奶在家，爷爷年迈没有文化，奶奶患有脑溢血还需要照顾，父母外出打工，而这样的家庭情况就使得我从小就变得非常独立，也养成一些自律、勤快的习惯。在这一阶段我所接受的家庭教育是来自爷爷的，大都传授给我的是一些很简单的生活知识，比如，要珍惜粮食，或者耕作的方面的。关于其他知识性的，比如，要多阅读或者其他方面的培养是没有的。希望小学在当时基本设施不够完善，师资力量严重不足，一个老师带几个班，甚至还跨越年级，这种现象很常见，而且每个班的人数也是五六十人，老师根本顾不过来，所以要说教师的个别教育，其实是特别少的，尤其是当初整个人没有光芒。而在这一时间段正是打好语文基础的关键时期，但是老师教学时都是用地方方言，有时候也没有讲清楚，自己也没有读明白，甚至根本没有讲普通话，没有良好的学习语境这一方面也间接导致了我现在普通话有些字词咬字不清晰。还是大学的现代汉语这门课程，让我对以前的错误知识有了新的认知，与这所学校的缘分不过两年就结束了。其根源的转变是由于 2008 年的那次汶川大地震，我的家乡也是受灾区，我们普遍停课、停学，不似现在的信息那样便利，还要上网课，以前真的就是在放假玩耍了。因为一直有余震，我们都是在外边搭房子住，很多大哥哥和大姐姐跟我们一起玩，于是对地震也就没什么太大感受，就是好玩，然后还有很多方便面吃，这一段时间是没有在学校里接受教育的，相当于“空白期”。接着情况慢慢好转后，我的父母从成都回来了，他们在成都也算安定下来了，于是和爷爷商量说要带我去成都上学，争论好一番才决定下来。紧接着就是办一系列转学手续，办转学手续的时候，我记得当时的班主任兼语文老师谭老师就说：“转走了以后转回来就不收了。”我不知道为什么会说这样的话，我当时还小，依稀就记得我父母和老师道过感谢后，很顺利地就进行了转学。当时我的朋友们也表示很震惊，有些还不想让我走，但我也决定不了。而其实这一次转学也让我原来的“铁三角”友谊消失了。纵使现在长大后有时候还一起聚会，但可以明显感受到以前那种单纯、亲密的感觉没有了，有时候是看她们两人比较好，但终究是缺失了少儿时期那最真挚的友情。就如同塞尔曼提出的儿童友谊发展阶段中两个阶段可能当时就没有成型，以至于后来就没有想象的关系。

接着，我跟随父母一同来到成都，我在成都的红花小学开始了我为期两年的学校生活。红花小学是成都的一所专门为了进城务工的农民工而创办的学校。初入校园，虽然校园看上去不是很大，但是应有的设施设备都不少，比如，操场、活动室、器材室，一个班的人数也不是很多。特别是以前的学校都没有医务室，这个学校却有，但似乎不是很专业。记得有一次上体育课，我好像感觉有些不舒服，然后去医务室，竟然说我什么有问题，不能剧烈运动，然后体育老师很快就知道了。因为太特殊了，所以后来每次上课要跑步抑或者是要参加体育比赛，我基本上就是观众的角色了。但现在看来可算是闹了一场乌龙，初中跑1500米一点儿问题都没有，还参加各种体育项目、体检等都没有异常。现在想想看，可能是因为当初太过瘦小，依据医生的经验来看，我可能会有些不健康。但好在没有大问题，由此让我意识到，学校的医务人员的职业素质有多重要。如今在管理学校上越来越不容易，特别是学生的安全更是需要加强管理，而好的校医务室人员的配置也是关键因素之一，所以不能忽视。初来乍到，对于这里一切都很陌生，但好在当时还有一个唯一的爱好——阅读，每每下课我就抱着图书角的书看。但现在已经差不多忘记自己当初看的书有那些，我一直怀疑是当初做了一个小手术，打了麻药，然后记忆力就不好了，但似乎没有科学依据。现在我时常怀念以前安静读书的时候，因为不知道是什么时候开始，我好像把这个爱好弄丢了。甚至有一段时间一点儿也不喜欢读那种长篇大论的文章，是后来慢慢从小说中获得了一些乐趣，渐渐把它又拾回来了。我在想是不是这其中我性格的转变，原来的我是非常内向不自信，虽然现在还是，但好像在慢慢地蜕变中。当初的阅读习惯让我畅游在书的海洋中，不至于感觉到非常孤独。很快，我就适应了在这个学校的生活。接下来的日子里，由于一个非常漂亮的小女孩带头来和我玩，然后其他小孩子也来找我一起玩耍，社会交往上是没有问题的。特别是老师也格外关注我、帮助我。但在学习上，和以前学习的内容大不相同。因为当时成都这边已经是那种非常大和A4纸大小差不多的教材，而在老家还是那种小书。现在想来我们当初那边的教育就可以明显看出来差别了。此外，当初红花小学就有类似于今天的社团活动了，学校根据各种学生感兴趣的内容来组织课后的教学。记得原来我就参加了一个舞蹈兴趣班，当然这也是从外面请的老师，每人按课时缴费，比外面的培训班又会便宜一些。而不论是现在的社团活动还是以前我所接受的，我发现学校都与外面的一些机构有着联系，比如，见习去的小学，他们学校开设的游泳课，原来以为学校竟然有这么丰富的课程，后来得知是每个人120元几节课，可以先体验，然后决定。社团活动不是学校的专门老师来教，而是与外面的机构合作。而这一现象，让我不由得思考是学校趋于利益化，还是说现在的师资缺乏以及教育经费的问题。但我更倾向于后者，现在的公办小学里面缺乏满足学生全面发展要求的各种类型的教师，而为了让学生可以得到更好发展，培养他们各方面的潜能，所以学校需要外面的专业机构合作。由此可见，对于各个专业方向的师资力量的培养的任务，任重而道远。在这两年我接受的家庭教育也是非常多的。父母都是小学毕业的，没有特别高的文化水平，但对我的教育也算得上是在学习进步当中，毕竟他们也是第一次当父母。在这里我印象特别深刻的是，我的母亲，有一次在送我去上学的路上有一个很陡的坡，遇见一位老爷爷，他骑着三轮车，车上还有很多厚的纸板，看起来就特别沉，母亲就停下车去帮助老爷爷，我想快迟到了（其实也快到学校了），我就很不耐烦地和母亲一起帮助老爷爷，老爷爷很感谢我们，母亲说没事，就送我去读书了。因为我的态度，母亲不是很开心，她说爷爷年纪大了，你的爷爷也是，我们不能帮助太多，但能帮助的时候还是要帮助他人，做人要善良，包括后来我母亲在街上看到有跟我一样大的小孩在兼职发传单，她都会去帮助他们。我母亲是一个特别善良的人，而且善于学习。她一直说不会的就多学习，现在手机查资料很方便。虽然他们不会给我讲什么大道理，但是会在言行中让你不自觉地就要向他们学习。父母的言传身教重于知识的讲解。虽然有时候他们不知道他们的行为对我的影响，但确实好坏的家庭教育都对我产生了影响。

在成都的读书生活因为一次意外而终止了——暑假作业。说来羞愧，读4年级的时候，做事没有计划性，父母也比较忙，没时间管我的学习情况。暑假作业特别多，我没有完成假期作业，但学校有明确的规定作业没做完不能报名。我记得当时晚上都还在赶作业，算得上是人生第一次熬夜写作业，但还是写不完，因为太多了。我母亲他们责备了我，但是也没有办法帮我写作业。后来跟学校沟通无果，我没有办法只有又转学。成都这边儿的学校当时是不行了，因为我有些跟不上进度，成绩也不太好，基本上都是倒数10名左右。于是不得已只得又回老家，当时我父母跑了很多学校，包括原来的希望小学，但老师很决绝说不收。因为户口原因，要收我的学校实在没有，虽然是义务教育，但差点儿就没有学上了。最后还是托熟人找了一位学校的向老师，好一番折腾才进去。进去的时候也是非常惭愧，有些丢老师的面子。因为转学进校一般会有入学考试，加上学校还不错，成绩不好根本不要。而我考试语数外，满分一百分，没有一科及格，每一科都才考三四十分，按这样的成绩完全是差生了。所以，当时要不是向老师，我真的可能是小学文凭了，甚至都没有。但也算是丢脸丢大了，成都受教育两年，结果回来基本的都不会，人生第一次这样无地自容。因为开学了很久，我又是被副校长钟老师带进班集体的，算是特殊了。但学习的转折点可能也是在这里发生的。钟老师是我的数学老师，可能也是看在向老师的面子上对我也照顾有佳。学习上自己也不想当差生，被人看扁，“打”向老师的脸，于是我发奋用功。我的数学成绩突飞猛进，从此我也爱上了数学。班主任王老师也是非常关照我，就此一年我成长了很多。同时，班级的同学也都没有排斥我，和当初在成都一样，也是一个在班级有影响力的女孩子，带头跟我玩耍，我的小团体才逐渐建立起来。我适应能力还不错，在这里也很快就习惯了。现在有时候看到因为转学受到了校园霸凌，真让人唏嘘不止，同时也让我感到很幸运，他们都很善良地对待我这个“不速之客”。意外的是，这个学校五年要分一次班。所以，相处了一年就又要再去适应新的班集体。对于这个班级纵使相处短短一年，但已经建立了深厚的友谊。可惜的是当时没有现在便捷的通信工具，有些同学的联系也就断了。我在六年级五班度过了基础教育阶段的最后一年，这一年除了英语我有些难学习外，其他的都还不错，从原来几十分，现在可以只扣几分了，也算是没有丢脸。这其中有我自己的努力当然也少不了老师对我的帮助，包括我的一位亲友。而在六年级的时候还当了一个不小的官职，也让我和老师的交流机会增多了。当时因为要升学，所以数学老师办了一个小型辅导班，但也是对成绩好的以及班委开办。于是我也参与了补课，说实话有些竞赛的感觉，但确实对完成后面的大题非常有帮助的。在这两年，我又回到了老家和爷爷奶奶一起生活，和父母多是打电话交流。对于学习，转学对我的打击，让我转变了心态，知道了学习的重要性。而学习上还有也多亏一位亲友的指导，要不是她的帮助，也不可能有现在的我。记得那时候作业是要求要签字，爷爷不会签，恰好我的这个姨是大学毕业的，于是我父母就拜托她来帮我签字，并监督我的学习。回想这次转学的经历，可谓崎岖转折又见光明。纵观现在的教育好像也有托关系来读书的，虽说这是不好的一种行为，有些滥用职权的意味。但也是无奈之举，就拿我来讲，义务教育阶段，虽然没做完作业是不好的，但也不能硬性直接剥夺受教育的权利。再者，在转学的时候要是真的没有找到关系，是否就剥夺了我受教育的权利。分区接受教育是没有问题，但问题在于平等对待每一位学生的受教育权。学校可以为了提高升学率而招揽优秀的人才，但不能让本该上学的孩子没有学上，这就完全不对了。而这些我认为是源于制度的问题，我们需要对这些现象进行改革。

再来谈一谈关于小学教师开办辅导班的事情，虽说是明令禁止的一个问题，但还是会有人继续开办，而且学生也会主动参加，这是什么原因呢？就如同现在的辅导班一样，家长们一窝蜂地把孩子送去各种机构上课，学各种知识，孩子们成为“鸡娃”，并且如同电视剧《小舍得》里面的一个现象，本来父母想让孩子接受素质教育，自己也在稳步实施当中，后来看别人家的孩子报各种辅导班，也耐不住给自己的孩子报班，也就是俗称的“内卷”。这不仅加重了孩子的压力，也给父母增加了压力。这就是现在的应试教育带来的一方面的影响，虽然提倡素质教育，但应试教育已经刻在脑子里面了，要让孩子取得优异成绩，进入好学校，才能有好未来。分数在我们中国家长的眼中是非常重要的，短期内难以转变。而且无论你受到多么先进的教育，信誓旦旦地不要让孩子度过在培训班的童年生活，但最后还是会让孩子参加，因为现在的形式已经不容许我们再像以前那样。虽然我并不反对，但对于辅导班的选择，关键在于一个度的问题，尽可能让学生多方面发展，不能为了应试而应试。我想这也是我们以后教育需要多加思考的地方，怎样更好地促进素质教育的落实，怎样更好地避免矛盾冲突。

三、绽放的花朵

含苞待放的花朵，在阳光雨露的滋润下，最终开花了。它张扬地在空中摇曳着自己，勤劳的园丁为了让它生长得更好，对它的枝丫进行了修整，同时也给它润了润土。

6 年的小学时光转瞬即逝，我进入了一所普通中学的所谓“快班”。距离理想的学校仅差一步，本来也可以通过找关系进入我们当地的重点中学，但我拒绝了。我当时想的是宁愿做鸡头，不做凤尾。我更期望是有一个好的学习环境，如果当时在好学校但是分到的班级学习氛围不浓厚，我想无论独立性人格表现多么明显，也容易受到影响。可能好学校的师资力量比普通学校会好一些，有可能接受的教育质量更好。但要我再选一次，我还是会选择做鸡头，我不后悔。也许是和五这个数字有缘分，我又分到了五班，在这里度过了我难忘的三年时光。在这里我遇见了非常好的班主任兼数学老师魏老师，他时常了解我的情况，并且多次家访，知道我家情况特殊，帮我申请了很多学习补助，比如，毕业的时候去镇上领了一个助学金等。而我因为小学时候建立起来的对数学的学习兴趣一直延续，所以就格外喜欢魏老师。上课的时候他讲课讲得非常通透，如果你不会的题型，你去问他会很快帮你解答，是专业知识很扎实的一位老师，所以我的数学成绩还算不错。作为一名老师，加之我们当时处于青春期，其实是非常难以管教的，但是他却是亦师亦友，把师生关系处理得如鱼得水。在他的领导下，我们班集体非常团结，一起获得了诸多荣誉。

而我在这三年中也是起起伏伏，一直感觉我是没有过青春期的。现在仔细回想以前，特别是初二的时候，可能是我最叛逆的时候，也最懵懂的时候，最不服从管教的时候。入学的时候，因为不熟悉环境，表现得过于乖巧，也是很认真地学习。到了初二，适应环境后，拥有了自己的小团体，玩性特别大，以至于成绩直线下滑。记得有一学期开家长会就被留下来了，关键来的家长是我的亲戚，让我再一次认识到了自己当前所做事情不可取。我父母没有回来，他们一般都是打电话询问我在学校的情况，对于我的学习其实很少管。唯一一次因为初三要升学了，我的英语数学还差点，他们问我要不要补课，与其是询问我不如说是通知我，于是我在放假不到两天的日子里还要去补课，关键是补习的地方离我家还很远，我每天骑着自行车去。本来由于寄宿原因，放假时间就想待在家里睡觉、玩，所以上课的时候就一点儿也不认真，加上补课的班级人数也特别多，老师不可能顾及所有人，上课睡觉也不管，就这样我补了一学期的课，考的成绩比没补课的成绩还要糟糕。后来我父母就彻底放飞了，让我自己看着办，他们一直给我说的是他们能做的就是供养我读书，给我提供条件，但具体怎么做他们也没有办法，只有靠自己。确实我的学习上全是靠自觉，一般就只需要向他们说明现阶段的学习情况就可以。这一点确实像一位老师说的“生长在父母恩爱幸福家庭的孩子，会更加容易给自己设标准，因为不想辜负父母的爱与期待”。经过这一次的家长会也让我收了心，认真地开始学习。

除了这样一个小插曲外，对我影响很深的还有我的英语老师刘老师，她真的是我遇见过的最负责的人、最好的英语老师了，我的英语基础也多亏了她。虽然她是一位中专毕业的老师，但一点儿也不影响她渊博的学识。记得当初在她的领导下，我们班级在一次大型考试中，获得了全区英语第一的好成绩。对于英语，她会要求我们背书上的长文章，而且每周必有一篇，必须在她面前背诵，背不完就留下来，无论多晚直到你背完为止。不仅如此，我们还要听写单词，同样没写过关的就要去办公室重新听写，刘老师对我们的英语管得特别严，我想这也算是我们取得好成绩的一个原因——有人时刻督促你学习。当时的我们都是不喜欢这样的，然而也没有办法，随着年龄的增长，才发现有这样负责任的老师实属不易，帮我们打好了英语基础，培养了良好的习惯。但也发现可能这种教学只适合初中，高中大学都不太适合了。到了高段更多是培养一个人的自觉、自律，让学习融入骨子里，而不是反复督促，要内化于心、外化于行的才是最好的效果，但她对我的影响不仅仅是集中在学习上面，还有生活上。

一开始就说过，这一时段的我像花朵一样自信又张扬地摇曳，而且青春期的女孩子特别爱美、喜欢打扮自己、喜欢讨论穿着。有一段时间对这些小动作做得有些过火了，以至于心思根本不在学习上面，英语成绩从前排，一下子落下好多，所以刘老师就找我谈话了。通过对我卷面的分析，来让我端正态度，把心思放在学习上，要学会兼顾，不能顾此失彼。后面慢慢的我也意识到自己的问题，上课时候专心听讲，主动回答问题，成绩也赶上去了。作为一名老师，刘老师做到了关注每个学生的成长，并及时给予个别辅导，这是我以后需要注意学习的地方。而老师对于教育一丝不苟的态度，更是需要学习的。要全心教育学生，让他们充分发展，并在教育教学中不断反思，这样才能让教育发挥它的作用。初一、初二的时间很快在玩与学中过去了，紧接着又到了升学的时候了。

当时我们镇上有两所高中，一个重点高中，一个就我现在学校的普通高中。当时成绩处于中等，读书肯定是没有问题的，但关键在于想要去哪所学校，全科都是 A 等可以进重点，我们学校排名前面的也是可以直接升学的。本来当初想冲一下重点学校，但又有点儿胆怯，所以为了稳当还是选择了我们学校，纵使很多同学说你报肯定可以的。至于选我们学校高中部还有一个原因，学校还设置有所谓的“快班”，我的班主任在询问我们想考哪所学校的时候，极力推荐我们这些成绩还可以的留下来，并且承诺不论考得怎么样都可以进入快班。的确，我又一次因为宁做鸡头、不做凤尾的思想给折服了。后来成绩出来了，确实我可以上重点学校。得知消息的那一刻其实是有一点儿失望的，因为两次都与好学校失之交臂，但回过头来，也全是自己的选择，没有退路可言。况且在哪里都可以学习，只要你想学。在过往的学习生活中，虽然明确不能分快慢班，但实际上还是存在，就算明面上不说，其实学生都知道，包括现在也是这样。比如，明面上讲不能公布成绩排名，但其实还是会有排榜的情况。这也算得上是教育政策方面的上有政策，下有对策。这正是我们的教育漏洞之所在，而要想让政策落实到位，不仅仅需要颁布，还需要给实施者进行培训，提高他们的意识以及对文件的认识。此外，最重要的还是要改变人们的意识——唯分数论，只看成绩，不注重学生多方面的培养。然而，意识是很难改变的，纵使现在一些家长有这些意识，想让孩子有短暂的“躺平”，但“内卷”仍然很难避免，也可以见得素质教育的实施并不容易。

四、继续盛开的花朵

张扬摇曳过后，经历的欢悦逐渐趋于平静。但迎风舞动的花朵，仍然受着园丁的爱戴，并逐渐变得更加艳丽。

初中毕业顺利来到了原来学校的直属高中部，在这里度过了平凡而充实的时光。进入高中，感觉变了一个角色，自己不再是一个无拘无束的少年，逐渐收起了在初中时的锋芒，好似年华不复，趋于沉稳。而这其中的转变有一部分是因为友谊的逝去。初中的时候整个人都是非常勇敢的，敢于直面一切问题，好像越长大就越胆怯了。青春期的三年我拥有一堆志同道合的朋友，一起同甘共苦，共进退，算是我目前为止最快乐的读书生活了。然而初中过后，我们各奔东西，联系也较少了。和我关系最要好的朋友，她也跟我不在一个班级，开学后我们各自都结交了新的朋友，我们两个都是缺乏安全感的人，也是很敏感的人，而且特别好面子，要强的人。后来两人因为抹不开面子，很多时候没有沟通，于是就渐行渐远了，现在这一段友谊都是我心头的一个创伤，但也是永久的回忆，感谢初中三年她的陪伴，让我变得勇敢，也拥有了那一份温馨快乐的回忆。

有过这样的经历以后，我似乎很难和别人再敞开心扉，所以朋友对我来说很容易结交，但是很难交心，后来很久才遇见了一个和我性格互补的女孩，我们成了好朋友。基于这件事，我在反思是否是因为自身性格太孤僻，还是说我在潜意识中把我母亲说的“我的名字算出我很孤独”当了真，抑或是其他。所以，三年的高中时光，少了真心的玩伴，于是就和阅读以及作业为伴。

进入高中，潜心学习，不为外事所干扰，明确自己的目标，因此成绩一直名列前茅，老师对我也印象深刻。但我读书也不是两耳不闻窗外事，一心只读圣贤书。我当时的爱好就是看电视以及看小说，每次放假回家就是看电视，一看就是一下午。我爷爷时常会说我，说我不知道学习，到时候考不上大学，有时候经常拿我父亲说话，说当初就是去打游戏去了，要不然也不会像现在这样。他甚至有时候打电话时就要给我父母告状。但我父母他们也是说一两句，学习上的事情还是不管，一如往常自己的事情自己决定。但丑话说在前面，父母现在的生活就是你的参照，你是否愿意像这样。而我当然是心里有数，我还算是一个有计划的人，会知道自己什么时候该做什么，该努力了就一往无前，还是劳逸结合是最好的状态。父母他们对我的自由放任政策，并没有让我对自己放松，反而通过他们每天辛苦工作，让我更加知道自己要努力提升自己，这样待到晚年我才能让他们幸福，也让我自己不留遗憾。除了生活上，我在学校的学习紧跟老师的步伐，老师对我也很关照。十几年的读书生活让我感受到我的每个老师对我都特别好，也是因为他们让我成了现在的自己。

记得高中地理老师，我的文科综合成绩一直不稳定，特别是地理成绩有时候甚至不及格，我的地理老师就跟我谈话，并且教给我学习地理的小窍门，渐渐我开始喜欢上地理，并且努力寻找适合自己的方法，最后也取得了不错的成绩。除了地理老师，当然少不了还有我的数学老师吴老师，原来他是教理科班的数学，但学校对快班的配置，所以来教我们文科班的数学。他上课节奏感非常好，把一些非常难的知识点讲得特别细致，听起来也很容易理解，在他的教导下，我的数学成绩也还很不错。但唯一的一点就是，我特别喜欢用铅笔写作业，不知道什么时候养成的习惯。但并不是因为怕出错误，就此他说过我好几次，说这样要习惯用签字笔写字，不然考试怎么办，开始听了几次，后来还是继续使用铅笔，他看着看着也就没有改了。他还让我形成了一个好的习惯——错题本，把错误的原因写出来，再进行修正，加深了我对这道题型的印象，不至于后来犯相同的错误，因为我总是粗心大意。这个习惯也帮助我在高考复习时减轻了难度，我现在也依然有这个习惯，它有效地帮助了我的学习。在课堂管理上，吴老师是非常严格的，他尊重每一位学生，不放弃任何一个学生，就像有同学在后面睡觉，一些老师都放弃了（我们按照排名选的座位），但他还是会叫醒他们起来听课，一般是站一会儿如果说不困了就自己坐下了。他也会分辨每个人的情况，给予不同的对待，记得我又一次因为特殊期然后特别困，我又恰巧坐在第一排，我很难受就睡着了，一节课就懵懵地睡过去了。对于上课睡觉这个问题，吴老师处理得很不错，而我认为，在以后我也将对待不同的情况给予处理。就像有些同学因为上体育课运动过量，特别累，所以就想睡觉，或者是晚上遇到特殊情况等，要视情况做出对策。我也看到有一位老师是这样对待同学上课睡觉的：走在她的身边询问，然后知道是因为家庭原因导致的，老师就允许她睡一会儿，一会儿她就自己起来听讲了。其实，对于上课睡觉，我们除了考虑孩子的情况还需要考虑自身的问题，比如，教学内容不够生动，学生不感兴趣以及自己的教学方式等，所以我们要从多方面进行调整，才能更好地促进学生的发展。

我还要感谢我的班主任老师，她对我的鼓励我至今还记得。在最后冲刺100天的时候，我那时候的成绩虽然说是上下浮动，但上大学没有问题，就是上重本和普本的区别。我自己本身想冲刺重本，但非常不自信，觉得自己不可以。有次月考掉了几名，可能老师也看出了我的状态不是很好，于是就找到我，跟我讲我是有能力的，就是不自信，只要我保持现在这个状态再多一点点，就可以的，要相信自己。就是因为这一番话，让我对自己多一点儿肯定。确实我一直不是很自信，现在也还是，我在努力克服。

我感觉我的性格里就特别不自信，寻找原因有一部分是因为从小就有些自卑，其次有一部分应该是家庭教育给我的影响。我的母亲，我记得以前无论做什么，她都不是很在乎，就是敷衍的态度，而在我们的成长中有一段时间是需要人的肯定，然后建立自信。我很少被肯定，多是模糊不定的说辞。因此，我没有在家庭获得应有的鼓励，我就不知道自己是否做对了。加上本来性格有些内向，又不爱表达自己，因此也就形成了现在不自信的表现。而作为一名人民教师要敢于表达自己，为人自信，这样会带着同学们一同进步。所以，我会不断挑战自己，争取获得进步，锻炼自己。

五、单调的花朵终见阳光

（一）单调的花朵

在百花丛中，所有的花朵都争相表现自己，每一朵花儿都有自己的独特之处，而这时如果你有意关注会发现藏在角落生长的那一朵花儿，其实也是开的不错，只是相比较之下就比较单调了。

经过3年的艰苦奋斗，终于来到了大学，开启我这四年的生活。初入校门，就被这郁郁葱葱的景色吸引了，真可谓修道隐于深处，妙哉妙哉。来到宿舍，见到五位小伙伴，开始都非常腼腆，但也算是融洽，相信后来会越来学好的，而事实证明也确实如此，我们有了像家人一样的朋友关系。刚进校园，学校的各种各样的活动是少不了的，还有那折磨人的军训，一件件都让人难以忘怀。

而有趣的事情还在后面，我的大学虽然不像电视上演出的那样，但基本的还是有，比如说，社团。这算是除了小学在成都读书那两年的所谓“社团”真正意义上的社团。在这里，可以选喜欢的部门加入，而我加入喜欢的舞蹈社团。舞蹈一直是我的遗憾，我想要重新拾起，同时希望锻炼我的自信。此外，当然还少不了学校的各个部门。由于无论去那个部门都要求要面试，而我并不想面试，而且还当着很多人的面。所以，思考了很久，最后想着要敢于尝试突破自己，室友也给我鼓励，所以决定去试一试。然而第一次在院上面试就落选了，心情格外低落，这无疑给我好不容易建立的自信又被打倒了，让我又开始了短暂的自我怀疑。很快我进行了自我调节，人生不就是这样起起伏伏，有得有失，有笑有哭，这才是鲜活的生活。我又投入了另一次“战斗”当中，我去面试了学校的部门，这一次我获得了小小的成功。而这个成功算是给我的鼓励，也算是我在战胜自己不自信、不勇敢缺点的第一步。回想一年的部门经历，这是大学所特有的形式，除了上课学习知识外，可以在部门、社团中锻炼自己的能力，使自己得到成长。在部门中，我学会了使用WPS等办公软件，组织能力也得到了提升。社团中，认识了很多喜欢舞蹈的人，我们一起跳舞，我感受了学习的乐趣。再就是课堂的学习，大一的课程相对轻松，所以有很多时间来做自己的事情，然而我没有抓住机会，所以现在也全是一个遗憾。说到老师的课，我影响最深刻的是教普通心理学的老师王老师，因为本身很喜欢心理学，而老师上课会很有趣，穿插一点他自己的经验经历，然后课堂非常活跃。而我也发现了大学老师和其他老师的区别，我认为特别需要提出来的一点是，当大学老师真的需要极强的心理素质。比如，以前睡觉还可以对学生进行管控、说话也很有分量，但大学老师如果你教的不是很重要的课，基本上你讲得热闹，下面更加热闹，而上大学基本都是靠自觉，并且都是成年人，再进行课堂干预其实也没有很多必要了。而学生素质这个问题也折射出现在教育的一个问题，应试教育注重分数，有些人的思想素质并没有得到应有的提升，这是我们需要考虑的一个地方。就像现在所开设的考研辅导课，很多专升本的同学可能为了修够学分，所以选修这一门课。但一到上课时间，教室里就如同有一群知了在唱歌，而且比外面唱得更加响亮，老师提醒多次，然而没有丝毫改正，或者说没有羞愧之心。有些同学说这就是本专生之间的区别，原来我不太赞同他们的观点，我认为都是热爱学习的同学，说不定他们比我们更加努力，我们的思想觉悟还没有他们高。相处中，我的意识发生了变化，虽然他们有些方面是值得我们学习的，但我认为一些基本事情可能需要注意。但这不仅仅是对于他们上课的认识，同时也给我一个警示，自己要有择其善者而从之，其不善者而改之的思想。所以就这一问题，我认为在教育中，不仅仅要关注学生知识的掌握能力，还需要对学生的思想品德素质进行全方位的培养。

（二）再次绽放的花朵

年复一年，花朵不再甘于暗淡，它努力地吸收阳光雨露，终于它让人看到了，它又绽放了。

时光如流水，一转眼就到了大二，在这一年我迎来了我的一次转变——当班长。高中的时候一直作为我们班的生活委员，到了大学本想争取一下班长职位的，但第一年的时候感觉每个人都特别优秀，我拿什么和别人去争取，所以我就放弃了。到了又一次换班委的时候，我想不能这样了，于是我就主动报名参加。然而，选举的时候是我室友帮我念的演讲稿，我家里突发事情没有办法参加。我非常忐忑，但最终我被选上了，并且是与原来班长特别近的票数，非常开心激动。因为大一的时候默默无闻，只是配合他们的工作，上课的时候也是不怎么喜欢回答问题，所以我很意外，也真的很感谢，当时我就想我要做好我的本职工作，让我们的班级越来越好。但对于我的演讲稿，后来我室友给我说有些太官方，没有吸引力，她讲的时候随便帮我介绍了一下，说明了我的成绩，然后她说同学们都很惊讶，但好像效果还不错。至于为什么想要去当班委，一是受我父母的影响，他们认为当班委就像是“做官”，而且以前他们班级当了班委的，特别是班长的结果还不错，即使他这样说，我还是不以为然。因为这只是一方面，说明别人的能力水平还不错。二是也是最关键的是我自己，想要体会当班长的感觉，也想从中锻炼自己的能力，比如说，组织能力、领导能力，特别是战胜我不敢在太多人面前说话的毛病。我听过这样一句话说：越害怕的东西就要越努力去面对，这样才能把自己变得更加优秀。我不喜欢我的这个缺点，所以我想要改正它，而作为班委是改正它的一个办法。尽管我没有感受到特别大的变化，但事实也证明我好像在进步中，而这种进步也让我变得更加自信。大二的学业压力相对大一就要紧张很多了，我们的课程量增加，特别是有两门特别晦涩难懂的科目放在了一起（课程论、教学论）。因此，在考试的时候我们都特别紧张、焦虑，我们班的一位同学甚至因为学习的问题而办理了休学。但最终发现也不是那样难以学习，只要有恒心，坚持下去就可以。

而令我影响深刻的还有见习，大一的时候见习过一次，这是第二次了。通过短暂一周的见习，也让我收获很多，我对教育的理解和认识多了一些实践上的参照，理解得要更透彻一些，对我以后的教育教学也将产生很大影响。

由于疫情，我们都在家上网课，这是前所未有的形式，而这似乎也给教育带来新的教学方式。从原来的面对面授课到现在的直播或者录播授课，给我们带来了便捷的同时，也给老师、同学带来了很大的挑战。老师需要去适应一个软件，知道如何操控，还要努力适应没有同学回应的教学。学生需要更加自律，因为没有老师在课堂的监督，自己会容易松懈。而我在那一学期，虽然没有像在学校那样，但还是做到了每天准时按照课程安排上课、做笔记，同时在时间自由的时候，做一些自己喜欢的事情。毕竟就像父母说的：学是给你自己上的，自己学成什么样，自己清楚，要学到真本事，才是真的学到了。当时情况就像以前想象的想要在床上躺着上课，而这次突发状况，竟然让这个愿望成了事实。但这种教学形式固然解决了燃眉之急，但却不是一个长久之计。它是极其考验一个人的自觉性以及老师的教学能力。高中生、大学生甚至以上还算可以适用，但是对于低年级的小朋友，特别是一二年级的学生，这种当时显然就不适用了。所以，无论这种方式现在发展得如何，都难以取代面授教学，最多就是教学的辅助。

（三）迷失的花朵

天空，彤云密布，最终花儿也迷失方向。但乌云终将散去，花朵又见阳光。

疫情得以好转，终于我们又回到了这可爱的校园，是那熟悉的感觉。见到了想念已久的同学和老师都兴奋不已。然而让人有些忧愁的是，大学生活已经过半，现在就是一名大三的学生了，也就意味着要对自己今后的日子多加考虑了。首先面对的就是教师资格证的考试，紧接着就是面试，大三的上学期全围绕这两个方面展开。恰巧也选修了这门课的辅导课，复习起来也有事半功倍的效果。然而考试总是让人焦虑的，特别是还遇见要处理很多事情，我特别担心过不了。最终还算幸运，我通过了考试，接着就是面试了。在上辅导课，林老师也给我们时间去练习备课讲课。还记得当初我第一次备课讲课，本来要求同课异构，让我们可以针对相同的课题进行讨论，取长补短，但是我们没有听清要求，都是自己做自己的课题。而我为了想要挑战自己，选择了一个特别难讲的知识点——比例尺。虽然把书本还有参考书等一系列的书籍都翻阅了，但是还是讲不明白。试讲了几次之后勉强可以讲明白了，正式讲的时候，林老师来了，我更加紧张了。我讲着讲着就把自己绕进去了，我就没有再讲下去了，非常羞愧。当时我的同学们都在下面，很是尴尬，但我也不知道做什么。林老师对我进行了一番点评，说要是这样肯定过不了。我当时的心情如同冷水浇过，觉得肯定完了，但这种想法也转瞬即逝。我想我可以调整，只是现在还不太会，你说我不行就不行吗，我偏要行给你看。后来我自己私下练了很多，并且让舍友给我指正毛病，我不断改正，调整状态，最后把这次的比例尺也重新讲了一次。抱着这种不服输的劲儿，我成功通过了面试。在我通过的时候我第一个想到了林老师，我向她证明了我是可以的，同时也感谢她对我的激励，让我认识自己的错误，从而找到克服的方法，不断前行。这也让我明白在教育教学中对学生的评价要讲究方法，方法得当可能会帮助学生进步，根据她的行为表现判断她的性格特点，然后予以评价，我想老师可能看出了我是一个不服输的人，也是通过陈述客观事实让我看清自己的问题所在，找准努力的方向。相反如果不是我这样性格的，有些太过于真实的评价可能会让学生对自己的能力产生怀疑，更甚者会让学生不爱学习，因此在对学生的评价时，我们一定要把握好度的问题。

对于讲课，我也确实还有很多地方需要改进。就以这次见习来讲，我们有一个要求要上一堂课，所以我就和指导老师商量，最终上了《平均数》这一课。上课结束，自我感觉是不够好的，节奏太快，没有放手，讲得过多等都是在这次上课中发现的问题。指导老师也对我的课进行了指导修正，她说到我们很多时候就是太依赖教学设计，有一点儿像背着教案上课，这是不行的。上课要根据学生的反映灵活调整，否则有时候学生没理解就跟不上下面的环节，速度要放慢，不要为了讲课而讲课，关键是学生要掌握知识点。听老师的一席话，我醍醐灌顶，豁然开朗。在见习两周的日子里，我就像动员大会时王老师说的：多问、多思、多看。通过观摩老师的课和老师探讨问题，在这两周的见习生活让我学到了很多，也找到了以后明确的方向，也知道了自己还需要继续努力才能离一位优秀的小学教师更进一步。

大三的下学期也是面临选择的时候，对于准备考研还是其他，寝室同学就特别明确，而我一直在考量当中。这个问题困扰了我很久，从刚进入大三就开始，但终于在老师的一番话中得到了醒悟。选择考研与否是看你的动机如何，你是想要一个证书，还是想要让自己的能力真正得到提升。我想现在就业形式严峻，加上自己的能力也不足以支撑我的成长，所以我想要让自己继续学习，最后再来适应社会，因此我选择了考研，现在也在为之努力当中，希望在我的教育自传上可以填上精彩的一笔。

回想大学时光，我在一步一步地成长、蜕变，一切都在朝着好的方向发展。大学虽然没有高中时候和老师的密切相处，但是每一次上课都会有独特的感受，并在内心深处把它给吸收了，不仅仅是知识量的增长，更多是思维、思想的转变。我将一路向前，守望教育，静待花开！

【教育自传后记】回望我的教育之路，我想说！

著名教育家夸美纽斯曾经说过：只有受过一种合适的教育之后，人才能成为一个人。

从基础教育到现在的高等教育，教育无不使我成为一个更好的人。小学的懵懵懂懂，不会的知识、不会的道理，逐渐通过教育得到。回想小学的三次转学经历，让我感受到老师的爱的教育，是他们让我重新燃起学习的勇气，让我继续学习下去。特别是在那时奠定好的数学基础，让我至今依然热爱学习数学，并且也立志成为一名数学教师。此外，初中的经历也是让人非常难忘的，可谓最快乐的读书时光。虽然当时玩性特别大，但是也让我体会了那一段时期的快乐，是现在不曾有过的，是生动活泼的。高中的我由于太专注学业，虽然失去一部分的同时，也让我在学习中体会到了快乐，那段奋斗的青春也将永远铭记。大学，回望自己的变化，确实很大。从原来不敢当着很多人的面讲话到逐渐的适应，从不自信到逐渐有了自信，从稚嫩到稳重……很多人说“大学是整容所”好像还挺适用，但不仅仅是停留在表面的，我更认为是一个人思想上、认知上的变化，接触的东西不同，所受的感染不同，就会有不同的体会。我唯一遗憾的是自己没有多参加学校组织的各项活动，没有充分利用大一的闲暇时间多去做一些有意义的事情，让自己在多个方面得到更好的锻炼。然而没有回头路，不可能再来一遍。我希望小学教育专业的学生可以抓住机会发展自己。在这一步一步受教育的过程中，不断发掘自己的潜力，努力成长，让我们朝着更好的方向发展，我想这就是教育的魅力吧！

到现在为止的我的教育经历，也算得上丰富，有苦有乐，有得有失。在这一路上非常感谢曾经教过我、给予过我帮助的人，特别是那次的意外，给予我帮助的人。如果没有他们伸出援手，我可能会辍学，不会有现在的生活。人生在经历过许多事情后总是会有所改变，而我格外珍惜现在拥有的生活。过去是拿来回忆的，未来是拿来奋斗的。在未来，我将满怀热情去进行教育，用爱教育，争取在我的教育事业上发光发亮。有机会的话争取去支教，让偏远山村的孩子们也可以感受到教育对人的深远影响，相信吾辈孩子当自强，我们可以扛住先辈们交给我们的大旗，不断为祖国明天的辉煌尽一份力。奋斗吧，青春！

走出家乡再走回来

自我小传

【姓名】：莫茂春

【出生年月】：2000 年 6 月

【出生地】：四川省南充市嘉陵区河西镇长春村 2 组 7 号

【求学经历】：

2005 年 9 月到 2006 年 6 月在河西小学附属幼儿园就读学前班；2006 年 9 月到 2012 年 6 月进入河西小学就读小学；2012 年 9 月到 2015 年 6 月进入河西小学初中部就读初中；2015 年 9 月到 2018 年 6 月进入四川省南充市嘉陵第一中学就读高中；2018 年 9 月到 2022 年 6 月进入绵阳师范学院就读本科。

【大学获得主要奖项与担任相关职务的经历】：

任职：大二期间担任班级宿管委员与体育委员、参加绵阳师范学院教师教育学会担任社团委员。

获奖：2019 年五四运动获"优秀共青团员"、2019 年 10 月获绵阳师范学院"逐梦计划"先进个人、2021 年 4 月获院级专业三等奖学金、2021 年 12 月获"绵阳市御营小学优秀实习生"。

一、家庭环境·传统式的乡村

我的家乡依山傍水，说不上富裕也说不上贫穷。它坐落在四川省南充市嘉陵区河西乡。我的家庭也普普通通，目前家中有五口人，有婆婆，爸妈和一个姐姐，再加上我，我们一起生活了22个岁月！

我们乡上只有一所学校，但是这所学校却很特别，因为学校里面有学前班、小学部还有初中部，这所学校有我10年的记忆。

我的家在山顶之上，山下有四户人家。农村邻里相互之间存在着一种辈分，而我的辈分在同龄人之中是最大的，以至于读书期间他们都得喊我一声："莫爷爷、莫公公"。在村子里面听着还算习惯，但是读书期间我却不想听见这样的称呼，记得有一次他们在学校众多人面前喊我爷爷时，我涨红了脸，显得非常尴尬，于是后来我让她们不要在上学期间叫我爷爷，叫哥哥就行了，这样别人听起来就不会显得那么奇怪。邻里有两个儿时的玩伴我记得非常清楚：他们的家庭条件在我们村里不算太好，有一个小女孩的奶奶是我们村里出了名的泼辣性格，她还经常让自己的孙女干农活、煮饭、洗衣，那时我们都还不到10岁。经常因为我们一起玩，时间玩过了头，耽误了煮饭，回家就会被自己的奶奶一顿臭骂，有时候还少不了一顿打，她被打时的哭喊声，响彻云霄，邻里之间也觉得习以为常了，只能为她祈祷。还有个邻居家也是个女孩子，我们也是每天一起上学的玩伴，她的家庭是单亲家庭，父母早早离了婚，她跟着自己的爸爸和奶奶一起生活，家庭条件也不怎么好，还记得她们的爷爷奶奶因为要早起进城卖农产品或者其他事，有时她们会到我家借宿一两天，由我家婆婆帮忙负责生活，和我们一起吃饭、一起睡觉、一起上学，和他们相比，我的生活条件显得有些富足，后来他们因为成绩原因没有机会选择读高中，早早进入社会打拼，只有过年时才会回村里一两次，我们之间的联系也就更少了，我待在这里看够了农村生活的无趣，有时看见邻里一家人因为一点儿小事吵得不可开交，觉得这就是贫穷和无知惹的祸。

二、学前班·学园初体验

我出生于农村，是一个土生土长的农村孩子，我的家离集市需要走半个多小时的柏油马路加上半个小时的崎岖小土路，镇上有一所学校，镇上大部分适龄儿童都会选择在这里念书。记得那年我应该是五岁，有一次母亲带我进城，为我买了一个书包，这个书包是纯黑色的，轮廓呈正圆形，上端稍尖，除了两边有两个边袋作为装饰，就只有一条长长的拉链贯穿始终，款式十分简单，所以这个书包我不是很喜欢，自然我也不想天天背着它出门，直到有一天母亲早早帮我拿上书包带我出门，我才知道大事不妙，原来母亲替我报名了学前班，来到学校，映入眼帘的是一扇大大的铁门，铁门附带一个小门，母亲在门口把书包递给了我，就这样我开始了第一天的上学体验，学前班里有很多小朋友，但我不是很喜欢他们，我觉得上学很孤独，有时候我还看见有同学打架，一般都是个子大的同学欺负个子小的同学，以至于每天我都想早点放学，只有每天回到家才有意义。就这样，我在学前班浑浑噩噩地度过了一天又一天。

每天我都有睡午觉的习惯，有一天下午上课了，我的睡意正浓以至于我在课堂上睡着了，老师拿起藤条给我挥了一鞭，正好打在了我的脸上，瞬间我的脸上出现了刺痛感，回到家后母亲发现脸上的裂痕并向我询问情况，我说是因为我上课睡觉老师打的，第二天我的母亲就带我来到老师面前理论，记得当时母亲表现得很生气，也和几位老师发生了争执，后面老师也向我道了歉，母亲也没再追究，在我的印象中，上课时老师总是很严厉，所以我很畏惧老师，在班级的学习过程中我也默默无闻，各项成绩基本垫底，我最害怕的就是做数学题，有时老师给的加减法我都不知道正确答案，但是期末考试终究还是来临了。

在我的头脑中，依稀还浮现出我上学前班的记忆，那时的我真的没有一点学习的天赋，我上了一年的学前班，我记得当时学前班也有一次期末考试，我的教室在一楼，我的座位刚好靠窗。考试的题我一点都不想做，也不会做，看见同学们都陆陆续续交了试卷，我心里难受极了。正当我一筹莫展之际，我的一位表姐也在这所学校里面读初中，当我眼光望向窗外寻找救星之时，表姐的出现无疑让我找到了救星，表姐知道我的难处，二话不说就从窗口接过了我的卷子，没用 5 分钟，一张完美的答卷就呈现在我的眼前，一周过后我来领期末成绩单，我的试卷 100 分，这是我第一次取得这样的成绩，我格外高兴，我的一百分在我心里压了很久都没敢告诉母亲它的“来之不易”。或许你会好奇为什么此次考试作弊会如此顺利，因为幼儿园的期末小测试没有监考人员，老师也希望我们每个人都能拿到一份“满分”试卷交给自己的父母，所以我这样的“学弱”才如此顺利完成考试，但是这满分是如何得来的，只有我和表姐心知肚明。虽然没能和其他孩子一样拥有完整的幼儿园经历，但是学前班的体验也让我初步认识到学习的意义，现在回头看待自己的学前经历，我认识到了农村教育的落后，其实作为00年出生的农村儿童，或许很多人都和我一样只接受了一年的学前教育，或许有的孩子根本就没接受过学前教育，甚至我们当时所接受的学前教育与现在相比根本就不能算是一种教育，充其量算是一群儿童聚集在某个地方空耗时间的“游乐”罢了。话说回来，身处2022年来回忆十几年前的学前教育经历，那时的教育质量偏低是一个无可非议的事实，以前学前教育的落后和当下的学前教育发展来对比，不管是在教学形式上、教学内容还是管理方式上，无疑可以看到中国学前教育获得了巨大进步。

三、小学·人人都想成为班级之星

2006年9月，我仍然在这个学校就读，选择在这里就读的原因是家里面没有能力让我去城里读书，加上这里离家较近，再者我成绩不怎么出众，父母也认为没有必要在我身上花太多金钱。相反姐姐的成绩比我好很多，姐姐比我大两级，从小姐姐就是班级里面的班委，担任了多年班长，在当时我就忌妒姐姐拥有这样好的成绩。

当时的小学部是一所老式四合院，学校很大也很破旧，我们的教室在东南角临近学校的食堂，教室前后各一块大黑板，黑板上黑一块，白一块，凹凸不平，地面有几处大坑，大坑经常被我们利用来打卡片子，墙壁上有四扇木窗，没有玻璃，只有几根钢筋，冬天一直灌冷风，十分刺骨，后来学校给每扇窗户贴上了透明胶纸，所有的建筑都存在残缺的印记，足以证明这所学校有近百年的历史了，在我上二年级的时候，新的小平教学楼修建起来了，老的学校被推倒，修成了操场，我们也搬了新学校，一时间学校成了镇上最豪华的建筑物。小学初期，我的成绩也很平淡，处于班级的一般水平，每次新学期的开学典礼我都很羡慕那些能够获奖的同学，直到小学三年级的下学期，我也终于获得了我人生中的第一次奖状（三等奖），也是唯一一次得奖，或许是因为运气吧！当我走上领奖台的那一刻，我也感觉自己站在了人生制高点，下面的同学也向我投来了祝福的目光，回到家我就迫不及待地向母亲展示我的奖状，并要求他们把奖状贴在最醒目的地方，自从我获奖以后，我感觉自己的人生发生了很大改变。

小学四年级新学期很快就来临了，每学期老师都会安排大家担任班干部，以往的每次任命班干部，班主任老师都没有给我机会，这次竟然让我担任了劳动委员，因此我很珍惜这次机会。劳动委员要负责班级的卫生管理，每天我都要检查同学们是否按照要求完成打扫任务，还要负责管理卫生监督岗的肩章，最重要的是日常记录同学们是否乱扔垃圾的情况，对不文明行为进行扣分处理，所以很快我感觉自己的身份地位得到提高，貌似感觉同学们也更关注我了，我的自信心也得到了极大提高，上课时我也时刻要求自己做得更好，对自己提出了高标准、高要求。渐渐地我发现我自己很喜欢数学课，课堂上数学老师很喜欢让我回答问题或者上黑板演示，每一次数学成绩都能达到班级优秀水平，我想这离不开数学老师对我的帮助，渐渐地我从一个学困生慢慢转变为学优生。

四、初中·走出大山，才能看得更远

随着时代的发展，人们的生活水平提高，越来越多的孩子选择离开农村进入更好的城市接受教育，进入初中，我明显感觉到小学熟悉的脸庞少了很多，因为小学成绩好的同学都被城里的初中录取了，留在我们乡村里面的生源质量也就不高，刚进入初中，我突然发现自己竟然成了班级里面的佼佼者，这让我自己一下从自卑跳向了自信。2012—2015 年是我最充实的学习时光，在河西小学读初中让我找到了读书的意义：知识改变命运。

杨老师是我的初中班主任，我所喜爱的数学也正是他所教的学科。

杨老师总是喜欢和我们分享解题经验，我至今记得他说：我最喜欢的数学，是因为我觉得自己能够花时间把一道难题解出后去体会那种找到答案的快感，自己就会拥有无穷的成就感。把解决问题当成一种享受，越困难的问题，你所花费的时间精力越多，你所得到的享受也就越多。有一次一道问题，他想了几天都没想到解决思路，他吃饭在思考，走路也在想，最后在梦中他突然找到灵感，以至于他高兴得睡不着觉，立刻起床把解题过程写在纸上。当他分享自己的经历，我感觉到了他是从内心喜欢数学，也从内心喜欢教数学，我便下定决心一定要虚心向他学习。杨老师喜欢对错误吹毛求疵，每次中午课后吃过午饭，他便会来到办公室发放他认真批改过后的作业，要求我们自己先改错，不会的地方再去请教他，几乎每天如此。周末和节假日，他自费选择送了我们愿意思考数学的这些学生一些数学辅导资料，每次他都会根据我们各自不同的学习情况给我们把一些好的练习题做上记号，要求我们周末和节假日一定要完成，每周一会找时间一一与我们更正讲解，为了我们的成绩，他花费了自己许多时间。

我的初中语文老师姓张，当时是学校多年的教务处主任，他戴上银框眼镜显得很文静，正如书中所说：腹有诗书气自华。初中的课文古文篇目较多，张老师每次都能讲述该篇文章的写作背景和他所了解的一些事件，他总是能就某一篇文章滔滔不绝地讲述与之相关的课外知识，让人大开眼界，他对课外书籍的研究之丰富是我所不能想象的，张老师一直信奉“读书可以改变命运”这一教条，每次我们考完单元测试，他就会根据我们的分数评价我们的近期表现，各位同学都被他同书里的人物加以匹配还原，非常具有贴合度，随时随地都能把他头脑里所看过的书籍和现实相联系，活像一本百科全书。

我的初中采用住校的方式，我的寝室一共 8 位同学，真可谓物以类聚，人以群分，我们寝室可称为当时的学霸寝室，几乎每次考试我们都占据考试排名前十，我们大家上课的状态都很好，在课后也是玩得很好的伙伴，夜晚就寝，我们 8 个人能够共用三个手机，每天一起玩游戏，但是丝毫不影响我们白天的学习，在教室我们彼此是学习上的战略伙伴，有时互帮互助，有时相互竞争，但是在夜晚我彼此都是游戏好友，不分你我，相处融洽。所以在我看来，一个人的学习成绩和他喜欢玩电子产品、电子游戏没有太大的直接联系，有时适当的游戏还能缓解学习压力。

我的姐姐比我大一岁，姐姐同样也是在家乡念初中，在她的班级她成绩优异并且还是班长，几乎每年姐姐都能获奖，学校发的钢笔与笔记本她都有很多，多年来我都很羡慕她。从小学到初中，每天我都和姐姐一起上放学，在家里姐姐干的活也比我多，在学校也很照顾我，有时我在学校没钱用，也会找我姐解决，直到初三她毕业考上了高中，离开了老家进入城里念书，我才开始有了孤独感。那种孤独来自内心，于是我心里暗自许下诺言，我也要考上高中，我也要去城市里面读书，去城里面生活。最后，幸运的是我也考上了高中，并且还是和姐姐同一所学校，当得知这个消息的时候，我的家人都不敢相信这个事实，毕竟家里人都知道姐姐的成绩是优于我的，终于我也和姐姐一样变成了“城里人”，一时间我也更加感觉自己很有学习天赋，我的自我优越感达到了顶峰。

总体来说，初中我所遇到的老师对我的学习帮助很大，在这里我能够活跃各科学科的课堂，老师对我的热情成就了我敢于举手表现自己的勇气，我认为经常举手回答问题能够拉近师生关系，学生上课接收知识的效率也就越高，现在回忆自己的初中生活，我能够遇上这些老师是我一辈子的幸运，是他们帮助我走出了农村，走出了大山，让我看到了不一样的世界。

五、高中·平面人生遇良师

2015 年，我也顺利地进入了高中，当时姐姐在嘉陵一中读高二，我读高一，姐姐选择了寄宿，而我选择了走读，高中的教学安排十分紧张，使我们两姐弟一周都没能见过几次，只有每次放月假我们才能在一起相聚。

高中学校要分文理科，还要根据成绩划分班级类别，我以 504 分的成绩暂时进入了所谓的“文科火箭班”，火箭班属于嘉陵一中二类水平班级，因为我初中时期我很喜欢数学，并且物理成绩也还不错，所以初入这所学校时，我打算在两个月后的自由择班申请去理科班，但是前两个月的学习模式和各种考试打消了我的这个念头，刚入这所学校的我有了太多不适应，我不适应这里的老师，更不适应这些陌生的同学，我感受到了什么是“鸡头”与“凤尾”的区别，以前在农村念书我的成绩很好，那是因为身边的同学水平较低的原因，现在进入了城市，同学们大多是城里读书的，他们所接受的教育是我远远比不上的，每次考试都总是垫底班级最后几名，一时间我很难以接受，我的优越感不复存在了。两个月的时间过得很快，我们高一新生迎来了分班日，我在卡片上却选择了文科，因为我意识到自己的数理化成绩和其他人相比根本就不值一提，所以我退却了。

分班以后，我的心思还是没放在学习上，我感觉自己留在火箭班浪费了学习的名额，回想自己初中的状态，我更愿意去竞争稍弱一点的实验班，在长期自我退却的念想里，我鼓起勇气给母亲提出了想要换班级的想法，虽然母亲不同意，但是还是拗不过我的劝说，母亲不情愿地打电话和我的班主任说明情况，但是班主任老师和母亲交谈后拒绝了我的想法，迫不得已我抱着“与其在火箭班当凤尾，不如在实验班当鸡头”的念想，第二次找到了高中班主任老师提出了申请，高中班主任老师和我一个人在走廊交谈了很久，他帮助我厘清了我的困惑，鼓励我尝试静下心来学习，不要管别人成绩怎样，你只需要一步一步地提升自己的成绩就行，调整自己的学习状态就行。从那以后，我也看淡了很多事，我想不管怎样，学习主要还是靠自己的努力，课堂上我认真听讲，虽然因为前面落下了许多课程，但是经过自己的不断克服，课堂我也慢慢能够跟上老师的进度，成绩慢慢在上升，课后我也时刻抓紧时间刷题，不懂就请教老师或者同学，后来我坚持早上第一时间排队进校，中午骑车也在赶时间回家吃饭，吃了饭在家看学习视频，下午也能最早到校，晚上 9 点晚自习结束，同学们陆陆续续地都走出教室，而我坚持做到了最晚出教室，到家立刻吃饭，那段日子可谓分秒必争。经过不懈努力，我也能够在每次考试中排在班级前十左右，有时还能进入年级前五十，也算是班级里的后起之秀了。

随着我成绩的提升，我在班级里的活跃度也高了，慢慢地我也融入了这个大家庭，有很多同学也看到了我的变化，和我交流的人也多了起来，高三时期班级召开了民主选举班干部的活动，我报名参与竞选了班级纪律委员。我的竞争对手一共两名女生，其中一位女生性格直率，另一位选手则是成绩非常突出的老干部，与她们相比，我的性格就比较慢热，依照流程我们每个人发表了演说，大家进行了投票，同学们拿起选票统计的过程让我心惊肉跳，因为大家的票数相近，最后是我以微弱的优势取胜，后来班主任老师对我们做了干部培训，让我明白了自己的职责，我们班干部团体每周轮流完成班务日志，记录班级学生的在校情况，值周干部需要在每天中午的歌唱时间组织大家唱歌以及组织晚自习的开展。班干部具有为班级同学服务的义务，自然而然有时需要牺牲自己的部分学习时间，但是它能提高一个人的组织能力，锻炼一个人的品质。因为纪律委员主要负责纪律板块，每次班级晚自习都会有同学说话打闹，我必须阻止这样的情况发生，值周时我要记录每天都有谁迟到或者被学校通报，再加上我这个人有时比较较真、死板，班级就慢慢出现了反对我的声音，也有人给我写纸条说我假公济私、徇私舞弊，有时我也感到很委屈，被别人不理解的滋味是真的很难过，为此我也和班主任老师沟通了很多次，从当了纪律委员以后，我能明显感受到班级同学对我的态度发生了很大变化，或许是我对大家的严厉导致了大家对我的疏远，我的朋友也变少了，高中结束以后我也时常在想，要是当时不选择担任这个同学们憎恨的职位，我应该是很受大家欢迎的一个人吧，我不后悔有这样一段吹毛求疵的经历，或许我对班级事务的严厉管理在某些同学眼中是小题大做，但是在多年以后他们可能就会明白有些事情就像高考只有一次，平时松懈地对待自己，关键时刻怎么能起到效果呢？我至今还记得高中班主任老师所讲的合格的班干部：没有班主任在学校，一个班级能够正常运转，班干部能自然地处理班级发生的所有事，这样的班干部团队才是好团队。在班主任老师对我们的培养下，我们完美地成了他口中的好团队，并在他去其他学校参观学习的一个月中检验了我们的能力。

高中的生活使我更加独立，我的性格也更加成熟，主要得益于班主任老师的培养以及自我对事物价值的取舍。我很怀念高中学习的日子，感谢自己没有在拼搏的日子里选择安逸。

六、大学·远离故土与回归故乡

（一）大一——理想与现实之间的差距

曾经，高中老师总是对我们这样描述大学：大学就是人间的象牙塔，只要考上大学，你想玩手机就能玩手机；你想谈恋爱就能谈恋爱；那里没有写不完的作业，一切时间由你安排。只有当你自己亲身经历以后，你才会发现老师原来撒了一个善意的谎言。

来到绵阳师范学院的第一天，这里没有我想象中宏伟的校门，没有绚丽多彩的田径场，也没有豪华奢靡的宿舍，这是一所很有年代的学校，甚至感觉这里比不上自己的初中高中的学校，宿舍条件较简陋，我们没有独立的卫生间，甚至连阳台都没有，寝室六人是标配，唯一的家具就是上下双人铁床。学校的教学楼也没有值得赞扬的地方，唯一可以拿得出手的便是这里的绿化吧，所以整个大一我都想逃离这里。

从高中到大学，这样的教学模式是我所不习惯的，一时间离开了班主任老师的监督，自己感觉到了迷惘，每天除了从寝室前往教学楼上课，我就在寝室和室友玩游戏，上课期间所学的内容自己也没多少兴趣，加上与新同学之间都不是很了解，加上师范学院的学生主要是女生，自己也不知道如何与她们交友，所以在这里我很想念自己的家人和高中同学，每周我都想要和他们交流自己的生活日常，以此打消自己的孤独感。

大一是学生会培养学生干部的关键期，回想到自己的高中经历，我也想在大学里加入学生会来锻炼自己，于是，我报名参加了院宣传部，加入宣传部以后，我也开始协作部门的工作，但是始终没能完全融入这个团队。有人说大学就是一个小社会，学生会就是用来锻炼自己社交能力的地方，但是经过一个学期的学生会工作，我发现这里有很多世俗的影子，首先这里有不成文的规定，见了比自己年级大的师兄师姐一定要问好，见了各个部门的部长、学生会主席要打招呼，每个干事都要处理好和学生干部的关系，每个学期各个部门还要组织自费聚餐，有些人参加学生会工作不是为了锻炼自己或是出于爱好，而是为了大二能够当上所谓的“学生干部”，或者是为了借助学生干部的名头争取福利，大多数人都怀有自己的私心，学生会部门内部也存在明争暗斗的一些现象，所以这与我加入学生会的初衷完全背离，于是我大一下学期向部长提出退会申请，部长尊重了我的请求，从此我也就远离了这个团队。为了不让自己闲着，我跟着朋友加入了教师教育学会，这是一个兴趣社团，每周可以一起学习有关教师技能方面的小知识，例如，书写、演讲、故事分享等，没有学生会组织的强制性要求，所以在这里我没有感觉到不适。一切事物只有自己经历过后，你才会获得对它的了解，其实对于是否要加入某些团队没有绝对性的建议，一切还需要去思考你自己的需求，与它能够带给你什么样的发展来衡量。

总体而言，大一对于多数大学生来说都是一大挑战，许多学生都会出现各种焦虑与迷茫，其实这是很正常的，我们要做的只是去适应大学生活，把大一当作一个过渡期，最好的选择是去发现你的兴趣，去结交你所喜欢的人和事，千万别随大流选择别人喜欢的事，适合别人的选择不一定适合你。

（二）大二——热爱公益与实践

不知不觉间，我也变成了大二的学生，我再也不是大一时期连校园里都会走错路的萌新了，我也习惯了这里的生活。

大二，我跟着朋友一起参加了一个志愿组织——雷锋志愿者团队，在这里我遇到了很多朋友，他们来自绵阳市的五所大学，我们在这里参与公益活动：敬老助残、关爱留守儿童、保卫涪江等活动。起初，我们是想完成学校的支援考核，它规定每个人都必须在大学期间完成 20 个小时的志愿活动，但是我初次来到这里参加活动以后，我发现和老人聊天，当志愿者给老人们表演节目也是一种特别的经历，我能尽我的绵薄之力带给他们温暖，这也是值得去做的，有时我们还能进入某些小学发放一些学习用品，给学生讲解一些社会科学的小知识，这些事情是我所没有尝试过的，并且我认为很有意义。

大二暑期，我继续参加了社会实践，我通过四川省大学生逐梦计划报名参与了我的家乡县城的社会实践岗位，我顺利地在区纪委部门实践了两个月，体验了政府岗位的工作日常，这里我跟办公室的哥哥姐姐一起参与精准扶贫工作、参与社情民意的调查与核实，有时也会下乡监督公职人员是否在其位谋其职，在这里我体会到了政府部门的工作的艰辛，学习到了公务人员应该具有的工作态度。

我认为，大学期间就应该多多参与这些社会实践，每一段实践你都能获得不一样的见识，开阔自己的眼界，丰富自己的阅历，并且这些经历都能使自己的大学生活更加充实。

（三）大三——我的教学初体验

经过大学前期的理论学习，作为一名师范生，大三的主要培养目标是教学实践，所以学校安排我们进行教育见习，此次见习和大一大二时的见习有所不同，以往见习主要是去观摩一线教师如何上课和管理班级，这次见习的重点则是自己进行上课实践，记得我的第一次单独教学是在四年级，我选的课题是《平均数的认识》，正所谓台上一分钟，台下十年功，为了给学生们留下好的印象，本着对学生负责、对自己负责的态度，我查阅了大量的教辅资料，编写出了一篇自己满意的教案，为了把我最好的课堂表现展示给学生们，我提前在教学楼熟悉教案，模拟无生课堂，感受如何提问，如何把控教学节奏，再经过老师的同意，我也如愿以偿地站上了讲台，在我完成教学以后，见习指导教师给了我很多教学反馈，其实不管你准备得如何充分，你的课堂都可能有一些你难以预料的事情发生，这时就会考验一个教师的应变能力。

大学时期，我最喜欢的课程就是模拟课堂，虽然我的教学对象是一些空荡荡的座位，但是我很享受自己一个人滔滔不绝地站在讲台上的场景，有的同学很害怕站上讲台表现自己，他们害怕自己教学失误或者出错，也害怕别人发现自己的不足，而我则与之相反，我很愿意向各位老师、同伴展现我的思想，展现我对课堂的处理，我也喜欢别人挑出我的问题，俗话说：当局者迷，旁观者清，别人能够发现你的优点，也能够发现你的缺点，只有别人帮你找出问题，你才能更好地做出改进与提高，从而不断地完善自己，如果别人观摩了你的课堂之后一言不发，那就说明他可能就没有认真观看，你也就失去了进步的可能性。对于师范生而言，教学基本功是我们的重中之重，所以大学期间如果你的时间充裕，一定要多花时间练习你的教学能力。

（四）大四——实习与就业之间

进入大四，你会意识到自己即将毕业，教学理论的学习基本告一段落。大四主要的事件就是完成实习与论文写作，在实习期间，你要熟悉所有的教学环节，参与课堂管理，完成学校规定的教学任务，每天你都要批改作业，处理学生的日常琐事，写教案也越来越得心应手。实习期间也会遇到各种各样的学生，有时还会遇到各种各样的问题，当你不知所措的时候，不妨虚心向你的前辈请教。

在实习期间，我也参与了实习学校的数学月活动，在素质教育发展多年的成果下，小学生的校园生活越来越丰富，这也对教师的综合能力提出了更高的要求，作为教师不仅要有过硬的教学能力，还必须学会跟上时代发展的步伐，如何带领学生完成各种活动，每一位老师都必须时刻保持学习的心态。通过和绵阳市城市里面的教师、小学生接触，我才发现自己的小学生涯是多么平淡无味，逐渐我对小学老师产生了认同感，对教育事业充满了期待。我也时常把在这里的见闻与我的小学经历做比较，发现我们当时教育有多么落后。

教育实习让师范生的教学技能更加扎实，是每一位师范生人生道路上不可缺少的环节，我们要认真对待这一宝贵的机会，实习期间你遇到的问题越多，日后你正式成为一名教师以后，你才会有足够的能力去解决这些问题。

【教育自传后记】回望我的教育之路，我想说！

回首我的求学之路，我的中学时期才是我最快乐的日子，虽然初中和高中都要面临升学压力，但是没有压力就没有动力。作为一个农村学生，能够凭借考试分数进入城市求学，能够依靠自身努力去到其他城市读大学，本身就有一定难度。如果抛开自身原因去探究我为何能够走到今天，主要还是靠“人和”。

从离开河西小学开始，我就经常在梦里与我的初中朋友相聚。回想初中的岁月，同学之间相处是如此和谐，但中考结束后大家还是被迫各奔东西，据我了解我们班的老同学大部分都选择了这三条路：第一，有一半的人从此结束了求学之路进入社会，开始寻求谋生的出路，有的进厂打工，有的混迹街头，还有少数过早就结婚生子开始组建家庭。第二，有三分之一的老同学为了避免过早进入社会还是依然选择读书，但是由于成绩不是很理想，有的选择上了职高技校，也有的选择了农村高中。最后一少部分人能够进入好的学校继续读普高。到目前为止，在初中的同学里，还在继续攻读大学的人更是屈指可数，有时看着初中同学的朋友圈分享的工作日常，我都在思考自己读书究竟为了什么？当我还在依靠家人出资上学时，别人早已工作几年实现了经济独立，许多同学结婚生子分享家庭幸福，而我至今还是单身。每年春节回到老家难免会碰上一些熟悉的面孔，我想和别人打招呼，却又觉得多年不见有些生疏，或许别人早已把我忘记，为了避免尴尬，大多都是远处寄望罢了。

进入高中以后，我的眼界比以往开阔了很多，在这里的学习方式是我以前所没能接触到的，的确城市教育和农村教育存在很大差距，不仅是教学设备、师资力量方面，还包括你所接触到的人脉、所到的地方。初中我的课后生活就是在老家河坝以及乡上为数不多的小网吧，进入城市以后，我们经常去商业街、风景区、博物馆大型场所，还记得高中时期每年春秋两季学校都会组织我们去游玩，我们经历过上千人三十公里的远足拉练，也去过仪陇朱德故里，还有邓小平故居，这些体验在我的农村生活中是从来没有过的。所以，我庆幸自己当年中考结束选择去城市读书，有条件就一定要走得更远，只有当你走出大山才能看见更美好的世界。

四年的大学生活过得很快，转眼就要离开“绵师”了，从一开始的嫌弃到现在对“绵师”还有些不舍。这里的老师对我们的成长付出了很多心血，是这里让我了解到教师职业的神圣，感谢教育科学学院为我们小学教育专业学生提供了良好的学习环境，感谢“绵师”把我们培养成为具有“厚德、博学、笃行、弘毅”品质的有志青年。如果有机会，就算让我回到我的家乡任教我也愿意，因为通过这么多年的城市生活，我体验了城市生活，而我的家乡的教育水平年复一年在下滑，家乡的学生生源在严重流失，教师队伍也在锐减，或许要不了多久，家乡的小学就会面临停办、继续合并的状况，但是那些想要读书，应该继续读书的孩子又该何去何从？回想以前家乡学校的辉煌时期全校师生可以达到一千余人，目前据我了解，家乡小学全体师生也就两百人左右，乡村教育的落寞与落后是我们可以直观看到的，我也知道仅凭以前的师资水平，农村的教育水平永远也不会提高，经过大学的成长，自己的认知也更加健全，远离故土越久越远，心中想要归乡的意愿也就越浓烈，所以，我想从家乡走出去，再走回来！

很平淡很幸福的教育

自我小传

【姓名】：杨朋熙

【出生年月】：2000 年 12 月 22 日

【出生地】：四川省德阳市罗江区万安社区

【求学经历】：

2003 年 9 月到 2006 年 6 月在罗江区第一幼儿园；2006 年 9 月到 2012 年 6 月在深雪堂小学就读；2012 年 9 月到 2015 年 6 月在罗江中学就读；2015 年 9 月到 2018 年 6 月在罗江中学就读；2018 年 9 月到 2022 年 6 月在绵阳师范学院就读。

【大学获得主要奖项与担任相关职务的经历】：

2021 年 4 月获“2020—2021 学年第一学期二等奖学金”；2019 年 12 月在“童心筑梦”夏令营志愿服务中评为“优秀志愿者”；2019 年 4 月在校园趣味定三向比赛中荣获二等奖。

担任职务：在教育科学学院 2018 级 9 班担任四年易班长。

一、厂里·一段模糊的幸福生活

我的爸爸妈妈是同一个公司的员工，他们结婚后，就在公司家属区买了房子，我从小就生活在那儿。

现在回忆起我刚出生那三年接受的家庭教育，我记忆模糊，但是从我现有的生活中可以推测出那肯定是一段很幸福的时光。那时候，奶奶还在，爷爷奶奶的房子就买在我们对面，他们每天中午和晚上都会来家里给我们煮饭，然后一起吃，五个人吃饭的场景是我现在最怀念的。在那时，家属区和我同年出生的孩子大概有五六个，爸爸妈妈有时间总会带我去找他们一起玩；那几年，公司效益也特别好，爸爸妈妈总是会给我买很多好看的衣服和玩具回来。现在想起来，我觉得那段时间的自己十分幸福。

在这段家庭教育生活中，让我记忆深刻的却是一段挨打的经历。在前几年和家人们一起吃饭聊天中我得知在这段模糊的幸福时光里我曾因为吃饭的事情被奶奶用皮带抽打，并且打得很惨。我的奶奶，是一位要强并且很厉害的女人，在那个年代，她敢一个人远嫁来绵阳，并且在爷爷外出打工的日子独自照顾一对老人和三个女儿。在那个年代，她在背后遭受多少闲言碎语可想而知，但是她都当面和那些嚼舌根的人骂了回去，从不示弱。她的这一生一直身体力行地教导我们要做一个坚强的人，但是那时的我可完全做不到这点。小时候的我，从小就在父母的疼爱下长大，而且我和表姐不知道继承了家里哪位长辈的基因，遇到一点儿小事就爱哭，一哭就是半个小时以上，根本止不住。一次，我因为贪玩不想吃饭，就被爸爸责骂，于是不得不去吃，但是我边吃边哭，哭了很久，哭到大家都把饭吃完了，我还在哭，等到奶奶把碗也洗完了，我依然在哭，谁来劝我都止不住，而且我的哭声还一直特别大，感觉自己受了很大委屈。最后，奶奶实在听不下去了，就拿爸爸的皮带来恐吓我，可我看了特别害怕，就哭得更厉害了，奶奶忍无可忍就拿起皮带打了我，因为这件事我确实错了，所以也没有人拦奶奶，最后的结果还是妈妈看不下去了，阻止了奶奶。

那天在饭桌上聊起这件事后，奶奶私下找我说她当时是觉得我太容易哭了，而且一哭就哭很久还哭得很难听。她这辈子啊，最受不了谁哭了，这世上有什么事值得哭啊，哭完事情就能解决吗？奶奶知道你当时难受，但是你以后难受的事情会有很多很多，我不强求你永远不哭，但是你一定要做到不要在人前哭。实在受不了就再忍一忍，没有谁会因为你哭就帮你，他们只会更加觉得你好欺负，所以我们遇事要坚强，要先想办法解决，哭是永远不能解决问题的。奶奶的话我铭记于心，虽然小时候为了这个道理还挨了打，但是我觉得很值，也很幸运奶奶在去世前把这些话说给我听，我也希望以后的我能一直像奶奶一样做个坚强冷静的人。

虽然这段经历看起来很不快乐，但是我知道奶奶的出发点是为我好，我还是觉得那是一段很幸福的时光，所有人都是真心待我。

二、幼儿·要成为一个勇敢的人

小时候，所有老师给我的评价都觉得我是一个敏感脆弱的人，所有朋友也都说我特别爱哭。没办法，虽然上面提到奶奶给我讲的道理，但是那时的我还不知道，并且不知道自己为什么那么容易哭，最后一个到教室会哭，被同学不小心撞到会哭，书包掉在地上会哭，反正就我在幼儿园可能每天都要因为一些小事哭一次。现在想起，我都为我当时的老师感到头疼，但是，也幸好，我遇到一位非常优秀的老师。

这个老师，姓范，是在我读大班的时候才开始教我，她当时应该有三十岁左右，已经是一位教学能力很强也有丰富教学经验的优秀老师。在接手这个班之前，不知道前一个老师有没有跟范老师说我的情况，但是我很明显感受到范老师对我特别留意，也特别好。在幼儿园的最后一年里，我和范老师接触很多，回想起那段时间，记性很差的我还总是能想起她慈爱的笑容以及温柔的样貌，记忆最清楚的可谓她这一年对我的谆谆教诲。在回忆中，刚开始面对我哭，范老师总把我拉到一旁去安慰，不停地和我产生对话，从最开始的她问我点头，到后面我边哭也能边回答范老师的问题，之后范老师也逐渐摸清了我遇到哪些事容易哭，尽量能在我哭之前就开导我，这样我哭泣的次数就渐渐少了。最后，我现在都还清楚地记得，那天中午幼儿园吃的是我最喜欢吃的刀削面，所以我吃得很快，吃完后，范老师把我拉到办公室语重心长地和我聊了很多，大致意思是想和我达成协议，让我遇到事要勇敢，不准哭，然后看我能不能坚持一周都不哭，如果我做到了就给我剪一个很大的窗花，我那一周真的做到了，拿到窗花的时候我特别开心，和爸爸妈妈炫耀了好久，之后我和范老师约定的时间越来越长，我刚开始还有几次忍不住，但是后面渐渐都变勇敢起来了，记得在幼儿园最后一次运动会上，我们每个人扮成小机器人穿着一个大纸盒进行接力跑步，我不小心绊倒了，但我还是迅速起来，勇敢地继续跑了下去，当时范老师看到夸了我好久，在那一学期末我拿到的奖状上面写着我被评为班级“最勇敢的小勇士”。

这就是我在幼儿园里印象最深刻的一段教育故事，它改变了我很多，我现在依然是一个很勇敢的人，遇到事情沉着冷静，现在仔细想想我都已经记不清上一次是什么时候哭了。看来，我从那段教育中确实收获很大，并且，从范老师让我不仅成为一个勇敢的人，我还坚定了教师这条道路，我十分尊敬并崇拜范老师，所以我现在也走上这条道路，希望自己也能像范老师一样成为一名优秀的教师。

三、小学·一件骄傲开心的事

整体来看，我的小学生活十分幸福快乐，遇到的老师都特别优秀，无论从教学经验还是育人方面，都是现在处于未来小学老师的我想要去努力靠近的模板。在这六年生活我也结交了很多朋友，有班上的，有其他班的，也有其他年级的，大家都特别投缘。在这期间，我的成绩虽然半低不高，属于中等偏上的位置，但是爸爸妈妈也对我没有太大要求，觉得这样也可以了。总之，我的小学是一段很幸福、很快乐的时光，在这期间，让我记忆最深的教育经历是我四年级的一件事情。

在我四年级的时候，学校组织了放风筝比赛，班上好多同学都为了方便，带钱来学校小卖部买风筝。但是，当时年纪小，还没等到大课间下课去小卖部买风筝，就有同学钱掉了，不过我是幸运的那一个，有同学在我课桌旁打闹，不小心就把钱掉在了我这，我就捡了起来，问了周围一圈，都说这不是自己的。这时，我同桌就给我出主意，说这钱反正没有人要，我们俩拿去用了。听了她这个计划，我有点儿心动，想着等下可以买好吃的了，但是又总觉得哪里不对，接下来的一节课我都没能认真听讲，一直在想这件事，总觉得这个行为和偷钱是一样的性质，但是我又很想买零食吃，于是下课后就立刻去公共电话亭给爸爸打电话问该怎么做，爸爸听了之后严肃批评了我，说这是同学的钱，要还给别人，你找不到是谁的，可以交给老师去调查，但是不能拿去自己用了，你想买零食我今下午放学可以来接你，给你和你同桌买。听了后，我就拿着钱交给了班主任老师，老师听我说完捡到钱的整个过程，夸奖了我很久，然后和我一起走到班上，问是谁掉了钱，很快就有同学上来认领了，老师还专门让他跟我道谢。那时候，我十分自豪，很庆幸自己把钱交给老师了，这份夸奖和感谢带来的开心可比吃零食开心多了。在这之后，我还把这件事写进了那天晚上的新鲜事里，语文老师还在班上念了我的新鲜事，这让我更开心了，并暗自下定决心，以后再捡到钱一定也要上交老师。

这件事，可谓我小学的光辉时刻，现在想起来都十分骄傲和开心，并且从当时爸爸言语上的正面教育和老师们夸奖的侧面教育中，我现在捡到钱的第一反应也还是交给老师，我觉得这件事的教育效果比我们从小耳熟能详的“我在马路上捡到一块钱，我把它交给警察叔叔”歌曲还有用。

四、初中·你想成为什么样的人

由于我的小学成绩一般，但却还是有努力向上的心，所以爸爸托人找关系还是帮我进入了我们那最好的中学，在这开始了我六年的初高中生活。也正是因为我学习一般，强行进入高层次一点儿的班级，导致我在刚开始的两年成绩一直在班上倒数，渐渐地我感觉在这两年我好像失去了学习的动力和信心，每天就和成绩差不多的同桌上课看小说，下课去小卖部，在这期间爸爸虽然帮忙找了很多补习班，但是我也一直听不进去，每次都在那里神游。

在初三刚开学的那几天，班上的同学好像就开始分流了，都有自己的目标和计划，班主任也开始找大家挨个谈话，问我们以后的打算是什么，我知道这一行为后还无聊到和同桌进行情景演练，到时候我们俩就说以我们的成绩肯定不能直升本部，所以算去××高中就读。那天是下午的读报时间，班主任终于找到了我，让我去办公室，我在路上一直练习用什么语气说才不会被骂，结果到了办公室，班主任坐下后特别严肃庄重地看着我然后问：“你以后想成为什么样的人?”当时我很诧异为什么和之前的问题不一样，但是也没时间多想，因为要先回答这个问题，我仔细想了想，最后说我自己也没想好。班主任说：“你爸爸刚刚给我打电话了，他说他很希望你高中能直升本部，按你这个成绩就算之后再找关系也不能进本部，既然你不知道你以后想成为什么样的人，那老师先帮你想一想，老师希望你现在先做一个努力学习的人，成为一个让所有老师惊讶原来你是一个这么聪明、学习成绩这么好的人，成为一个让你爸爸妈妈骄傲的人，你能做到吗?”我犹豫了，我觉得我可能做不到，班主任老师看穿我的想法，然后又说，“老师觉得应该没有人不想变优秀吧，没有谁不想受到别人的夸赞和羡慕，我知道你内心也肯定很想，既然你想成为这样一个优秀的人，怎么可能做不到呢，现在是你想做，这个世界上没有什么事是人做不到的，世上无难事只怕有心人，只要你真心想成为这样一个人，并付出努力，上天会眷顾所有努力的人，而且还有这么多老师也会帮你，老师希望这一年你就记住你想成为什么样的人，然后朝着这个方向努力就一定可以的。”谈话结束后我觉得自己好像找到了学习的动力，怕自己只是三分钟热度，我还把这句“你以后想成为什么样的人”写在便签上，然后贴在桌面以此来激励自己，过了几天我还在这下面加了一句“我以后会是一个优秀的人”。在接下来的一年里，我开始每天认真学习，虽然不可能像电视里的那样，只凭一年的学习就能考到年级前几，到所幸还是踩着线凭着自己的努力成功直升本部。

在这一段班主任的谈话，是我初中三年的转折点，他给我迷茫的青少年时期指点了方向，不仅如此，到现在我依然朝着这句话努力，我相信我一定能成为一个优秀的人。

五、高中·这三年收获的不仅是知识

（一）友情·你好，我可以坐这吗？

高中分完文理科后，我来到文科十班，在这个班级里有很多我以前小学初中的同学，我特别开心，整天和他们一起玩。我们班当时的规矩是一人一桌，每考完一次试，我们班就按成绩换位置，第一名就第一个选，第二名第二个选，以此类推，然后基本每次我都能和我的老同学分在一起坐，我整天就和他们说话聊天。渐渐地，我发现我都分班一学期多了，我的交际圈还只局限于以前的老同学里面，仅仅认识了几个新同学，我和妈妈还认真地讨论过这件事，我觉得我其实内心是很渴望认识新同学的，但是我每次选座位时看见那已经坐有我不熟悉的同学我就不好意思再选那周围的座位，这种纠结的心理一直持续好久，终于在高二下学期被一个开朗的女同学打破了。她一直是我们班最开朗大方、最热情助人的同学，虽然我们俩不是很熟，但是我通过这一年多的了解我也特别喜欢她，很想和她这样性格有趣的同学做好朋友，而且她字也写得特别好，我还很想向她学习怎么把字练好，但是这还只是我的个人想法，一直没能得到机会实现，我也没有足够的勇气离开我的舒适区去找她坐在一起。终于有一次，她主动给了我这个机会。

我觉得我和她的关系就像电影里的话一样“我们这种内向的人，一直都是等外向的人来认领我们”。我和她成绩悬殊挺大的，所以从来没有机会坐在一起，但是那次成绩一贯很差的她却突然考得特别好，甚至在我前面选了座位，我看着她落座，发现那个位置的后面正是我之前想选择的位置，我觉得那正好靠窗，现在春天来了，那个位置可以自由开窗，上课的时候还可以吹着微风，我觉得很舒服，于是我觉得天时地利人和，我更加想要打破舒适区，去坐在那儿，终于该我选择了，当我走在那个位置旁的时候，我发现那周围已经坐了好多我不熟悉的同学，而且我也很怕那个位置已经有同学约好准备选那了，我觉得我突然去选择有点儿打破别人的计划，很不道德，所以一直在徘徊，直到我不小心和她目光对上，她充满善意的眼神一直看着我，还对我招手示意让我快来坐，我当时特别惊喜，然后立刻走到那个位置旁，但是我走过去还是很犹豫，所谓落座生根，坐下了就不能反悔了，只能等下一次考试才有机会换座位，于是我怯生生走过去，脸当时超级红，然后望向她小声说道，“你好，我可以坐这吗”，她也开心地笑成眯眯眼说，快来快来，我很喜欢你呀，听到后我很开心，然后趁着其他同学还在选座位的时候我已经迫不及待地和她开始聊起来了，原来她觉得我是一个可爱的小姑娘，但是一直没机会和我接触，我当时觉得超级可惜，我竟然错过了这么多和她成为好朋友的时间。在相处一段时间后，我还向她说出了我的烦恼，我很想去和其他同学交朋友，可是又有点儿紧张和害羞，于是在之后的时间里，她带着我去认识了很多同学，最后在她的不断鼓励和引导下我主动独自去认识其他同学。

在这段时间里，她有句话我记忆深刻，她说：“这个世界看起来很无聊的，但每个人都是独立的个体，其实仔细了解下来，你会找到他们身上都有各自稀奇古怪有趣的地方，所以我们要多去结交朋友，在这无聊的世界上找到有趣的地方，但是你只站在这，除了上天安排给你的朋友是没有人会主动过来的，所以我们要主动出击去这个世界上寻找那些人有趣的地方，为我们的生活增加奇光异彩。我再教你怎么交朋友，朋友就是要有来有往，你不要怕麻烦别人，你先去麻烦他帮个忙，他之后就会找你帮个忙，然后慢慢就有了交集，就是朋友啦。”从那以后，我也渐渐变得自来熟起来，在高三毕业之前好像做到了和每个同学都有了交集，也结交了好几个特别好的朋友，到现在都还有联系，寒暑假都会约出来见面。

这段经历虽然是和一个同学的一段交友经历，但是我却从中获益匪浅，到现在我还一直记着她的交友观，这也帮助我在现在的生活中结识了很多朋友。

(二) 师生情·没关系，现在认真还来得及

我的高中三年，成绩一直起伏很大，有时能考班级前几，有时也会落在班上三十多名，十分不稳定，但是我觉得只要高三多努努力，一定没问题的。而且那时我特别害怕和老师交流，也基本从来不会私下问老师问题，虽然我的同学都劝我说你可以去找老师啊，他们超级温柔的，可是我不知道为什么就是很害怕。就这样我“躲”了各科老师两年。

事情的转折是发生在高三上学期，在刚步入高三的那几次考试，由于文科三科合在一起考，我很不适应，每次考试都做不完卷子，而且补习班的同学也加进来一起排名，这样导致我的年级排名一直不堪入目。在进入高三后，妈妈对我的学习也特别重视，随时关注我的年级排名，可惜排名每每都在往下掉，这让我学习更加没有信心，也不知道怎么去学习。在临近高考还有两百天的时候，那次的月考是我有史以来考得最差的一次，我直接考到了年级倒数一百名了，这让妈妈很生气，我也很难过，但就是不知道怎么去答题，我的文综考试时间永远不够，尤其是政治，我的二卷基本不知道写什么，排名出来的那几天，我甚至都有点儿放弃学习了。最后，当时坐我旁边的同学恰好是政治课代表而且她性格比我大胆很多，很喜欢问老师问题，和各科老师关系也特别好，她实在看不下去我的低沉状态，于是“逼”着我在晚上的政治晚自习上去找老师帮忙分析试卷以及我的问题。被逼无奈，我只好走上去给老师看了我的政治试卷，我现在都还记得，那次的二卷只有八分，一是因为没有时间写，二是因为我确实也不会写。当时我特别害怕老师会骂我或者直接不管我了，但结果出乎意料，政治老师很平和地给我分析了一遍试卷并且认真教我每道题应该怎么去做，有什么套路可以用，他的态度仿佛让我觉得他仿佛没有在意过我的分数是多少，只是很认真地帮我分析完我的所有错题，当时和老师聊完后我郑重地向他说了一句谢谢。在那之后，我觉得私下去找老师问问题感觉也不是那么难，逐步地我开始敢于去主动找各科老师问问题，和每位老师的关系也变得好起来，同时我的学习成绩也在稳步增长，回到以前的水平。

在这三年，我觉得我很感谢我的每位任课教师，他们都给我很多帮助，还记得在高三最后一个月，我的地理老师语重心长地对我说，你在前两

年都不怎么来找我问问题，我当时还一直分不清你和另一个同学，也幸好你现在来了，一切都还来得及，高考一定会取得好成绩的。虽然当时原话我记不太清了，但大致是这个意思，那天走出办公室后，我觉得特别感动，我觉得教师的意义就在于此吧，愿意耐心教导每一个学生，尽全力帮助他成为一个优秀的人，我很幸运能遇到这些老师，在这三年一直尽心教学，尤其是最后一年，即使我那段时间成绩很差，但老师一直没有放弃我，也没有戴有色眼镜看待，对我特别温柔，这对我来说帮助特别大。

（三）再回首·青春是拿来奋斗的

现在回忆起我的高中三年，我记忆最深的是我们班主任一直重复的那句话，“在这三年你要把你的所有潜能都挖掘出来”，这句话从高中第一次见面到高三最后一年他都不断在强调，刚开始都还觉得只是一句普通的鸡汤文学，但是到了后面，我们都不断意识到学习的重要性，都努力想考一个好大学开始，渐渐地，都开始逐渐明白这句话的意义，也都开始拼命地学习，想要在这高中三年拼尽全力不留遗憾。

到现在，已经离开高中生活四年了，还是会不断想起这句话，我现在对这句话的理解的青春是拿来奋斗的，我们要在该奋斗的年纪努力拼搏，将来青春是拿来回忆的，希望到时候自己能不留遗憾。

六、大学·事与愿违中渐渐喜欢上教师职业

（一）大一——初进校园的迷茫

刚进大学，什么都懵懵懂懂的，于是我找了个“引路人”——我的堂姐，她就读于四川师范大学，那年刚毕业，没有考研，直接参加工作。于是在那一年，是我们这十多年里联系最频繁的一段时间。

我的堂姐，是个很优秀的人，在她大学四年中，她每学期都拿各种奖学金，还担任学院宣传部部长，加入学生会以及参加过许多比赛都拿到好名次。在这一年中，我凡事都喜欢询问她的意见，也参照她的路子规划我的大学生活，我也加入校社联、院易班、思语协会等，还担任我们班的易班长。看似生活丰富多彩，但是实际上只有我知道这期间有多忙，许多次写新闻稿写到深夜，有时中午没有时间去吃饭，因为要开会，我明显感觉到那段时间的自己很忙，忙到每天写日记的时间都没有了，每次回家爸爸妈妈也都会说我又

瘦了。对比我的同寝室室友，有两个什么都没有参加，也没有担任任何职务，她们每天快快乐乐地追剧打游戏，我经常很羡慕她们，也常常找不到我忙碌的意义是什么，这时我就会找我的堂姐倾诉。堂姐每次会以过来人以及工作者的身份来帮助我调整心态，我似乎听进去了，又似乎还是不懂，但是既然选择了也还是每天忙忙碌碌地坚持下去。

直到在第二学期，我朋友以同龄人的身份对我进行开导我才明白我的大学生活应该是什么样的。那时，上学期成绩已经出来，我考得很不理想，完全和我之前预想的奖学金沾不到边，让我很是挫败，也很迷茫，我的大学生活到底应该是以什么为重，应该是以学业为重呢，还是多多参与学校活动，过一个忙碌精彩的大学。在迷茫中时间也快速来到了春分，这天，我们几个好朋友惯例是要一起去赏花，在路上，其中一个朋友看出我才开学一个月就比寒假看起来明显憔悴了不少，就问其中的原因，我向她解释是因为我加入太多部门社团，所以经常要熬夜做事，她听了，特别不能理解为什么我的大学生活要过得这么累，并且问我加入这么多部门、社团有学到什么有实际意义的事。我仔细想想，好像这段时间我的忙碌都是“瞎忙”，我顶多是学会了如何撰写新闻稿，怎么编辑推文，多认识了几个学校的人。此外，我再也想不到我这段时间的忙碌还有什么意义，在部门上，由于加了两个部门，所以都没有太大的建树，看样子好像都只是尽责按时完成了我的本职工作；社团那边，也因为常常操心部门的事，所以没有太积极参与活动；班委这方面，确实带给我很大责任感，还拉进了和老师同学的距离。朋友听完给我的建议是：我可能在这些工作中更适应班委的工作，所以下学期应该继续留任，部门最多选择一个留任或者一个都可以不用，因为已经有了班委的工作，社团方面自己感兴趣可以私下去学，比如，吉他可以自己报个班，这比社团学得更有效一些，总之就是不要参与太多，你的精力只有十分，工作最多占用你两分的精力，其中三分要给学习，大学虽然比高中轻松很多，但是学习也很重要，在以后的工作面试中，这些也是加分项，其他的精力你要拿去享受你美好的大学生活，大学这四年，是你青春最美好的时光，你要拿去感受青春，去享受青春。

在这之后我觉得我朋友说得很对，虽然我也很想成为堂姐那样优秀的大学生，但是人要量力而行，我可能确实在能力精力上和堂姐有一点点差距，所以不要逼自己完全按照别人优秀的样子生活，美好的大学生活是自己的，我应该找到属于自己的生活方式，不要把自己搞得太累，要轻轻松松、快快乐乐享受青春最美好的这几年。

（二）大二——有规律地繁忙

大二这一年，我听了朋友的建议，没有再留任任何部门社团，只是担任我们班的易班长，看似清闲多了，但是大二的课程太多了，是大一的两倍左右，整个大二我的印象就是基本整天都待在教室，每天都有很多课，没有课的时间就找个空教室写作业，而且大二的课程基本都还是专业课，所以有时下课还要整理笔记。不过，在这繁忙的时光中，我觉得自己找到了学习的方法，也找到属于自己的学习节奏，每天上课认真听讲做好笔记，有时来不及写的就留在课下再写，没课的时候就把老师留下的作业完成，晚上练练吉他，周末两天有时很闲就约着朋友出去玩一天，另一天去校门口的吉他店学习吉他，有时周末有作业就花一天时间去完成再去学吉他，但是每周都还是和朋友出去吃一次饭进行放松，就这样有规律地生活一学期。在这样规律的学习中我还有幸把我最差的科目英语的四级考过了，这让我感到十分开心，并认为自己找到了适合自己的学习方法。随之而来的是下学期的疫情，大二的下半年我们是在家上网课学习的，这学期课程依然很多，我还是沿用着上学期总结出来的学习方式，学习和爱好两不误，把课程知识和吉他都学得很好。

在这一年，我得到的经验就是，要静下心来，相信学院老师安排的课程，跟着课程节奏认真学习，也要相信学院老师的教学水平，只要你上课认真，下课及时总结复习，你一定可以学得很好，闲暇之余还可以学习一门你感兴趣的事物，可以就近选择一个校门口的兴趣班，价格合适，学习也方便。总之，这是你自己的生活，要找到属于你自己的节奏，不要觉得那是一成不变的枯燥日子，其实你每天都可以在生活中找到很多小乐趣，相信你的四年一定可以收获满满。

（三）大三——收获很多的一次兼职

大三的课程相对来说很轻松，选修课居多，专业课较少，所以学业压力不大，在这一年内，除了教师资格证考试和期末考试，好像就没有什么特别的考试了。于是，在大三的下学期，我和室友找了份晚辅兼职，一是想锻炼自己，二是想要生活水平再提高一点。这份兼职的主要内容是辅导小学生完成他们的家庭作业，有不会的就教教他们，并且管理好教室秩序。工作内容其实和小学老师上的课后辅导无异，听起来好像很轻松，但是很不幸，我分到的班级里面的九个小孩，都特别吵闹，而且性格很怪，这让还正处于学生时代的未来老师我十分头疼。但是，我又有一股天生不服输的性格，虽然机构的负责人问过我要不要找另一个老师帮忙一起管理班级，但是我又想着在之后的教学生涯中我依然会面临独自带班的情况，如果我现在都管理不好，那以后还能行吗？于是，在机构有经验的老师的教导下，我开始逐渐学到很多管理班级的针对性方法。但是，渐渐地我发现每个学生都是不一样的，都有自己独特的个性，就像我高中同学说的每个人都是独立的个体，传统固有的管理方法真实运用到现实班级中，会发现有很多小漏洞，学生是千变万化的，可能有一两个方法是针对这个类型的学生，但是一个班的组成又是复杂多变的，所以这对刚开始的我来说是一个很大的挑战。

最后，我是怎么驯化这个班的呢，我觉得像小王子和他的狐狸朋友一样，以真心换真心。我们班的这些孩子都是很有自己个性的人，但是相互之间又存在很大差异，所以我们追求求同存异，取长补短。我也放弃之前学到的严肃管理，不再每天很凶地对学生们，而且以有趣的话语催促大家写作业和动脑思考，所谓硬的不行来软的，我试着和学生以朋友的形式相处，还通过和每个家长的聊天中得知这个学生的性格和习惯进一步教导他。可能是大家也感受到我的用心吧，在之后的晚辅中，每个同学之间以及学生和我之间都相处得非常融洽，虽然我们班成绩方面比其他晚辅班要差一点，但是随着我们有效率地开展晚辅工作，我们常常还能做到比他们先完成所有作业，我也能早早下班。

在大三的这一年中，可能给我印象最深的东西最多的也是这晚辅兼职了吧，我在这一学期中收获了教学经验、班级管理经验，但是我觉得收获最棒的是认识了这群有趣的小孩，他们看似非常顽皮，但内心都特别渴望关心和爱，而且最让我感动的是，在学期末，他们猜到那次是我最后一晚去晚辅兼职，每个小孩子还给我准备了礼物送给我，有自己折的花，还有写给我的信，我现在都还收藏在家。

（四）大四——很多的挑战和压力

在悠闲的大三之后，面对的就是我压力很大的大四生活，在这一年，我无数次向妈妈倾诉。

大四的第一学期是在实习，我们的实习是统一分配的，和我在同一校区的同班同学只有两个，我们寝室一个都没有，而且这两个和我关系很好的同学还去外面租房子住，另一个同学我完全不是很熟。实习三个月中，我每天都和这个不太熟的同学一起早上搭公交去学校，并且我和她生活习性不太相似，就比如，我性格比较慢，我做事总是慢吞吞的，早上还爱赖床，所以早上的公交车我一般是踩点到，而她性格急冲冲的，做事总是喜欢提前做好，搭公交也是，她一般都会很早就到，所以我们俩一般都是在公交车站碰面。让我感到很不开心的就是，早上去学校很早，天还没有亮，我一个人走在校园里其实是有点儿害怕的，晚上回学校也是这样，小学放学以后，我常常会约着在外租房的那个实习同学一起出去吃饭，但是吃完饭后又要经过那条很黑的小路，而且有时在外租房的实习同学有事，我常常还会一个人在外吃饭。所以，这实习三个月我最大的感受是我觉得我是一个很孤单的人，虽然在小学有对我很好的指导老师、很可爱的学生、和我关系很好的同学，但是放学时间我就会是一个人生活，这让习惯成群结队的我很不适应。为此，我和我的朋友还有妈妈打过很多电话纾解，所幸，逐渐我习惯了这样的生活，也学会了如何和自己独处，也克服了心中的恐惧，变得不怕黑了。实习结束后，我觉得我从和自我独处上成长了很多。

在第二学期，我回归寝室的群居生活，但是随之而来的挑战并没有结束，我需要面对的是工作面试压力和论文撰写的压力，这两件事在这学期都让我十分有压力。

我在大四这一年中，常常和妈妈聊天说，好像这一年我收获的成长比前三年还多，因为面临的事情不一样了，现在面对的是各式的人际关系还有就业毕业压力，这就需要我快快成长来应对。到此为止，我得到的成长经验是生活很难，但还是要继续，每件事都要尽力做到不虚此行，经历了这么多磨难我总要带点儿收获回去。

【教育自传后记】回望我的教育之路，我想说！

回望我的基础教育经历，我觉得其实我这些年很幸运，遇到的老师都很好很负责，遇到的同学也特别友善和有趣，爸爸妈妈也在我的学习上给予很大支持和帮助，这让我的学习生活特别幸福轻松。

但从另一个角度来看，我在这些年的教育收获很多，却主要是知识以外的，在与人相处上、在美好品质上，我都得到很多良好的教育，但是在学业知识上，我好像一直处于懵懵懂懂，也是妈妈喜欢说的“不醒事”，虽然我有过很努力的时候，但是我的努力依然是点到为止，没有拼尽全力，在高三最后一年，我依然只是在该学习的时候学习，每天早上七点起床，然后爸爸开车送我去学校，晚上回家吃点水果就上床睡觉，有时候中午还经常回家吃饭，还会睡午觉到两点，然后坐车去学校。我看过很多励志人生，都说高三怎么拼命四点起床晚上一点才睡，但这些生活作息对我而言就像电视剧里的人生一样遥不可及。我好像到现在为止都没有太大的目标，对自己的要求很低，当然爸爸妈妈他们也是这样，觉得我天天开心健健康康就好了。在高中那些年，班主任除了那句“在这三年你要把你的所有潜能都挖掘出来”之外还有个理论，他说人要定一个高点的目标，就像你考试目标是考 100 分，你拼尽全力去实现，最差也会考 90 分，但是如果你最开始的目标就是 90 分，那你的成绩可能就只有 80 分，所以把你的目标设高一点，这样再差也会得到一个不错的成绩，在这样的激励下，我们班当时大多数人都立志要考某 985 或某 211 大学，但我高中那三年的目标依然是广东财经大学，这一切都是出于我对城市的喜好和专业的热爱慎重决定的。我到现在也是这样，没有太大追求和梦想，但只是一心向上，希望能成为优秀的人，但也不需要太优秀，能让爸爸妈妈骄傲，我自己也满意就好了。

在绵师的这四年整体来说，我成长了很多、收获了很多，同时也是很幸福的四年生活，我能有幸结识很多很好的朋友、室友、老师，有真正做到妈妈一直跟我强调的——不虚此行。在这四年，我学习了很多专业课知识，明白了很多关于教学方面的知识，这些真真切切让我获益匪浅，我也能从另一个角度重新领悟到我以前小学教师的优秀和专业；我还结识了很多很好的朋友，她们给了我很多帮助和快乐，还有幸认识很多很厉害的老师，从他们身上我学习到很多教师该有的可贵品质；我还独自成长了很多，学会了如何应对各种事情的处理方法，学会了如何正确处理人际关系，学会了如何和自我独处……

最后，我想说，虽然事与愿违没有进入财经学校，但在这四年的学习中我渐渐已经喜欢上老师这个身份，并且十分庆幸自己有机会能成为人民教师，能有机会将老师们带给我的善意回报给社会，回报给另一群可爱的学生，希望他们也能像我一样拥有这么多美好的教育经历。在未来的日子，我要向我遇到的所有老师学习，学习他们身上的优秀品质，自己也要成为这样一名优秀的老师，让学生们也能因为遇到我这样的老师而感到无比幸运。

流年常驻回首处

自我小传

【姓名】：南宁

【出生年月】：1998 年 6 月 15 日

【出生地】：内蒙古自治区人民医院

【求学经历】：

2002 年 9 月—2003 年 7 月，在乌兰花镇东梁幼儿园就读（学前小班）；2003 年 9 月—2007 年 1 月，在忽鸡图乡学校就读（学前中班与大班、一年级及二年级上半学年）；2007 年 3 月—2011 年 6 月在乌兰花镇第四完全小学就读（二年级下半学年到小学毕业）；2011 年 9 月—2014 年 6 月在四子王旗实验中学读初中；2014 年 9 月—2017 年 6 月在四子王旗一中读高中；2017 年 9 月—2018 年 6 月在包头市一机一中复读；2018 年高考结束被绵阳师范学院录取，同年 9 月入校就读。

一、兴趣引发的教育

我大多数有关教育的记忆都是从入学开始，而少部分是始于我入学前的那段日子。从那个时候起，我就已经或多或少地接触到一些知识，只不过这些知识是我自发学习的，在兴趣的引领下不知不觉接受的一些教育。

在我上学前，中国教育频道有一个教育类节目，每天下午五点半左右播出，它在节目开始会讲一些教育故事，但这些我一般是不听的，我感兴趣的是到了后半段时间里，主持人教画画的环节。每到这时，我就在早已准备好的纸上跟着画，往往是画得乱七八糟不成样子，但那着实是我幼儿时期艺术的启蒙。有时候我跟不上电视里画画的速度，甚至会急得落泪。这时候我的父亲就会把纸笔拿过去，三下五除二把画画好。那时候，我就知道了父亲是无所不能的。

后来，妈妈给我买了几张光碟，是一些搭配了动画的早教素材，教我学英语、儿歌、古诗等。有段时间我特别喜欢那些光碟，每天一有空就看，那些绚丽的色彩搭配着轻松欢快的背景音乐，使我在不知不觉中学到了许多知识。事实上，很多古诗在我读小学时课本里才出现，而早在上学前，我就已经跟着这些动听的旋律背会了。直到现在，我还能记起杜牧的《清明》那首古诗配合的旋律与音韵。

此外，父母给我买的童话书也进一步起到了辅助我成长的作用。我记得自己拥有的第一本童话书是《格林童话》，那时候不认识字，都得家里人给读，我在一旁听。而我就算听，也要有质量地听，要求家里人读出感情来。还记得那本书的封面是深绿色的，有点儿暗沉的色调，所以我一度不喜欢这个压抑的色彩，好在里面的内容都是我喜欢的，有《忠实的约翰》《猫和老鼠合伙》《灰姑娘》等，其中我最喜欢的是《小海兔的故事》这一篇，这个故事中公主的十二扇窗户一度使我心驰神往，在希望自己也拥有这样十二扇窗的同时，心里总在担忧：会不会我现在正在被那个公主监视着？她可是能够看到世间万物啊！其实，我现在再回过头看这些童话，它们很多都有着明显的逻辑问题或是传达着奇怪的价值观。但在我的童年，它们又确确实实给我提供了更为广阔的想象天地，让我的思维更加自由。

家庭的早期启蒙有效地促进了我学习能力的发展，正是因为家庭教育所具有的先导性、感染性、针对性、个别性、权威性以及终身性这些特点，才使这一时期并不系统的教育给我的影响十分深刻。

二、幼儿园里零散的记忆与闪亮的星星

我上了三年幼儿园，但是关于幼儿园的记忆也十分模糊，只有几个零星的片段。它们仿佛一颗颗闪亮的星星，不时地轻轻叩击我的心房。

在我初入幼儿园时，是由两位年轻的女老师带的。当时不知道自己是到

了哪里，只觉得小朋友很多，他们的话也很多。我时常听着他们叽叽喳喳，也时常在圈外看他们玩乐。我读的那所幼儿园，很好地贯彻了幼儿教育的阶段性特点，在那个时期，我认为这是非常难能可贵的。不过我记得妈妈有时和周边的阿姨聊天，会吐槽那个幼儿园不教知识。妈妈说那个阿姨的孩子所在的幼儿园已经教完了数字 5，甚至动了让我转学的念头，后来不知为什么，终究还是没有转。

我记得第一天去幼儿园的时候，妈妈把我交给老师便要走了，我很害怕，不知道发生了什么，想哭。但老师抓着我的胳膊，有点儿凶地说："不许哭!"于是我的眼泪在眼睛里打转，却终究没有落下来。我坐到位置上，转头看到身后的窗边站着许多叔叔阿姨，我的妈妈也在。她给我挥挥手，说了句什么，就离开了。老师说家长中午就会来接我们了，这时我心里还是担心，万一没人来接我怎么办，但是没办法，只能静静地等着。这时候又来了一个小朋友，他哭闹得很厉害，两个老师上去扯着他，也要很费力才能把他留在教室里。我忘记了当时自己的反应，可能是陌生而产生的恐惧吧!

就这样，我在东梁幼儿园开始了我的学前教育生涯。在幼儿园里，老师经常给我们积木玩，大家经常是各玩各的，有的同学会把积木合到一起玩。但仍旧有不听话的孩子，老师也有办法——幼儿园里有一处神秘而不为人知的地方，名叫"小黑屋"。据说那里有一个老爷爷，专门吃小孩。所有不听话的小朋友都会被送到那里去，有时是待一会儿，有时是一整天都不见踪影。我一直都很害怕自己被带到小黑屋里，所以总表现得十分乖巧，也就没有什么机会去一探究竟。时至今日，我仍不知道所谓的小黑屋里究竟有什么奥秘。

除了小黑屋，幼儿园里的生活就很开心了，幼儿园里有一个小秋千，供我们玩耍。有时我看到秋千上没人，就会过去玩。我那时候个子比较矮，上一次秋千要费好大力气。老师有时看到了，就会来帮忙，把我放到秋千上，然后和旁边的小朋友们说我是小妹妹，是不是真的小妹妹我已经记不清，但确实在那以后，小朋友们就经常这样叫我了。

当时，我们还学过一首儿歌，叫《小猫咪》还是什么的，可能记错了，还望勿要深究。学这首儿歌的时候，老师给每个小朋友画了一个圈，大概直径三十厘米，每个小朋友要在自己的圈里跟着老师学习舞蹈来搭配这首儿歌。我隐约记得儿歌表达的大致内容是：夜晚到了，小猫咪别吵，妈妈加班还没回来，我们两个一起睡。当时并不知道"加班"是什么意思，但仍旧在跟着唱，这是我记忆里的第一个生词。到后来提起我读幼儿园的事，妈妈仍旧对我没有学到汉字什么的表示遗憾，她半开玩笑地说："一学期学费80，80块就学了一首儿歌，还跑调。"这里所说的儿歌就是《小猫咪》。

儿童节对于每个孩子而言都是很盛大的节日，我们那边在六月一日会有一个所有孩子上街游走的活动，称为"踩街"。那个活动是展示各个集体风采的，每个小朋友都拿着自己心爱的玩具，喊着老师教的口号："好好学习，天天向上；热烈庆祝，六一儿童节！"哈哈，不知道为什么，现在还很清楚地记着这个，可能真的是朗朗上口，太容易洗脑了。

后来，我回了村子里继续读幼儿园，读的是中班和大班。在村里读的幼儿园终于开始教知识了，为此我的妈妈很开心，我却很不开心。学不会很多知识，记得幼儿园进行的第一次考试是数学，卷子是老师用蓝色的油笔一张张手写而成。那次考试是百分制，而我仅考了51分。

我对幼儿园的记忆也只有这些了，零零散散的，却化作一颗又一颗闪亮的星星，在我的记忆中留存。

三、小学所谓的"好"与"坏"

小学我也是转过学的，一年级和二年级上半学年在村小就读，到了二年级下半学年转到街上四完小，即第四完全小学。

小学时候，是我感到很快乐的日子，但也是因为学习而挨骂最多的一段时间。我不知道如何定义这个阶段，暂且称为"好"与"坏"交织的时期。我所写的好与坏，是加了引号的，"好"不是真的好，"坏"也不是真的坏。时至今日，我也不甚清楚父母师长眼中的好与坏的标准为何与我们自己感受到的如此不同。

一二年级的时候，我成绩很不错，虽在村小，但我过得很快乐。每次考试都能拿个一二名，因此老师也很喜欢我。我不只文化课好，艺术课也不错，我曾在美术课上画了一只鸭子，那堂课的老师夸我以后可以做个画家。现在想想，那老师或许在很大程度上是鼓励我，而那时自己深信不疑，之后很长一段时间都在为自己的画家梦而努力。除了这些，我记得村小还开展过复式教学的模式。教室左边坐着二年级的学生，我们一年级的坐在右边。老师给二年级讲课就让我们做题，给我们讲课就让二年级的自习，有时还会让二年级学生来辅导我们。

村小虽然条件不好，但过得很是快乐，每天都是喜气洋洋的。后来我转学到了四完小，一切就不那么美好了。或许是自己过分内向，我在新集体没能交到什么朋友，似乎也没多少同学喜欢我，我总是孤身一人。好在有个村小的同学与我转到了同一班级中，她给了我很多帮助，带我结交新朋友。渐渐我也活泼起来，与同学们玩成一团。

面对新学校新的教学风格，我学得很慢，成绩也不如其他同学好，就自暴自弃，觉得自己不如别人聪明。到了后来，学习成绩仍旧不好，却成功结识了许多朋友，最喜欢的就是和我的“好哥们”四处去玩。记得那一天中午，我一个很好的朋友邀请我去她家做客，小孩子做事，总是敢想敢做，不计后果。于是，我就当真去了她家，却没有告知父母。到了下午，我正在教室上课，父亲突然找到了学校，在班级门口凌厉地看我一眼。那一眼让我打了个冷战，隐隐觉得大事不妙。果不其然，下课之后，父亲就喊我出去，之后自然少不了一顿拳打脚踢。那时候，围观的人很多，叽叽喳喳，议论不休。我和父亲在包围圈内，当时的他，是个气急败坏的父亲，而我，是个无力反抗的小丑，他拽着我的麻花辫，我央求父亲放开。父亲如一座冰川，无动于衷。后来，我忘了故事是怎么结束的，只记得在事情发生后的一周，还有吃瓜路人拦住我，问我那天揍我的是谁。这并不是令人愉快的事情，也不知道这件事情是不是潜移默化地影响了我什么，但是它在我成长过程中一直都那么清晰，我忘了好多事情，唯独这一件，最想忘记，却记得最牢固。这件事是我人生中少有的教训，它让我懂得分寸的掌握。在那以后，虽然我仍旧不学习、不听课，仍旧是老师眼中的差生，但总归收敛了一些。

我的英语、数学一塌糊涂，但可能是早些时候那些光碟和童话书给我的影响还很大，在语文学习上，我竟有着极强的敏感度。作文常被作为范文，考试总是班级第一。因此，我的成长之路上就出现了一种极其少见的现象：我既是数学考试的倒数第一，又是语文考试的正数第一。我被老师约谈了无数次，同学们也都很奇怪，而我自己却是在五年级下学期才后知后觉地意识到自己所面临的状况，但现在还没讲到这个阶段。

在我小学四年级的时候，学校的老教室要推倒重建，建立新教学楼，我们4—6年级都要到3公里外的第三初级中学借读。借读的日子是令人痛苦的，我们在四完小读书的孩子，多是四完小附近的住民，而三中位于偏远的郊区。就算是一个成年人，步行从四完小走到三中，也要至少半个小时，更别说是我们这些十来岁的孩子了。当时为了读书，可是使出浑身解数，用了各种方法，有人包车、有人在三中附近租房子，甚至有人直接转学到了其他小学。我和我的“好哥们儿”——那时候玩得好的其他差生，选择的是骑自行车上学，路上大概需要 20 分钟，已经是很不错的方式了。

而我们这些差生到校也不听课，各自做自己的事。我坐在靠窗的位置，平时最喜欢的就是在老师讲课时往窗外瞅，这个位置刚好能瞅见校门外的那条大马路。而我每天的乐趣，就是数迟到的人数。看着他们慌慌张张、风风火火地穿过大马路，跑进校园里，再消失在教学楼内，我就莫名地被逗笑。上课的时候就这样无聊地磨时间，到了下课的时候，我和我的朋友总是最先跑出教室，把车子取到，然后，在路上狂飙。现在意识到这种行为实在不可取，当年少年意气也就当是年少轻狂了！

每日如此，渐渐感觉这样的生活似乎总在受人批驳，身边的长者总在规劝我“早日向善”。于是，四年级到五年级这段日子就一直都在挣扎、纠结着，但仍旧没有表现出什么来，还是该玩玩、该疯疯。转眼就到了五年级下学期，那日我们终于搬回了原来的学校，并且用上了新的教学楼。

那天，我懒得起早，仍旧踩点到了学校。很久没有踏足这片土地了，我这样的差生竟有一种欣慰的感觉。看见白净崭新的教学楼，仿佛一切都被洗涤过了，所有的一切都有了一个新的开始，那我呢？我好像踩着云彩，恍恍惚惚走进了教室。教室里坐满了同学，他们都唰唰动笔，抄写着黑板上满满当当的知识点。那时候，我就站在教室门口，没有进去，也没有后退，我仿佛是一个看客，又仿佛第一次明白了我到这来的意义。一切都那么明亮，一切都是向上的，一切都有着郁郁葱葱的生命力……那我，也应该和他们一样才对。就这样，我在教室的门口完成了一次自我的救赎，没有谁的苦口婆心，没有什么惊人巨变。就是一个普通的早晨，巷口依然是熟悉的叫卖声，校门口的保安叔叔仍然大声训斥迟到的学生，上课铃声依然是一成不变的调子，讲桌上仍旧蒙着些粉笔的灰尘。但这一切也已经不同了，有一个沉睡的灵魂醒来了，它要第一次感受这一切了，所有的平淡无奇，都被赋予新的意义了！没人感受到我心里的惊涛骇浪，他们甚至不知道我为什么开始认真学习，仿佛一夜之间变了个人，听课认真，按时完成作业，不再是问题学生。老师们都深感欣慰，觉得我在六年级这个关键的当口醒悟过来，实在是明智之举。

总之，后来那段日子还是很辛苦，每天要加班加点地学习，还要忍受来自其他人的质疑。好歹时光还是匆匆，转眼就结束了小学生活。我已经记不得自己当初考了多少分了，只记得在两所学校之间纠结了许久。两所学校的教学质量差不多，一所要优劣分班，一所不分，后来我选择的是不分班的那所。这是基于现实的考量，因为我虽然六年级苦学一年，但毕竟比不过人家从一年级就开始努力的，如果去分班的学校的话，我可能只能是进普通班，没有学习氛围，可能又会使我“原形毕露”。而另一所学校的话，它不分好坏班，我就可能与一些更好的同学一起学习，有利于我长远的发展。当初的确是这样考虑的，而今，结合我国教育制度来看，义务教育阶段的分好差班的制度本身就已经不合规范了。如此看来，我也算阴差阳错走了一条正确的道路。

四、初中那些摇曳的心灯

我所有比较清晰的教育经历大约都是从初中开始的，初中不同于我小学时期，只懵懵懂懂地记着一些琐碎的事情，而对于教育理念等一系列相关知识都没有形成系统的框架。在初中时期，我才真正对于自己所受教育的质量与程度以及应当受到怎样的教育有了相对具体的思考。在我初中的时候，是我很努力学习的一个阶段。每天晚上会学到 11 点，到后来会延长自己的时间。到 11 点半，12 点。不得不说，初中时期我自己仍在努力，遇到的老师于我而言也是真正的启蒙之师。他们都特别好，给了我巨大的指引，可以毫不客气地说，他们就是我成长路上的引路人，为我的更好发展点燃一盏盏明亮的心灯。

在初一的时候，由于我本身小学时数学的基础知识掌握得不太牢靠，加之初中的深度难度又更上一层，我曾一度怀疑自己是否还能有机会跟上初中学习的进度。这时，我初中的数学老师——秦老师，给了我很大指引。他每天都会给我额外布置两道题目，让我巩固今天的知识点，还会时常指导我们这些差生一些解题的思路和技巧。而且，每每我去问题的时候，老师都十分有耐心，把自己的事情搁置一旁。还记得有一次，吃过早饭之后，我发现一道数学难题，便去找秦老师。秦老师十分耐心地给我讲了一个课间，临上课的时候才和我一起回了教室。我在收拾自己的书本时突然发现，秦老师桌上正放着一桶泡好的面，而老师由于给我讲题，都没来得及吃一口，就又匆匆赶去上课。那一瞬间，内心充斥着感动和愧疚，心里暗暗下定决心，一定要学好数学，不辜负秦老师的期望。从那以后，我就每天花费 4 个小时来学数学。要知道，一个要学七门课的初中生每天腾出 4 个小时来学数学，使其他学科的学习时间锐减，还很需要一些勇气。我在数学中投入更多，这就意味着我学其他科目的时间必须减少，还记得那段时间我几乎一下课就学数学，语文、英语每天的学习时间不足半小时，作业也不能仔细思考完成，更遑论副科了。我大概有一个多月的时间，没有在课堂以外的时间翻开过历史和政治书。

那段时间，我自己努力的同时，还有一位同窗共同努力。她是隔壁班的同学，和我相反，她是数学能力很强，但是语文方面却略有不足。在这方面我们互相帮助、共同进步。在培养语文语感的基础上，我推荐她读沈石溪的动物小说系列，虽然这系列书目前被诟病较多，但是对于我们那个时代而言，它真的给了我们很多启示，所以我觉得终归还是利大于弊。她则教我数学，我们那时候每周六周日是不上课的，于是我便在每周六赶到她家去，和她一同探讨数学卷子。开始时我真的是一窍不通，什么都不知道，她就不厌其烦地一道一道题、一个一个知识点给我讲解，直到我终于弄懂。到后来的一次考试中，我的数学竟然从原来的三四十分直接提升到了 70 多分，这让我欣喜若狂。再后来，通过不断摸索和探究，数学成绩逐步提高，80 分，90 分……最终稳定在了 100 分以上。在初中，还值得一提的一个科目是物理。物理是我们八年级开始学的、之前从来没有接触过的一门学科。很多同学都说很难，很不容易学好。我曾经也是这样认为的，但后来我发现，我每天早读的时候只要背背公式和原理，很容易就可以取得高分。物理老师是很喜欢我的，他说我的理科思维其实是很强大的，继续钻研是很有机会取得成绩的。而我最终选择的是文科，也就不再有机会去实现老师的期望了。当时，我并不明白他说的是什么意思，但好歹知道这是对我的肯定。这也在一定程度上激励我对其他的课程有了更多的信心。

我还记得一件事，是从我的初中一直延续到高中的，那就是补课。当时教育局查补课查得很严，但是我们那边的老师似乎并没有受到过大的影响。我记得很清楚，那时候就是在一间光线昏暗的小屋子里摆一些看上去已经有了些年份的桌椅，闷热的小屋里歪歪斜斜地挤着二三十个学生，老师就在那块快要掉下来的黑板上写字。其实说实话，这些补课于我而言有什么大的作用吗？并没有，但为什么还是要去呢？可能只为求一个心安吧！

五、高中所有成长都不易

我们那边的高中只有一所是在镇上，招生分数并不很高，有些考得好的同学都去了市里读高中。所以，我虽然分数并不高，但还是进入了最好的班级——特招班，一些有着更好分数的学生是去了市里的高中。在那里，他们可以获得更好的教育。再说我进入特招班这件事情，当时我只考了 400 分，而班级里第一名的学生考了 469 分，这就是当时镇上高中的状况。

而我在特招班也只学习了半年左右，我在高中时期是高一下学期就分了文理科，由于数学和化学两门弱势学科，我果断选择了文科。文科没有特招班，只设有好坏班，我便考入了好班×班。我的高中生活大约就是从这里正式开始的，但却过得并不开心。因为我的数学虽然有所提升，却也达不到拔尖的地步，我的数学老师因此不是很喜欢我。高中学了文科之后就没有什么需要补课的了，就只有数学，而我也确实只补过数学了。其实，那个时期自治区教育厅已经禁止教师利用节假日对学生开展补课了，并且查得特别严。不过，可能是地处偏远的原因吧！我们的老师依旧会开设补习班，对去那里补课的学生会仔细辅导。针对这种现象，高中班级的家长甚至告到市教育局去，才能消停一阵子。可过不了几天，就又恢复了原样，于是我们都开始“自愿”补课了。我记得很清楚的一件事，那个周末我去补课班比较早，当时只有我和数学老师两个人。然后，突然之间有人来检查是否有补课的人，老师就让我蹲在地上，不要露出脑袋来。然后，她趴在门上悄悄观察，直到检查的人走了，她才让我起来。那时候什么都不明白，直到上大学后，我才知道，原来在我国早就明令禁止了教师有偿补课。于是我也对这种情况出现的原因进行了一定思考，最终得出的结论是：教师师德不过关是一部分原因；还有一部分原因，是教育局的审查力度有所欠缺，才使一些人有机可乘。此外，还有一个原因，就是整个社会氛围的影响，大家都重视成绩，都是唯分数论，这样一来，付费补课，似乎就是正常的“加餐”了。关于补课的看法就只说这么多，我们进入下一个话题。

高中以来，学习压力就更大一些了，我基本上都是12点以后再睡觉的。疲惫感一直伴随着我，从来没有哪一刻感觉特别轻松。每天都很困很困，早上和晚上都想睡觉。而老师也并没有真正关心我们的学习，在我高三的某个晚自习上，上自习的老师和一位巡视的老师在我们的讲台上大声谈论学校资源配置的问题，声音之大，使整个教室都清晰地听到。谈论时间，长达半小时。当时是“一模”之前，在这种紧张的环境下，老师可以不管不顾我们的学习，在我们争分夺秒的时候，跷着二郎腿与另一位老师谈论一些敏感话题，而且旁若无人地谈论了半小时，这种行为真的只是单单一句“不负责任”可以说明的吗？再说回来，在不久以后的考试中，我考了329分，而那次的二本分数线是310分，我竟还上了线。而且，我们那边说“一模”的时候成绩普遍会低，然后等到正式考试后能提升100分左右。我就很信奉这句话，就一直继续努力，等到高考的时候考了420分。

我们那边二本分数线是380分，一本分数线是478分，所以我够不到一本，但是也勉强可以上一个正常的二本了。可惜，当时发生了一件令我很难受的事情，直到现在都不愿回想，但我仍旧要说。那次高考结束后，我身边的朋友们都在找机构报志愿什么的，我也和爸妈说了这个事情，可爸妈很果断地回绝了，理由是我一个亲戚会弄。可我提前问过那个亲戚几次，发现他并不太清楚这些流程，甚至没有让我找什么中意的院校。我内心很是慌乱，把自己的担心告诉了父母，他们以过来人的口吻斥责我不懂事，说我是杞人忧天。那时候，我自出生以来感受到最深刻的无助。我一边担心，一边无力改变什么，只能看着报考的天数一天天迫近。终于到了这一天，亲戚把我带到机房，我一窍不通，一窍不通且一点儿准备都没有的，还有我的父母以及负责给我报学校的亲戚。那时候，我已经隐隐感觉一切都完蛋了。果不其然，时间一点点流逝，父母和亲戚手忙脚乱地鼓捣着，我脑中始终是一团乱麻，对自己的未来只是迷茫。于是，我脱档了。那时候，真的感觉绝望，不只是因为没有书可读了，还有自己的懦弱带给我的一切后果；还有父母盲目地自信以及他们对自己孩子的不信任；还有对亲戚明明不懂却非要承担起这件事情的责任……这几个因素中，但凡有一个可以回旋，我想我也不会面临当时的窘境。后来，经过激烈的心理斗争后，我选择了复读，由此开始了我的高四。去复读学校报名时，校方要求缴纳两万块报名费，我看着父母拼凑起那些钱来，交上去的钱甚至还有十块二十块的，心中酸楚自不必说，可我却不知道该怪谁了。如果我接受脱档的事实，安心去读个专科，他们会不会不用这样窘迫了？可内心那一种不甘，使我最终接受了复读这个事实。

复读那一年真的很苦，我无数次在夜里痛哭，躺在被子里彻夜难眠，就连做梦都是再一次踏进考场的场景，但它也的的确确给了我很多，让我对人生的理解更深了些许。

我是在我们那边很好的重点高中复读的，那里的同学们都很热情，好学，他们都很聪明。每一天，大家都在做自己的事情，没有争吵，没有喧哗，没有冲突，只是满满的温馨与平静。我很喜欢那里的氛围，喜欢他们平静的交谈，喜欢他们纸笔相交时静谧的沙沙声。在那里，我才第一次知道原来真的有人能数学英语考满分，原来真的有人语文考上 140 分，都是优秀的人啊！到现在，我都忍不住如此感慨，我也深受激励，每天中午花费十五分钟吃饭，饭后就去学校学习，然后晚上回家吃饭时可以背 100 个单词，结束就又去学校。只背了短短 1 个月时间，英语居然就考了 108 分，那是我从未考过的成绩啊！后来，到高考时，居然考到了 118 分。

除了同学，老师也让我倍感温馨。在我成长的过程中，经历的诸多师长都有些倨傲。印象极深的是有几次路遇老师，我和他们打招呼，他们总是一副严肃之致的样子，有些甚至如同没有听到一般，目不斜视地往前走。开始时总想不通，教师不过是一份职业，为什么老师和学生看起来是如此不同？后来我甚至觉得，作为老师就该有那种趾高气昂的样子，那样才算是合格，才算有威严。直到我在该校遇到另一位老师，这种危险的思想才离我渐远。有一次，我刚吃过晚饭，要从家里赶到学校上夜自习。突然看到迎面走来我们的历史老师，他是一位极风趣的师长。我想着，再走近一些打个招呼好了。正这样想着，突然看到那位老师向我招了招手，主动问我："南宁，要去上课了吗？"我一时受到极大震惊，这和我之前遇到的那些老师的做法，是何其不同！而我也只是呆呆地点点头，朝老师笑笑，便继续赶路了。后来我到了学校，渐渐冷静下来才想明白，人人生而平等，遇上了打个招呼，是何等正常的事情。原来，不是这位老师的做法奇怪，而是我之前的那些老师，未能摆正自己与学生的关系啊！这让我重新思考了自己日后如何面对学生，倘若没有那次事件，可能我会一直以为，师生就是冷冰冰的教与学的关系。而有了那件事情，我意识到，原来我想成为的是这样一位师长啊！

在求学的这一年时间里，我经历的假期不超过 15 天。平时每两周休半天，到国庆节时休息了一天，寒假放了 7 天，这就是所有的假期，但那时候竟还感觉过得去。总之，时光匆匆，在第二次高考中，我考了 488 分，报考了绵阳师范学院小学教育专业。在 2018 年的 9 月，正式成为一名大学生，开始了我人生的新一阶段。

六、想必谁也不会再辜负那些美丽的花儿

大学生活是很丰富多彩的。从我第一次踏上四川这片土地，川蜀地带的风光就让我很迷恋。它的风土人情是那样淳朴而又自然，缓慢的生活节奏让我感觉异常舒适。而真正进入大学后，我的收获更多了。

（一）大一——丰富多彩的开始

我在大一时候，曾经去我们院上的组织部面试，想要当一名干事，但是由于紧张而被淘汰了，于是我就准备再到校上的组织部试一下。

可是到这时，我竟阴差阳错地走错地方，走到了大学生通讯社的办公室。我还没弄明白怎么回事，就已经把表填了，然后交了照片，进了一个群，接着有一位师姐就让我回去等面试通知。可能也真的是缘分使然吧，后来我并没有去校上的组织部，而是留在了通讯社里。通讯社带给我很多的回忆，还记得第一次看到我写的文字被印刷在纸上时，心中的那种喜悦真的无以言表。曾经在小学和中学时，因为数学和英语成绩的原因倍受嘲讽，也总是有一种自卑的情绪。而到大学之后，受到的批评少了很多，好像自己的感受才真正变得重要起来了，大家似乎才更多看到了我的优点，而到这时我才真正明白各有所长的意思。后来我就经常在通讯社里写稿，写文学稿或者是采访老师、师兄师姐的采访稿，撰写新闻稿。再到后来，到了社团招新的时间，我加入了两个社团，一个是天元棋社，一个是街舞社。天元棋社是我很喜欢的一个社团，社团里的活动也很吸引我。因而，我最后选择了在社团留任社长一职。

旁的活动说完了，就再说说自己的学习吧。我的学习在大一时候并不突出，我甚至在大一上学期挂过一门课。而这次挂科的经历，让我深刻反省了自己，认识到自己有很多不足，从此再也不敢懈怠，更加认真地对待所有考试以及所有课程。在大一上学期我有过一次四级考试的经历，但是我也并没

有考过，还是在大一下学期的时候痛定思痛，经过自己的不断努力，最终通过了四级考试。

除了这些，大一时候让我印象深刻的事情是见习，而在见习期间遇到的一件事情，又使我对教育有了些许新的认识。那次见习的时候，我被分在小学一年级，按照规定，小学一二年级学生不应布置书面作业。而在我所见习的班级里，语文和数学老师都布置了书面作业。语文老师布置的是写拼音，数学老师布置的是抄写数字。对于这种情况我不甚理解，便在课后去询问该校老师，老师是这样答复的："规定是有这样的规定，我们也想过遵守，但是总有人会留作业，我们不留，学生就落下了，对以后的学习不利。"后来，我也听在五六年级见习的同学说，五六年级的孩子作业超级多。据说每天晚上写作业都要很晚，更别提什么娱乐时间了。其实，国家多次针对中小学生课业负担过重的现象出台了相关政策，要求克服片面追求升学率的问题，也就是现在所说的"减负"。然而实际上，所谓的减负似乎并没有落到实处，孩子们的压力依旧很大。这之后，我自己也进行了一些思考，对这种现象产生的原因进行了一点分析：虽然现在倡导的是素质教育，但是应试教育存在那么久，不是一时半会儿就可以改变的。而各个学校要拼成绩，自然就没法考虑过多，这在我们那时候就已经是这样的状况了，而今不过愈演愈烈。毕竟，目前来看，也并没有更好的方式去应对这种情况。

大一的回忆还有很多，奈何总有些琐碎，不知从何说起，便只如此结尾吧！但"绵师"带给我的真的很多，给我带来了太大的收获。

(二) 大二——忙碌而充实

我更多的学习体验是在大二。

大二上学期我已经是社长了，同时在大二上学期参加了学校举办的征文比赛，获得了一等奖，那一次感觉自己真正自信起来了。在后面的日子里，我也不断要求自己努力学习，不断提升自我。我在大二的时候，为天元棋社办过一次活动，是包含五子棋、象棋、围棋三种棋类在内的比赛，参与人数超过 400 人，在高新校区和北校区两个校区来举办，最后再进行决赛。那一次是我主办得最盛大的一次比赛，还是井井有条的。当然，也很感谢一起工作的同学，在他们很好的帮助下，才能让这个活动更加出色地完成。

大二上学期，我们的考试课程变得很多。最让我头疼的是课程论与教学论，每次上课都要拍 50 多张 PPT，然后在课下自己整理成厚厚一本的笔记，等到了期末考试的时候要花时间去背的那段日子，真的是很令人苦恼的。我记得大二上学期大概是有五六门课要考，一个考试周里我一天背一本书，一天复习一科，但好歹都过去了，总算是给了自己一份满意的答卷。

在大二下学期的时候，由于受疫情影响，我们是在家里学习的，线下求学的日子里不只一次地设想：倘若有那么一天，线上教育已经普及，我们在家里就可以学到学校里的知识，不用辛苦经营人际关系，不用担心小动作被发现，不用担心执勤者的突然袭击，我们可以在临上课前五分钟才从被窝里爬出来，可以简单收拾一下就坐在书桌前开始一堂课……那个时候，我们会是多么惬意呢？可是，真到了这一天来临之时，内中滋味却似乎有些不同了。在学校时，哪里有时光漫漫的说法，恨不得将一天掰成两天来用，便对光阴如梭此类云云的话颇有些深入的理解。而当自己独自在家中体验那个漫长的寒假，一路从冬天过到春天，又即将迎来夏季时，时间都早已变得索然无味了。日复一日，时光似乎总也走不脱。我们受困于斯，才渐悟出些生活至理来。若没有那次上网课的经历，我们可能永远不会意识到社交对于一个人而言的重要性；也一定不会意识到“每个人都不是一座孤岛”这句话的深刻意味；更不必说理解生活在我们周围同学朋友存在的重要意义。对于当代人而言，互联网的普及对于我们的生活是极其方便的。可就网课的效用而言，我实在不敢恭维，它使我们失去了更多联系与交流。虽然知识依然在那里，依然进入我们的脑袋里面，可是却失去了情感的交流与火样的情怀。每个人都不若当初柔软，为屏幕对面的一道道声音所替。那个时候，真的希望疫情尽快过去，我们都能回到正常的生活轨道上：老师们的教学方案有效实施，同学们的学习计划也循序渐进……

（三）大三——迢迢行路远

就这样又过了一个学期，等到 9 月 3 日的时候才终于再次来到学校，而那时我已经是大三的学生了。大三上学期我就不再担任社长，也退了部门。就是想要好好准备考研的事情。但是大三上学期还是没有真正投入复习中，那时候课程很少，然后由于疫情影响，我们并没有去见习，而是放在了下学期。没有明确的目标以后，人就变得很颓废，也没有认真地去学习，时间不知浪费在了什么地方。大三上学期只有一门考试课，就是“毛概”。那个时候有七天的复习时间，但总感觉背得很是吃力，好在顺利地通过了考试。在大三上学期的那个寒假里，和隔壁班的同学一起参加了一个省上的活动，这个活动很出色地完成了，我在里面主要是担任写稿、收集资料的工作。在大三下学期，来到学校之后又参加了一个活动，是关于中国农村支教的项目扶持的。这两个项目都有获奖，给我带来了很大成长。而且这些经历带给我的成长并不只是简单的奖项，而是让我更深刻地了解中国的教育现状以及我们中国人在精神方面的宝贵传承意识。我也进一步认识到我们作为未来的教育工作者肩上负担的使命以及作为一代新青年应当承担的重大责任。

大三的风景也十分精彩，而我仍旧在路上，纵然前路漫漫，也无所畏惧。

（四）大四——人生新的岔路口

还有几个月就要大学毕业了，而我却陷入了迷茫。不似当初的蓬勃自信，我张惶无措，不见前路。眼看同窗们通过校招有了编制，通过努力考上研究生，自己却一无所有，难以抑制心底的焦虑与恐慌。

我如一只孤雁，凄惨地在自己的天空飞着，想要寻觅什么，却什么都寻不到。但我接受自己这样的结局，因为我没有在三四月耕耘，在八九月等不到收获是很正常的，只是有几分惋惜罢了，也不知在惋惜什么。目前，我正在备考家乡的编制，在7月初考试，我是足够认真的，但愿得偿所愿。

近况已然说尽，再谈点什么呢？再说说我大四这一年吧！

大四上学期，学校组织了为期三个月的实习，我担任的是A小学的组长。不得不说，这三个月的实习生涯的确带给我许多，学到了很多教学技巧，并且切实参与到小学的教学生活中，才终于将曾经那些理论知识付诸实践，明白了如何更好地应对教学中的一些突发状况。在此期间，给我最大震撼的是我在小学的指导老师，她对待教育的热情真的很令人动容。在急性咽喉炎发作，不能讲话的情况下，也只是入院休息一周，便又匆匆赶往学校，站上了讲台。她并不经常给我说一些“为人师表”云云的话，至多不过一句“教育是半分懈怠不得的，因为你的学生们需要你”。她总用实际行动践行自己信奉的教育理念，她总是身教，而非言传。老师的精神的确深深影响着我，使我明确了自己将要成为怎样的一名老师，怎样去面对那一双双求知的眼睛。

到了下学期，由于疫情原因我至今没能去学校，但该完成的任务还是要认真对待。这期间最大的事情就要属论文了，从年后 2 月 20 日开始写到 3 月 5 日交初稿，再到后面一次次修改，我翻阅了知网许多教育文献。奈何研究主题不在当代主流，导致很多空缺难以填补。这里就要感谢我的论文指导老师赵海红教授，她总能在我陷入迷茫时提出中肯的建议，我就在她的指导下一步步完成论文的创作。

春天到了，天气渐渐变暖，所有的问题与忧虑都会融化在温暖的春光里，变成和煦的清风，铺散在人的衣襟上。现下，我们可能迷茫，可能无措，但这一切终将过去。待到金秋，想必谁也不会再辜负那些美丽的花儿。

【教育自传后记】回望我的教育之路，我想说！

凡是过往，皆为序章。于我而言，求学这条路，每一步都是无与伦比的珍贵。想到第一次进入幼儿园、第一次戴上红领巾、第一次穿上中学校服、第一次因为成绩落泪、第一次在台上讲课……这一切，都历历在目，所有的故事都那么清晰，恍若昨日。于是，我回转身子，左右寻找，却难觅当初的青涩与执拗。日子没变，是人给它下的定义，因为我再不会因为一次演讲而手足无措，也再不会为一次失败就一蹶不振，我的变化，镌刻在亘古的时光里，保留在我人生的点点滴滴中。

我仍是一个初学者，才刚刚过了蹒跚学步的当口，要我在这里谈教育，我甚是惶恐。可如要说，可若必说，那我只得斗胆谈谈自己的几点拙见了：我认为，在提倡素质教育的今天，我们教育工作者或许真的应该尝试放弃对应试教育的坚持，不再做分数的信徒，真正从独立发展的人的角度出发，去看待教育。当我们这个社会不再以分数评价一个孩子的时候，那个孩子或许才真正获得成长。我国小学教育的发展是一条漫漫长路，而作为推动教育发展主力的教师，只有知识是远远不够的，还需要一份敬畏、一份沉默的坚守。我们只有心怀敬畏，才能做好教育。都说教书是一件良心活，你要认真自然问心无愧；你若敷衍塞责，也没有谁会苛责。但愿在以后的日子里，约束我们的不只是法律法规的条条框框，还有那份面对教育澄澈的初心。

在接下来的日子里，我也将不断提升自己的教育教学能力，把教育作为一生的事业，不断鞭策自己，让自己的生活因教育变得更加充实、更加精彩！

大器晚成

自我小传

【姓名】：刘国沛

【出生年月】：1999 年 3 月

【出生地】：四川省隆昌市龙市镇点灯村 5 组

【求学经历】：

2005 年 9 月到 2011 年 6 月在龙市中心校就读；2011 年 9 月到 2014 年 6 月在隆昌六中就读；2014 年 9 月到 2018 年 6 月在内江六中就读；2018 年 6 月至今在绵阳师范学院教育科学学院就读。

【大学获得主要奖项与担任相关职务的经历】：

大学期间学业、综合表现：

学业/综合测评名次						
学期	大一上	大一下	大二上	大二下	大三上	大三下
学业成绩	10/36	25/46	12/44	15/44	14/43	6/43
综合成绩	10/36	6/46	4/44	7/44	2/43	3/43

各项活动、各类比赛获奖：2022 年 2 月，获得“绵阳师范学院三好学生”——绵阳师范学院；2021 年 12 月，获得“国家励志奖学金”——四川省教育厅；2021 年 12 月，获得第七届“互联网+”——大赛省级铜奖四川省教育厅；2021 年 9 月，获得第七届“互联网+”——大赛校级金奖绵阳师范学院；2019 年 4 月，获得“专业三等奖学金”——绵阳师范学院；2020 年 4 月，获得“专业三等奖学金”——绵阳师范学院；

2020 年 11 月，获得“专业三等奖学金”——绵阳师范学院；2021 年 4 月，获得“专业二等奖学金”——绵阳师范学院；2020 年 1 月，获得“党校积极分子优秀学员”——党委党校组织部；2019 年 5 月，获得“优秀共青团员”——共青团绵阳师范学院委员会；2020 年 5 月，获得“优秀共青团员”——共青团绵阳师范学院委员会；2019 年 6 月，获得“先进工作者”——共青团绵阳师范学院委员会；2019 年 9 月，获得“优秀大学生志愿者”——绵阳师范学院；2019 年 4 月，获得“优秀见习生”——教育科学学院；2019 年 12 月，获得“优秀见习生”——教育科学学院；担任班级、社团、学生会相关职务的经历：；2019 年 9 月—2020 年 7 月担任绵阳师范学院教育科学学院学生分会宿管部部长；2020 年 9 月—2021 年 7 月担任小学教育 20 级新生助班。

一、幸福且坚强的避风港

看到需要介绍家庭情况的时候，我的脑袋里蹦出这两个词语，“幸福”且“坚强”，我来自一个不太富裕的家庭，父母是靠打工赚钱，在零几年，经济还不是特别发达的中国，那个时候我家在乡下建了一套房子，现在来看可以说是二层小别墅了。父亲为了维持生计外出打工，母亲生下我后，便带我一起去了父亲打工的地方。回想起小时候的夏天，一家人挤在一张床，吹着吊扇。但我从来没有因为自己的家庭情况而感到自卑，父母对我给予了无尽的关爱。因此，也让我学会了要感恩，爱要及时表达。

二、咿呀学语的梦幻者

我的记忆是从小学二年级开始的，之前是一直在父亲打工的地方，到了读幼儿园时，便在外地读了幼儿园，但此时的我，对幼儿园时候的我，一点儿印象也没有。但听母亲说起过，小时候上学时，母亲都是开学第一天送我去，此后，我便能一个人走去学校。记忆中对在外地印象最深的有两件事——一件是那个时候在外地读书困难，由于我没有当地的户口，学校是不收我的，是父亲的老板出面帮忙让我进校读书。并且当地的教师对外地来的打工人的子女是不重视的，因此我在回四川读书之前都是一个小透明。这也是我从外地回到四川读书后，学习成绩差的一大原因，我对一年级的基础知识完全不懂。第二件事是由于我的母亲一贯传统都是开学第一天送我去学校熟悉上学的路。因此，放学的时候也不会来接我。我在一天学校放学值日完后，一个人边玩边回家的路上遇到了一个不认识的叔叔，他在马路对面叫我赶快和他回家了，说完就过来牵我的手，当我意识到不对时，我便在人多的时候跑了，现在回想起来也觉得很可怕。因此，家长对孩子的安全教育要高度重视，其次是现在十分缺乏的性教育，每个家长都应该告诉孩子要保护自己，哪些部位除了自己以外的人可以摸的，哪些部位是不能的。这也是我觉得在我的成长生涯中，我父母做得不太好的地方，他们会充分满足我的想法，但他们缺乏适当的指引（此处特指在一定年龄时的日常生活技能方面的指导）。

三、创造梦想的粉刷匠

到我上小学时，上段已说到我的小学一年级是在外地读的，在家里人的帮忙下，二年级的时候我转回四川读书，被安排在一个教学实力很强的班主任班中，这位老师姓周。仍记得那个时候我是班上倒数几名，不会拼音，老师规定每次听写写错一个拼音用竹条打一下，记得有一次我被竹条打完后感觉手上压了一座山，很重，很重。老师会在每个下午把我们班上最后几名留下来免费补课，每天下午四点多，但我要六点多才能到家，即使我的家（寄宿在我姑姑家）离学校的距离很短，只需走几分钟。也是在这回来的一学期中，我的成绩突飞猛进，从开始进班时候的倒数两三名到班上前两名。到现在，我都很感谢这位周老师，是她让我在小学第一个关键时期迅速成长，打下了基础，才有了后面我的优秀成绩。有时候我想，纵观现在的小学教师，很少无偿将班上的同学留下来补课，又教一遍他们知识。因此，我很敬仰我的这位老师，她对我的影响不只是语文启蒙，更促使我做一个优秀的小学老师。但我的这位语文班主任在我三年级时因为怀孕休产假了，等到我四年级时，班主任也没有回来。

我在三年级时换了新的语文数学老师，语文老师是一个年迈但十分博学的老教师，这位老师姓程，数学老师是一个刚刚调到我家乡这边来的年轻女老师，这位老师姓刘，但有趣的是，刘老师是我家邻居，也是从这个时候开始，我开始了我的与老师同住的学习经历。早上和家里人吵了架，没吃早饭，刘老师把她孩子的牛奶带来学校给我喝，晚上回家，我与刘老师一起，刘老师有个干儿子，在我们班上读书，每天早上他都来我家等我，晚上一起回家，吃完晚饭后来找我一起出去玩。回想起那段时光，纯真而美好的友谊真的使人难忘。刘老师在教我数学的这几年中，我的数学成绩突飞猛进，我也经常与刘老师一起表达自己的想法，并且我对数学产生了浓厚的兴趣。以至于到我初中后，再遇到刘老师时，刘老师经常提起她的班上有一个很像我的学生，她对我的喜欢与不舍，现在的我依然感受得到，那个时候的我，也感到十分骄傲。我从三年级开始，每一学期前的寒暑假，我都会预习下一学期的知识，每一学期开学我都要单独买一本练习册，将答案交给老师，当老师上完这一章的知识后，我会完成这一章的所有题，上交老师帮我批改。

我也会阅读很多课外书籍，但那时候班级中对于课外阅读的培养并不重视，仅仅只停留于课本上的课文。从小学三年级开始，我每周都会阅读很多书籍，让我印象深刻的是沈石溪的狼系列全套书籍，我的家中现在都有很多作文大全，各种童话书。由于我的购买能力有限，经常阅读的书籍来源都是我的同学，有时候周末我甚至会借 2—3 本书回家阅读，由于寄宿在姑姑家，每个星期我的奶奶就会带我回乡下，我们乡下是没有电视的，我就会在这两天中，阅读完所有书本，完成自己的周末作业。

但随着年龄的增长，我也学会了懒惰，在一次程老师布置的语文作文题中，我写了半页纸交上去，但程老师并没有用十分严厉的语气指责我，而是把我叫到办公室，对我说，你这篇作文写得很好，并且知道我怎么拓展。当时的我是十分诧异的，我真的写得好吗？我明明连写都没写完。但我觉得很羞愧，对不起程老师的辛苦，从那以后我就再也没有敷衍完成作业过了。而程老师也是一个十分慈祥、爱学生的老师。让我印象最深的是，2008 年的地震，那个时候我们全班在四楼教室午休，一向不睡觉的我在那天中午也昏昏欲睡，正准备睡觉，感到一阵摇摆，便看到程老师出现在教室门口，那个时候的他只做了一个大幅度招手的动作，我们全班便向操场跑去，而我还不知道这是一种叫“地震”的自然灾害发生了，只觉得十分可怕，但那个时候的程老师已经满头白发了，却还一口气跑上了四楼，在门口示意我们离开教室。

在我小学毕业的那一天，刘老师在班上给我们讲了很多，但那个时候的我心心念念的是马上放学啦，马上放暑假了。我开心地背着书包离开了校园，但却不知，那是我人生中第一次真正意义上的离别，因为，当时6.2班中的大多数人，在此后都再无交集。如果要说小学阶段对我影响最深的老师，我想我感恩我小学中的每个老师，是他们让我幸福快乐地度过了小学时光，在小学这个特别的阶段。因此，我更加坚信小学老师对一个人的影响是很大的，在小学阶段的学生更多会觉得老师是权威的，而不像初中或者高中，强调自己与老师是平等的，更加关注自身想要的感受。也是因为从小和老师的接触很多，导致我的向师心很强，我认为对老师首先就应该是尊重，其次要懂得感恩，老师们都很辛苦且对学生的付出是不求回报的，这也是影响我走上教育路的一个原因。

四、勇往无前的小哪吒

初显个性，勇敢成长。初中是与小学有很大不同的，在小学的时候我们只需要学习两门课程，但刚上初中，便开始了晚自习，仍记得第一天上晚自习的时候，我觉得教室里的灯十分明亮，甚至是直接忽略了晚上直接到了白天，以至于我才会觉得晚自习这么漫长。初中想要聊聊我的两位老师，第一位是我的英语老师——周老师，第二位是我的数学老师——洪老师。

先来说一下我初中的整体状况，我内心是很想叛逆，但实质性的行为并未凸显。在这个阶段的我，由于老师的关注，我的知识学习依然能轻松掌握。但由于我的学习习惯一直是被老师家长约束着，这也在我的后续高中学习埋下了隐患。一是来说一下我的英语老师，也是我的初中班主任，到现在我依然与她保持着联系。周老师是一个十分真诚、负责、热情的人，不管日常生活还是学习生活，且她是一个具有丰富教学经验的老师，可以说她教了几十年书，每个学生对她都是十分尊敬并感谢她的。

初中三年老师给过我的印象深刻的事情很多，一是初一的时候，周老师有十分严重的咽喉病，她一人在办公室与她的哥哥写信到哭泣，而我们并不能帮上什么忙，于是我们在下晚自习后去安慰周老师，那时候的我们怕周老师以后就不教我们了，我们几个小孩子就去安慰周老师说，老师没事的，会好的，我们会乖的。现在想起来小孩子的敏感是值得守护的，而小孩子也是十分单纯的，那个时候的我们，都善于表达自己，善于维护自己想要留在身边的。但随着年岁的增长，我们好像对离别感觉淡然了，也或许是我们学会了“逞强”，我们开始嘴上不说，不论出于何种原因，但好像这样的做法是最好的一种解决方式。但其实周老师虽然生了很严重的病，依然坚持给我们上课。

二是由于我们小学是没有接触过英语的，因此刚刚开始学习的时候我是非常吃力的，英语对我来说可谓天文字体，我不知道怎么读，不知道什么意思，第一次听写字母我也不会，第一次英语考试，全篇读不懂，以至于并没有考及格，为什么这次英语考试让我印象这么深呢？因为开学时我就很认真，那个时候我的上铺是城里来的孩子，每天晚上回宿舍，她就非常热心地教我英语，每天早上会叫我起床学习英语。但即使在我十分努力的状态下我依然觉得英语好难，我拿到笔做题时的窘迫，我仍记得当时我唯一做对的一道阅读题是原文中出现了 black 这个单词，我找到了，才做对的。但我并没有因此放弃，我对爸爸说，之前我小学刚刚回来时那么差，我后面都能成为班上前一二名，我相信只要我努力我一定可以学好英语的。果然，苍天不负有心人，在第二次英语单元测时我便考了一百多（一百二十的满分），后来英语对我来说也是越学越简单，直到高中一百五十的满分，我很感谢当时自信且坚强的自己，但我更感谢不放弃且教学十分得当的周老师，我认为如果没有老师的引导，我是不可能有这样的英语能力。

三是初二时，我和班上一些比较外向的学生一起玩耍，这个时候的我，心理有了一定的发展，自我意识逐渐增强，青春期的萌芽，对外界我不能做的事充满了兴趣，比如，上课看小说、玩手机，也是这样的一天，自习时我被政治老师发现上课玩手机，她把我交给我的班主任周老师，但周老师并不是第一时间通知我的家长，而是向我了解情况，而后我和周老师约定了，在下下周的月考中，我能达到什么样的目标（具体目标已经忘了，但仍记得当时约定时的迫切）。但周老师还是在第二天，找到了我的家长，并说明了情况，因此，我的家长并没有因为这件事情质问我，在后面的月考中，我也履行了我的诺言，但有一天我在家不小心找到了手机，我很感谢周老师以这样的方式保护了一个小孩的自尊心，也很感谢我的家人并没有因为这件事情而对我做什么样的惩罚。我们三方都很默契地遵守着这个诺言，而对于一个作为学生的我，也没有在这三年中太过偏离我的学业。即使我还是蠢蠢欲动，有想要叛逆的心，但在老师家人的引导下，我还是如愿考上了我们当地最好的高中。但我并没有去读，此谓人生中的一大憾事。

现在来说一下中学时段对我影响最大的第二位老师——数学老师，洪老师。洪老师是我十分佩服的一位老师，因为她是一个十分敬业，也很会引导学生的老师。由于我小学的数学基础还算不错，因此在初中过后，我的数学学习也非常轻松，但我存在粗心大意的毛病，总是会在最后的时候算错，或者填错，但这些错误绝不是我在考试的时候能够发现的。洪老师虽然不是班主任，但她每天都会在午休的时候将我们班上的同学叫到办公室，一个一个地辅导，经常都是听到她沙哑着声音给我们讲题。她也不仅仅是我的老师，更是我的朋友，她会在我们晚自习下课后到我们食堂来看我们，陪我们等饭，给我们说她的女儿也是，现在读初中，就是要多吃一点。很多个晚自习下课的夜晚，都是在洪老师的陪伴下度过的。

初中的学习都是在十分顺利的情况下度过的，但是由于青春期萌芽阶段的孩子带着一丝特有的叛逆。这个时候的我，把除了学习以外的很多东西看得很重，但我父母的教育一直都是，只要我的成绩达标，他们在很多事情上都不会特别苛刻，加之，由于家庭原因，我的老师们都很关注我，从而致使我的学习习惯并未养成，导致我在高中时，没有了老师特别关注的同时，自身也没有要努力学习的意识，从而对学习感到十分吃力。

五、激流划桨的前行者

写至高中，我的内心已经无比沉重，我不能说是因为我的高中生活没有好好度过，从而导致现在的我，但我能明确的是，如果不是非要去内江读书，我可能会是不一样的。在我的高中三年中，我认为自己是没有尽力，甚至是荒唐度日的。因此，我也十分信奉“你现在的安逸都是以后要加倍努力偿还的”。我认为那一句“有遗憾的青春才是完整的青春”，是不适于人生的，十多岁二十岁留下的遗憾，足够你铭记一辈子，因为此时可能是你看来微不足道的遗憾，也会在你以后的生活中产生重大影响。所以，我是十分讨厌毒鸡汤的，“力所能及”四个字在我的人生字典中是非常重要的。我认为，一个人应该是拥有正确、认真的态度做一件事，做成功了，欢欣喜悦；没有成功的话，也要保持豁达乐观的心态。这就是我所理解的“力所能及”。

要说高中阶段对我影响最深的，要着重介绍一下我的历史老师——廖老师。我们高一下选文理科，多种因素下，我选择了文科，但我的文综成绩很差，因此我学得十分吃力。在初中时我也是十分讨厌历史的，因为历史需要背诵，但我不喜欢背，所以经常考不及格。但就是因为廖老师，我喜欢上了历史。廖老师给我们上第一节课的时候就给我们说："你们知道历史用英语怎么说吗?"他和我们说："历史是 history，分开就是 hi，story。"后来我对历史的兴趣越发深厚，虽然后期我也不背历史，但我也能学好历史，也曾在一次内江市的模拟考试中，考了内江市历史的第一名。我非常感谢廖老师，我认为一个好的老师是能够让学生爱上这门学科的，而学生只有自己喜欢这门学科才能在这们学科中掌握得更好。廖老师的课堂是十分严格的，如果他抽你起来回答问题，你没有回答上的话，你可能得站一刻钟，但廖老师一般都只会抽问上课不认真的同学，而他们没回答上就不会让他们坐下。因此，我在历史课时一般都会比较认真。其次是廖老师是一个非常坚强且有理想的老师，廖老师在高中三年对我的关照我都很感谢。在我高三状态不对时，他也会把我叫到办公室去，和我说我现在面临的状况，都说忠言逆耳利于行，我觉得廖老师对我说的话也是如此。

高中毕业也已经四年了，我始终十分感谢廖老师，他是我在高中时候在学校感受的唯一温暖（除友情），而廖老师也是我的读书生涯中至今为止第一个对我这么"坦诚"的老师。很感谢他对我的费心教导，但由于我自身的因素，我始终没有认识到高中什么最重要。还有一个因素是，当时我们的文科班的同学，有一半的同学是要走艺体的，剩下的一半同学中还有一些同学是要出国留学的，还有六分之一的同学是以后继承家业的，有那么一段时间我很迷茫，我不知道读书的意义究竟是什么，因为班上很多同学不认真学习依然有想要的前途（但现在不这样想了），这个最迷茫的时候也是我的任课老师廖老师在晚自习的时候把我叫到办公室去，和我"谈心"，很感谢，即使最后的结局也不尽如人意。

而此刻，写至此的我，依然是十分后悔，心中五味杂陈地写至此，我时常想如果当初我没有执意要去内江读书，如果当初听从家人的话，在隆昌读书，在老师的关心下，我是不是现在的遗憾会更少。也因为当初自己的决定，我此刻正在努力地弥补，努力地让自己以后不这么后悔。因此，这也是为什么我老是喜欢说希望以后的自己少说如果，要是什么就好了，而是说幸好。也正是自身经历了，才懂得其中地心酸，也希望我能够在该奋斗的年纪努力下去，上天不会辜负每一个努力生活的人。

六、我的大学关键词

悠扬琴声，湿滑小路，拖着重重的行李箱来到这个学校，我想着以后我也可以弹这么厉害的曲子吗，但陡峭的阶梯告诉我现实——我得把我的行李箱搬到寝室。在师姐的引导下进行了报道，到寝室，师姐穿着拖鞋，啪嗒啪嗒，没有一丝交谈，甚至如今我也不知当初带我到寝室的师姐是谁，但忘不了的仍是 2018 年的大雨，忘不了进入大学时的期待。回望过去，大学四年，经历了开心与苦难，此刻的我，愿意将这四年总结为：懵懂、向上、感恩、面对。

（一）懵懂

为什么到大学了还是说懵懂呢？可以说是实践是检验真理的唯一标准，之前的很多理想也会在大学中得到改变，刚进入大学时，是十分迷茫的，为何迷茫？尽管我参加了校上、院上的学生会，竞选了班干部，参加了社团，没有落下学校活动，同时兼顾自己的学习，经常都是下午一两点才吃饭。尽管到最后我其实不知道自己在忙什么。大一时，有幸加入组织部，在其中会接触到一些大三的师姐，师兄师姐有时在办公室里感叹他们的人生、他们的未来时，我当时只是感受到他们的无奈，他们对未来的迷茫，但直到我大三的时候，我才真切体会到了他们的无奈，他们对未来的迷茫。

我为什么将懵懂放在大学四年的第一个关键词中呢，其实我认为，人生的任何时候都会懵懂，只是每个时期所面临的懵懂不同，小时候的懵懂是可能我不读书也行，中学时候的懵懂是学习真的很重要吗？大学的懵懂是，我这样做真的能得到我想要的吗？我想以后也会有，但我不知道，我唯一能做的就是宠辱不惊，坦然面对。这些懵懂会导致我的迷茫，而迷茫时的没有方向感，就像站在路口，往左往右会导致不同的人生。因此，会有焦虑，会问自己值不值得，会想要放弃。而我现在唯一能够确定的是，认真努力去朝着自己的目标做，不管是考虑好要考研，还是考编，抑或是考公，其实都是需要我们付出十分的努力，而如果付出十分努力都还没有达成，那就应该有更多反思，或是及时调整自己前进的方向。我相信一句话：种一棵树，心无旁骛。在我静不下心时，我就会自己默念这句话，也只有是低头一心做着自己事情的人，才有可能成功，这是我大学时学到的第一点。

（二）向上

少年强则国强，在这大学三年中，我没有辜负自己，虽然我也有遗憾，也有一些没有抓住的机会，但对大学的大体经历中，我认为还是一直在努力获得自己想要的。而我也真切感受到了，来自大学的“恶毒”，我认为比起高中老师口中所说的“你们现在累点，以后上大学就好了”，大学使人堕落的速度是有过之而无不及的。明明我们大家是从五湖四海进入大学，并且我们的分数差不多，掌握知识的程度大体差不多，但在大学四年的学习中，大家的差距就会从一开始的细微差距到最后的巨大差距。因此，认识到这一点后我们就应该在大学刚入校时，努力向前走，不积跬步无以至千里，要坚持努力才能向前。仍记得大一下期王吉春老师在为我们上教育概论的时候，说：“有些同学大一能好好练字的时候不好好练字，大三上其他课的时候，看他们在下面练字。”那个时候上课并没有对这样的一句话有什么感觉，直到我的大三，我才和我的大一师弟师妹说：“现在晚练，大家就要好好练，争取一次性过了，不要等到大三了还没过，你会很被动。”尽管我知道在我说出这句话时，大多数师弟师妹和当初的我是一样的。但作为助班的我认为是需要不厌其烦地对他们说，所谓，叩则鸣，不叩亦鸣。我认为在以后作为一个教师也应做到这一点。还有就是王吉春老师说的：“不管你在上课时听没听，但至少很大一部分现象可以表明，四年下来，一直坚持坐前两排的同学会比坐最后两排的同学好得多。”在我的四年学习生涯中，也深有体会，从大二开始，我就坚持坐前两排。

（三）感恩

大家都说大学就是一个小社会，在这个小社会中，我从开始的孤独，到最后的温暖，很感谢在“绵师”遇到的所有人，也正是因为有了大家，我才能成为现在的我。回想起刚进入校园时的青涩、懵懂，幸而遇上了我的师兄师姐们。第一次上台竞选，第一次和师兄师姐说你好啊，第一次写计划、写总结、写策划，师兄师姐们带着我做了太多第一次。我体会到了师兄师姐的真诚与担当，幸而也让我想要做一个真诚有担当的师姐，并且为之付出努力。有时，我也在想，这或许就是我们作为教育学子的一个可贵品质，而我也坚信在未来，无论师兄师姐们是从事教育还是其他方面工作，一定都能有所成就。

我说今年毕业是我感觉离毕业最近的一年，转念想，也确实是毕业离我最近的一年了。绵阳的雨也很灵性，2018 年的滂沱大雨，师兄师姐们热情地迎接我们，2021 年的滂沱大雨，我们殷切地祝福师姐师兄们，祝他们前程似锦，也祝自己无遗憾。

（四）面对

面对是成长路上的必修课，如何面对决定着人对生活的态度。我们每天每时每刻都要面对很多，面对开心，面对快乐，面对幸运，面对不幸。而我们要做的是什么呢？是有开心有幸运的事情发生时，就开怀大笑，伤心不幸的事情时就哭泣一蹶不振吗？我觉得不是的，是在有好事发生时，保持冷静的头脑，在难过的事情发生时，鼓励自己，及时调整心态，继续出发。

每个人都会为自己的人生做规划，并为之付出努力。而在我们的规划中，我们要面对很多。想要多参加活动，就要多面对站上讲台的情形；想要一心只在学习上，就要多面对一个人的孤独与内心的充实。此刻的我，想要毕业后从事教育工作，就要面临此时自身必须提高教学技能的现状。也是因为心有所想，才能有勇气勇敢去面对。但其实我们怕的不是面对各种情况，我们害怕的是面对失败的结果。认清自己，豁达面对，可能会使结果变得更好。

【教育自传后记】回望我的教育之路，我想说！

首先，在我的成长教育路途中，经历了很多，但我觉得我属于大器晚成的系列。从小学到初中，我一直都是生活在老师的特别关照下的。因此，我从来没有担心过自己的成绩，但也在一定程度上是呈现没长大的状态，我是渴望叛逆但并没有成功。以至于在后来没有了约束，我会呈现一个放飞自我的状态。但我认为不仅仅是这一点导致我的天真，更有我的眼界不够长远这一点。当我看到的是一口井的天空时，我无法想象到天有多大，当我看到的是海边的天空时，我会告诉井中的我，外面的天空有多大。而这也是我想要成为一个教师的一点非常重要的原因。

其次，我很感谢我中学阶段的老师给予的温暖，正是他们给予我的温暖，才使我能够如此阳光向上，我是一个向师心非常强的人，从小就非常乐意与老师做朋友，也愿意将自己的心事向老师吐露。因此，在我的教育经历中，老师对我的印象都很好。但上了大学后，我与老师的交流相对减少了，很多老师是不认识我的。对于一些问题，我更愿意自己去解决，或者请教同学。一方面是相对于中学的老师，大学老师更加忙碌；另一方面，由于自身羞涩，我和老师的交流变少，会让我产生一种不敢去太麻烦老师的心理。但我认为，具体问题应该具体分析，我也应该在课余时间多与老师交流，让老师了解我想法的同时，学到更多东西。

还有一点我想说的是，尊重。不管是学生对老师的尊重，还是老师对学生的尊重。身为学生的我，在老师面前对老师是十分尊重的。比起平等教育，我更倾向于俯身倾耳，老师教给我们知识，认真负责，我们作为学生的应该是感恩，尊重老师。作为一个将来的教师来说，我认为是应该做到尊重学生的。不管是日常学生的想法及做法，我们应是在极大程度上了解学生的情况，再对学生的行为想法做出适当的评判，对学生做得好的地方，及时表扬；对学生做得不好的地方，加以引导。一个懂得尊重学生的老师，也会得到学生的尊重。

最后，我认为最重要的一点是学无止境。这是在大学后我的一个感受，人外有人，山外有山，而作为一个当代充满理想与抱负的年轻人来说，应该树立终身学习的理念。学习再多都不够，学习多久都不长，多久学习都不晚。而作为一个当代社会主义建设者，应该不断地在书籍中吸取知识，为自身所用，提升自己的思想水平。有了更高的思想境界，才能够登上更高的山峰。而一个人所处的环境，又在一定程度上决定了一个人的思想境界。但我始终认为，一个人的思想境界才决定一个人所攀登到的山峰高度。因此，在以后的教学中，我会比较看重教学生如何做一个正直的人。希望更多的是在教会他们知识的同时，为他们带来更多关于人生的思考，从而促进学生的成长。

事在人为，希望事事如愿，也能坦然面对自己创造出来的彩虹。不管怎样，我始终相信，自己创造出来的彩虹总会非常美丽。

最后，想要附上我信奉的一句话——竹杖芒鞋轻胜马，谁怕？一蓑烟雨任平生。

对于小学教育专业的师弟师妹，愿你我都有光明的未来。

时间是十分奇妙的东西，能够似宁静的山涧幽泉，也能够似磅礴喷涌的江河。无论何时，愿你能坦然面对幽泉或江河！

愿你踏实勤奋，目标远大。若人生是一趟航海旅程的话，目标便是这趟旅程的罗盘，而你的踏实勤奋将会是旅程中航行的经验。要想这趟旅程中所经历的风景丰富美丽，丰富的航海经验和正确方向都不可或缺。

愿你增才干，担责任。一代人有一代人的长征，作为新时代、新青年，我们身上肩负着祖国未来的教育大业。因此，在这四年里，每个人更应努力提升自身能力，在未来的日子里，能够承担起祖国教育事业。

愿你积跬步，至千里。没有任何一条路是不走就能出来的，我们的人生路也应该自己脚踏实地一步一步走出来。若前方荆棘丛生，愿你有披荆斩棘的勇气；若前方惊涛骇浪，愿你有乘风破浪的能力。到那时，你所想的幸运便将至。

愿你不忘来时路，常感恩。教师教授知识，传授道德，在这四年中，你将感受到的各位老师对我们的辛勤付出。老师在日常中教会我们做人要认真，在课堂上教会我们学术要认真。教育是传承的过程，你所学到的一切正是老师与自身共同努力的结果。

时光荏苒，青春只有一次，要在青春日子里迎着暖阳，肆意飞舞，成就灿烂人生！

读书是为你自己

自我小传

【姓名】：庞春梅

【出生年月】：2000 年 3 月

【出生地】：四川省达州市宣汉县白马镇繁坝村 1 组 6 号

【求学经历】：

2003 年 9 月到 2006 年 6 月在白马镇中心小学读幼儿园；2006 年 9 月到 2012 年 6 月在白马镇中心小学就读小学；2012 年 9 月升学进入白马初中，2013 年 6 月初一读完离开白马初中，转校进入华景中学继续读直至 2015 年 6 月毕业；2015 年 6 月参加中考，进入四川省宣汉中学就读，直到 2018 年 6 月高中毕业，进入大学。

一、白庙街·记忆最初的地方

我是在我们镇上一个叫白庙街的地方出生的，我们镇叫作白马镇，据说从前这里有一匹白马，因此取名“白马镇”。从出生到上学前的记忆，我已经不是很清楚了，但是作为一个从小的留守儿童，记忆中最深的可能就是我的爷爷奶奶了。他们就如其他孩子家中的“严父慈母”一样，在我的印象中，爷爷总是对我很严厉，我做错事他会严肃地批评或惩罚我，而这个时候，奶奶总是来劝爷爷，然后包庇我。就是在这样一刚一柔中，我懵懵懂懂地学会了走路、说话。上学前的教育也不是很多，其中最重要的就是家庭影响，他们会在日常生活中教给我一些知识和道理。还记得发生在两岁左右的一件事，对于小孩子来说，好吃是天性，我也不例外。那时候我就经常跑到我家附近的小卖部去拿东西吃，因为每次我拿完东西奶奶就会给钱，因此到那时候我都不知道买东西要给钱这个简单的道理。记得有一次，我又从小卖部那里拿了我喜欢吃的零食，过了一天之后，老板找上门告诉我爷爷说，我昨天买的东西没有付钱，然后我就被骂了一顿。也是从那时候我才知道买东西需要付钱，没钱就不能拿别人的东西，这种行为是“偷窃”。

上学前的教育不是像课本那样，直接告诉你什么事该做，什么事不能做，它是会在我做错事之后由我的爷爷奶奶告诉我，我也在他们的身上学到很多。三岁以前离我现在已经很远了，那时候的记忆也慢慢模糊起来，但是记忆中严厉的爷爷和慈祥的奶奶仍记忆犹新，他们陪我长大，教给我很多道理，也陪我度过了我的童年。

二、幼儿·温柔的教师与可爱的学生

在我三岁的时候，我就被送进我们镇上的幼儿园上学。还记得第一次进入学校时，我是很开心的，因为有一个大我两岁的姐姐都在上学了，因此我一直非常期待上学。那时候的我对上学没有什么概念，只是单纯地认为多了很多伙伴，可以一起玩耍。幼儿园包括小班、中班、学前班三个阶段，也就是三年。在这三年里，我认识了很多同伴，认识了那个温柔的老师，还学会很多知识。在这期间也发生了许许多多的事，出现了许许多多的人，但是令我印象深刻的就只有那一件事和那一个可爱的人。

那件事发生在中班的时候，也就是我四岁左右。这时候的我对上学的热情已经不是很高了，总想着不去上学就好了。记得那是一个冬天，四川的冬天是很冷的，因此对于大多数成年人来说早上都不想起床，就更别说作为小孩子的我了。那天好像是星期五，早上一如既往地冷，本来要到上课时间了，我却不想起床一直待在床上不动，这时候奶奶上来叫我起床，我知道奶奶一直很疼爱我，于是我撒娇着对奶奶说：“外面好冷，今天我不想上学了。”奶奶犹豫了一会儿也同意了，但是这时候爷爷上来了，他把我从被子里面拉出来，叫我马上去上学。我不同意，抱着奶奶不动，就是不愿意去上学。到现在我还记得爷爷当时的脸色，他沉着一张脸，语气很严厉地说道：“最后问你一次，到底去不去上学？”我那时候脾气也上来了，说道：“说不去就不去。”听完这句话，爷爷当时气急了，下楼拿着木棒一言不发就往我身上打，一边打一边教育道：“小小年纪就不想上学，长大了干吗？”我一边哭着一边往外面跑。最后我还是没去上学，因为我最后哭累了就睡着了。但是现在想起来感觉身上还隐隐作痛，因为后面无论我做错了什么事，都没有那一次打得痛。但是现在回忆起来，爷爷打我时颤抖的手和语无伦次的话语，都可以看出他的不忍心和痛心。不忍心打我，但也痛心我的不争气和不听话，也是从那时候起，我上学从来没有逃课和迟到过，一直到现在。

说起温柔的人，那就非我老师莫属了。她的具体名字我已经记不清楚了，但我记得她姓张，张老师是一个非常温柔的人，对我很好，她也是我幼儿园三年的老师。她对我们每个人都很有耐心，还记得她包里面总是装着很多各种各样的糖果，这些糖果就是她用来奖励我们的，而我总是每天都有。记得有一次，我们班有一个同学有一个新本子，她在班上到处炫耀，我也想要一个，但是我知道奶奶不会给我买的，那一天我一整天都是闷闷不乐的。临近放学的时候，张老师发现了我的异常，就问我怎么了，在知道我想要一个新本子时，笑着对我说，新本子我这里有很多的，放学后来找我拿。后来我的书包里多了十个新本子。这就是我的幼儿园老师，虽然在这个阶段她没有教给我们书本上的知识，但是她让温柔陪伴了我三年。

三、小学·童年的味道

正如歌中所唱的一样，每个人的童年都是不一样的，但绝对都是异彩纷呈的。这里所说的“童年”就是指小学阶段。我的童年生活也是一样，充满了酸甜苦辣，但大部分时候都是甜的。

说起我的小学生活，绝对是鸡飞狗跳的。我小时候很不听话，经常被我爷爷拿着木棍从上街追到下街，这也是我们那里的一道“亮丽”的风景线。我爷爷也是学校的常客，没做作业、打同学等事情层出不穷，成绩还差，老师、家长都为我感到头痛。我从来没有认为这样不好，但是发生了一件事却让我感到了深深的自卑和后悔。你们一般是多久会写自己名字的？大部分人肯定都是上小学一年级就会了吧。但我不是，我二年级下学期的时候还不会，那时候本子上、卷子上，只要是写名字的地方我都是写我名字的拼音，而那件事也是因此而起。记得某天下午，我们班主任突然让我明天把爷爷请到学校一趟，我当时不以为然，这样的叫家长已经发生过很多次了。第二天，爷爷去了办公室，过了很久才出来，手上还拿着一个本子和一些卷子，我以为是我考得不好，但不是。我被遣送回家了，就因为不会写名字。我们班主任的原话是：马上就要到三年级了，她还不会写名字，这样后面很难教的。然后，她就叫我爷爷把我带回家，什么时候会写名字了。什么时候再回来继续上课。回到家以后，爷爷把我的名字写在本子上，让我自己照着写，看到我还是不会，就会教我一笔一划地写，第二天我就学会了。但是，到现在我还记得爷爷当时说的话：是我不好，没有教会你写名字，爷爷的文化水平也只有小学，好多东西我们也帮不了你，因此就只能靠你自己。那天我边哭边写我的名字，哭不是因为挨打挨骂，而是因为爷爷的那一番话，哭的是我的后悔和自责，我真的意识到我以前的错误。也是从那时候开始我慢慢重视我的成绩了。

小学这六年，每一天都是很充实的。在学校里有可爱的同学和宽严有度的老师；在家里，有从小一起长大的同伴和我的爷爷奶奶。在这六年里，有过伤心难过，如分班、同学转校、考试考差等；也有过高兴，考试第一名、得到老师的奖励、六一儿童节等；有过玩耍，学校里和同学一起跳皮筋、踢毽子，在家里，和小伙伴一起上山下水，到处跑；也有过勤奋，为考试复习、通宵赶作业等。这些大大小小的事情共同组成了我的童年生活，也让我品尝到童年的味道，是如此多彩与难忘。人生百味，需要人细细品尝，记忆中的童年生活也是，那时候的人和事可能不是那么清晰了，但是多年以后，遇到那时候的人，你总会说一句：我们是不是在哪里见过？那时候你脑海中也许就会闪现出与这个人有关的事。童年是美好的，小学阶段是无忧无虑的，如果有人问我，你最想回到人生中的哪个阶段，我一定毫不犹豫地告诉他：小学。

四、初中·人生的小分水岭

初中三年是老师口中常说的“分水岭”，是进入好的高中还是差一点儿的，全靠你自己。在初中三年的学习中，我们开始慢慢成长，也慢慢开始由懵懵懂懂变得成熟起来。

在进入初中的那个暑假，我被检查出患有很严重的病，需要住院进行治疗。暑假两个月我都是在医院里度过的，但是临近开学，我妈让我休学一年，好养病，我拒绝了这个提议，我认为在学校里也是一样。因此，我就成为了我同学口中不能跑，不能跳，也不能过于劳累的“瓷娃娃”。第一年，因为要吃药的缘故，我就在我们镇上的初中上学。这里的师资力量真的不太好，学生也是那种过一天就混一天的感觉。在这个学校，经常请假的我，全校成绩排名没有下过前十，不知是不是受周围环境的影响，我也开始变得不爱学习了。不做作业、上课不听讲、分数一次比一次低等现象开始出现在我的身上。就这样我浑浑噩噩地度过了我的初一生活。

初二，我转校进入华景中学，也开始了我的住校生涯。华景中学是我们附近几个镇里面师资力量最好的一个，从进入那里我也发现了白马初中与华景中学之间的差距。在这里，每个学生都会非常努力地学习，因为从进入这所学校起，他们就知道自己的目标是什么。“孟母三迁”的故事告诉我们环境的重要性，而一次转校我就非常明白这个道理，在白马的时候周围的人都不学习，这时候你也会渐渐地不想学习，而在华景，所有的人都在努力学习，你也会慢慢开始学习。其他人是不是这样我不知道，但是我反正是这样的。慢慢地我开始融入这所学校，这个班级，但是初一知识的不牢固，导致我初二的学习非常困难，跟不上节奏，好多知识不知道，慢慢地成绩越来越差。我感到很焦虑，我把我的焦虑告诉了妈妈，妈妈告诉我说，现在我的病还没有好完全，情绪不能过大，要保持积极的心态，她让我不要太担心升学的问题，实在不行就择校进入高中。妈妈的这番话像是给我吃了定心丸，我开始不再感到焦虑不安，也不再为了成绩而辗转反侧，我开始放平我的心态，该学习的时候学习，该玩的时候玩。就这样，我的初二生活就慢慢过去了。

不知不觉间，初三来临，我的初中生活已过去三分之二，这是决定人生小分水岭的关键一年。这时候我的成绩处于不上不下的阶段，刚开学，我们五个班就进行了分班，两个好班，两个平行班，一个差班，最后我以最后一个名额进入了好班。最后一个名额是什么概念，就是我的成绩是班级倒数第一。我自卑极了，我想还不如去平行班，但最后还是没有去。这时候我的病也已经恢复得差不多了，我想我该为自己拼一把了，就把我的想法告诉了奶奶，奶奶笑着说：你终于长大了。我终于开始慢慢成熟起来，知道为自己的人生负责。初三这一年，对于我来说就是枯燥、单调但又充实的一年。这一年里我的成绩慢慢上升，但是我眼睛的度数也开始慢慢增加，这一年我戴上了我人生中的第一副眼镜。在这一年里，学习充满了我的生活，虽然最后的结果是我还是没有考上宣汉高中，但是比起以前来说，这个成绩对得起我的努力。

人们常说：过程比结果更重要。现在回忆起来，初三那一年的努力最为深刻。

五、高中·忙碌、单调又充实

高中是基础教育最重要的一个阶段，也是人生的一个大分水岭。这三年的高中生活用三个词就可以进行概括：忙碌、单调、充实。这样的生活应该是枯燥的，印象应该不是很深刻的，但是恰恰相反，高中生活在我的记忆中是最为深刻的。

我所在的高中是我们市排名第一的高中，本来我没有考进这所学校，最后我还是择校进入了这里。这所学校既然是排名第一，肯定高手云集，而我所在的三班就是一个平平无奇的班级，这个班级里的大部分学生都是通过择校进入这里的。刚开始我还没有意识到我与其他人的差距在哪里，直到第一次考试排名下来以后，我感到深深的自卑。全校高一学生一共两千多人，我排名一千七百多。这个数字深深打击了我，我总以为我的成绩挺好的，但是现在我才知道我不过是一个“井底之蛙”。我开始迷茫起来，也开始自我怀疑起来：我真的很差吗？来到一个新环境，最先的应该是适应周围的环境，但是这次考试后，我强迫自己快速融入这个班级，快速进入高中生这个角色。我的高一生活就在这次考试中进入了一个新的阶段，学习成为了最重要的事，每天单调地学习、做题，只有周末会和室友一起出去放松一下。当然，在这时候我也认识了我最好的两个闺蜜，直到现在，我们虽然在不同的地方，我们之间的关系却更加紧密。就这样，在排名八百多的一次考试中，我高一上期的学习生活就落下帷幕了。

接下来，就是一个重要选择的到来，文理分科。人们总是认为，理科以后好找工作，会有更多出路。我那时候也是这样认为的，并且那时候我理综成绩比文综好，所以更应该学习理科。事实上，我也是这样选择的，我选择了理科，进入了新的班级（因为我们原班级是文科班，所以选择理科的学生要去其他班级）。那天报名，我早早来到新班级，在老师那里报了名，接着我该回寝室收拾东西去新的寝室，来到寝室，我慢慢收拾东西，越收拾越不舍，看到我的室友，不知道为什么心中的不舍越来越强烈，心中有一个声音说着：不想走就不走，学习文科也是一样的。我放下手中的东西，跑到新的班级，站在门口，望着那一张张陌生的面孔，心中的声音越来越大。最后，我后悔了，我跑到原来班级找到班主任，询问他，还可以收我不？班主任告诉我说：只要你自己不后悔，你可以回来。然后我又打电话把这件事告诉了爸爸，他也同样说：只要你自己不后悔就行。我当时想，如果我不选文科，我才后悔。最后，我回到了我原来的班级，见到熟悉的人，还在我熟悉的寝室。选择文科，直到现在，我都不后悔我当初的决定，我不知道如果我没有回来，继续学习理科的话，我的人生是怎样的，但是我相信一定没有现在的异彩纷呈。

文理分科之后，我的高中生活又回到了原来的模样，忙碌、单调又充实。后来，我的成绩上升到文科排名一百多的时候就不再动了，我知道已经到了临界点了。这时候，青春的“荷尔蒙”也发生在我的身上，我喜欢上一个男生。高二那一年，我的大部分时间都放在了那个男生身上，学习的时间越来越少。学习本来就是不进则退，结果可想而知，成绩慢慢下滑，分数越来越低，老师的谈话也越来越频繁。到最后我的“恋爱”梦被打破，高二这一年也结束了。那一年的暑假补课期间，那个男生和我说清楚了，想起这一年的所作所为，那天晚上我哭了很久，不知道是为了我恋爱还是这一年的不作为，也可能都有吧！

就这样，在一个炎热的季节中，高三悄无声息地来了。这是高中生活最为重要也是最为关键的一年，但是看着进入高三的第一次测试成绩，我真的很后悔。但是我知道世上没有后悔药，只能更加努力去弥补。在这样的认知中，我继续了我的高三生活，这一年比高一更加忙碌，没有假期，只有数不清的作业和卷子；更加单调，每天都是三点一线的生活，教室、食堂、寝室成为这一年最常去的地方；但又更加充实，忙碌的学习，繁重的作业任务，让我空不出多的时间去想东想西，每天都变得非常充实。临近高考，不管是学生还是教师都是紧张的，就连空气都感觉是紧张的。这时候，三天一小考，一周一大考成为我们的常态。高考前一两天，我整个人都是紧张的，但当我坐在考场的时候，我发现自己不紧张了，因为就算结果不怎样，但是我自认为我对得起我的青春，也对得起我的高中生活。经历了两天的考试，就这样我的高中生活也结束了，这也意味着我的基础教育到这里也就结束了。

前面十八年的生活结束了，在这十八年里，我经历了许多事情，认识了许多的人。释迦牟尼说过一句话："无论你遇见谁，他都是你生命该出现的人，绝非偶然，他一定会教会你一些什么"。也就是说：生命的每一刻、遇到的每一个人、经历的每一件事都是我们成长成今天的自己所必经之路，它们总会让你懂得一些东西，或是教会你爱与释怀，或是带给你教训和成长。没有这十八年就没有今天的我，这期间的每个阶段，教会我的东西都不一样，我也由最开始的懵懵懂懂逐渐走向成熟，因此这十八年的经历值得我好好回忆。

六、大学·被我拒之门外的丰富生活

（一）大一——新的生活，新的自我

经过紧张的高考、查分和填志愿这三个阶段，我成功被绵阳师范学院录取。其实被这个学校我所喜欢的专业录取，我是很高兴的。因此报名那天，我独自一个人搭乘动车来到绵阳，内心的喜悦战胜了独自一个人的恐惧。报名之后，我就真真正正成了绵阳师范学院小学教育专业中的一员。来到寝室之后，看着来自四川各地的室友，其实还是很紧张的，陌生的环境，陌生的同学，陌生的地方，直到这时我才真正意识到我离开了生活十八年的地方，来到了一个极为陌生的地方，而我也将在这里生活四年。

和室友简单地认识后，因为这五个人将是我接下来四年的室友，我认为打好关系是非常有必要的，然后买东西，整理床铺，开学第一天就这样度过了。第二天就是开班会，认识班上的同学。到了以后才发现，我们班只有两个男生，严重的男女比例失调，之后就是辅导员讲规矩。也是这时候高中老师口中的大学破碎了。说好的六十分万岁，多一分浪费变成了平均分 72 分及以上，说好的课少变成了满满的一页课表，这大学生活和想象中的一点儿都不一样。但大学是一个新的开始，我也将成为一个新的自我。

我的大学生活就这样慢慢展开了，不知道是不是高三那一年的高强度学习，进入大学后，我开始慢慢松懈了。手机成了必不可少的一部分，刚开始上课还会听讲，到后面上课要手机也逐渐成为常态。熬夜追剧，看小说这种

时常发生，第二天上课补觉也慢慢地出现，刚开始还不敢正大光明地上课睡觉，后来发现老师不会管，上课睡觉也越来越频繁。慢慢地期末来临了，这时候的几天可能就是我这学期最勤奋最刻苦的时候了，那几天一天到晚都在背书，记知识点，“一天一本书，一周一学期”说的就是那个时候的我。临时抱佛脚成了大学生活最为常见的事情。

在这一年里，我也有一件意难平的事，那就是英语四级考试。大一两学期两次考试我都没有过，我们寝室的舍友都过了，就我一个人没有。大一下学期的时候，我为了这个四级考试，每天背单词，做测试，我室友还笑话我说这是我最认真的时候了。但就算这样，结果还是一样没有通过。其实当时我查看成绩时，我挺伤心的，我觉得努力没有回报。但是很快我就调整心态，总结自己这次失分的地方，发现听力和翻译是我的弱点，应该加强对这两面的学习，我相信我下学期一定会通过的。

这就是我的大一生活，在一个新的地方过着新的生活，也成了一个“新”的自我。这个新的自我不是好的，而是不好的、堕落的、浑浑噩噩的，虽然我不想承认，但这就是我的大一生活。

（二）大二——新的学习方式，新的学习生活

大二这一年是不平常的一年。在大二上学期我实现了一个小目标——通过英语四级考试，这学期和大一没什么两样，一样堕落，一样浑浑噩噩，整个人就如咸鱼一般。而我说的不平凡指的是大二下学期，这学期的不平凡在于教师上课的方式是网络，而学生学习的方式是网课。

大二上学期放寒假，我们都在家准备迎接新年的时候，一个噩耗传来，中国发生大规模的新冠疫情，且此次疫情传染力很强。而为了响应国家号召，待在家是最好的办法。而临近开学时候，教育部又推出“停课不停学”，要求广大大中小学进行网络教学。而我们家就正好一一对应，我大学，我妹中学，我弟小学，从三月到七月持续五个月的网络教学就开始了。

对于网络教学来说，教师是第一次，我们也是第一次。还记得刚开始的时候好多老师不会用，就一个一个地试，学习通、腾讯课堂、腾讯会议等，一个一个地试用，直到找到最好的那个软件。在这期间，我们闹过很多笑话，比如，某个学生的麦忘记关，听见他打呼噜的声音；还有不小心点开视频，发现蓬头垢面的同学。而网络上课，对于学生的自律也有了更高的要

求，只要你进入了学习页面，接下来你是学习还是玩耍，没有人知道，只有你自己最清楚。那时候我们一周有三天早上有课，需要八点起床进入直播间。这时候是起床学习还是继续睡是一个很难抉择的问题，反正每次我都会犹豫很久，最后才选择起床学习。就这样慢慢地教师和我们都习惯了新的教与学的方式，在那五个月的时间里，手机、电脑成为每天的必需品，这时候的必需品和大一那时候完全不一样。其实当一天课多的时候，你可能那一天都不想看到手机和电脑。

就这样，特殊的学习生活就过去了。现在想起来还是觉得有点儿不真实，竟然在家学习了一学期。而大二的生活也过去了，现在想想，我的大学生活已经过去一半了，而我经历了什么呢？什么都没有，就只是单纯地度过每一天，但是每一天的生活都是无意义的。

（三）大三——新的开始，新的目标

在浑浑噩噩中，我迎来我的大三生活。进入大三的第一天开班会的时候，我们辅导员就告诉我们：“你们的大学生活已经过去一半，前两年没有目标的也不要着急，从现在开始确定你的目标，并向着这个目标努力前进。”听到这里，我不禁反思：我不就是没有目标的人吗？我以后是想考研？还是找工作？我一点儿头绪都没有。经过几天的认真思考，我最后决定参加达州市的国家公招。

前两年的时间已经浪费，从现在开始，我要有一个全新的开始。在决定参加国家公招后，我开始了解近几年的招生情况，发现这个竞争压力很大，一般都是一个位置几百甚至几千人竞争，但是就算如此，我还是要尝试一番。但目前最重要的是拿到教师资格证，因此我大三上学期报名参加了笔试并且成功通过，之后的面试因为不自信而错过了，然后在这学期成功通过了面试。但是我现在面临一个很大的困难，那就是普通话。前不久我刚考完我的第四次普通话测试，但是我觉得通过的概率不是很大，因为对于达州人来说，平翘舌是一个很难克服的大关。而因为前两年的不作为，计算机考试、英语六级等我都打算去考一次。大部分人都在大一、大二就把该拿的证拿到手了，而我才刚开始，尽管这样会使我的任务更加繁重，但我还是打算去努力拼一把，这样才对得起我的大学生活。

我的大学生活到现在为止已经过了三分之二了，但是我醒悟得还不是太晚，我已经确定了我的目标，后面的生活就是向着这个目标努力前进。

（四）大四——实习、论文与工作，新的未来

时间匆匆，眨眼间四年时间已将过去，我也不知不觉间走完了大学的四年。恍惚间还记得刚来大学的日子，那时候的自己充满对大学四年生活的向往，而一晃眼间，四年的时间过去了，我也从稚嫩慢慢走向成熟。

在这一年里，上半年主要以实习为主，下半年在论文与工作之间徘徊。先来谈谈我三个月的实习生活吧，我实习的学校是科学城春蕾学校二小，在那里我遇到了我的指导教师吴老师和胡老师，她们对我非常照顾，不管是学习上还是生活中，还有三年级一班那一群可爱的小朋友。到现在我还记得吴老师和胡老师指导我的每句话、每个神态，还记得学生们每周一对我行的每一个礼，记得我的第一次备课、上课和反思等，历历在目。三个月的实习时间很短，但我学到了很多，也经历了很多。在这三个月里，经过指导老师的悉心教导和自身的不断努力，我在不断地汲取知识，为成为一个真正的小学教师而努力成长。回顾三个月的实习生活，感慨颇多。而让我感受最深的是：教育实习对每一个准教师来说，都是非常重要的一步，是我们师范生将理论知识付诸行动的必需环节。我们可以通过实习，接触与专业相关的实际工作，综合运用所学的理论知识、基本技能，用理论指导实践，提高自己的实际操作能力，而不仅仅是局限于书本的知识。这三个月的生活工作体验，在科学城春蕾学校二小校领导、老师的支持和指导下，在指导老师、班主任的帮助辅导下，我收获了很多学校里学不到的知识，综合素质得到了很大提高，体会到作为一名教师的光荣与责任以及明白了成为一名优秀的教师所要付出的艰辛和劳累。

大四下半年主要就是写论文、找工作和毕业。我的论文题目是在我实习期间所观察到的，然后询问了指导老师，她给了我许多建议，最终确立下来。目前，我的论文初稿已经完成。目前，我最担心的是找工作，我们班上有一部分学生已经和相关单位签订合同了，但是我的普通话还没有过关，寝室的室友们都在积极地准备教师资格认定和找工作的事，而我连第一件事都做不到，渐渐地，我反思我的大学生活，大学四年，我连最基础的教师资格证可能都拿不到，四年的时间我做了什么，以后我又该何去何从，懊悔、迷茫、无措等一系列情绪弥漫在我心间，我不知道该怎么办。但是我知道，我只能

一步一步地往下走，一步一步地解决我所遇到的问题，一步一步地迈向我不知道的新的未来。

【教育自传后记】回望我的教育之路，我想说！

每个人的成长都会经历幼儿园、小学、初中、高中、大学五个阶段，有些可能还会经历硕士、博士。这些阶段共同组成了自己的学习生涯，每个阶段也会教会你不一样的东西。而我的小学、初一、初二都是懵懵懂懂的，直到初三才有所长大，那时候我才知道为自己而拼搏一把。小学的成绩经常吊车尾，不想学习，我觉得这与很多方面有关，比如，我的心态，我不想学习，在学习上也没有积极性和主动性。还有就是没有自律性，遇到诱惑就会主动放弃手上的学习。就这样度过了四年，五年级的时候有幸考过一次第一名，这也是因为我们班主任是我亲戚，在他的强迫下，认真学习了一学期，但现在还记得他对我说的一句话："你不笨，就是太懒。"后来他因为一些事，离开了这所学校，而我的成绩又恢复到最初的模样。初中前两年，因为生病和转校的缘故，成绩也不太好，直到初三那一年拼了一把，就这样加入了好学生的行列。高中也因为一些莫名其妙的事，中间耽搁了一年，但是高三那一年也通过不断努力弥补上来，就这样我的基础教育就结束了。

纵观我整个的学习经历，不算成功但也算不上失败，肯定也有和我一样的人，甚至还有比我差的人。其实，我们每个人的命运怎样，都是由我们自己决定的，就在我们自己的手中，只有我们自己能决定我们最终去向哪里，就正如我爷爷经常说的一句话："读书是为了你自己读的，不是为了我们读的。"如果以后我做了老师，做了父母，我一定会把我的学习经历讲给我的学生和孩子听，然后告诉他们，学习一定要趁早，越早越好，还要好好学习，把学习的每一个阶段过得充实而又不后悔，不要等到以后回顾往事的时候才来悔悟。

这次借着写作，我把基础教育的学习经历从头到尾梳理了一遍，发现从小到现在，我总是很少有目标、有理想，也正是因为这样，我对学习总是缺乏动力与兴趣。没有理想，生活就如荒凉的戈壁，冷冷清清，没有活力；没有理想，生活也就如一潭死水，平平淡淡，没有新意；没有理想，生活也就如一潭死水，波澜不兴，毫无生气。但是，现在我有了一个理想、一个追求，那就是未来我想成为一个好老师，像我的幼儿园老师一样温柔，有如我五年级遇到的老师一般负责和有耐心，更像遇到的高中老师一样学识渊博。我可能没有办法让我的学生都成才，都成为一个成绩优异的学生，但我会尽我最大努力让更多学生成人成才，或许有一天，当他们回忆起来，我在他们的记忆中是那么鲜明，我也曾教给他们一些有用的知识和道理，或许我也能影响他们，他们也因为我的影响而想要成为一名优秀老师再来培养更多优秀的人。

大学四年，从初入大学时的兴奋到即将毕业对未来的迷茫，仔细回想，在这大学的四年里，我从来没有怎么努力过，没有参加学校的学生会干部选拔，没有参加过学校组织的各项活动和比赛，从进入大学的雄心壮志到现在的无所作为，想想也真的后悔。其实，我从来没有想过当教师，高考的分数却让我不得不选择师范院校，最终被绵阳师范学院录取，成为小学教育中的一员，为什么会选择小学教育这个专业呢？当时想的就是既然总会成为一名教师，就选择自己喜欢的学生来教，而我刚好挺喜欢小孩子，就这样选择了小学教育，选择了绵阳师范。

进入大学四年，在绵阳师范学院也学习和生活了四年，总的来说，一切都挺好，有许多学识渊博的老师和互帮互助的同学、室友，学到了许多教育教学知识和实践经验，我相信，经过大学四年的教育，我们总能成长为一名合格的教师。但是，我还是觉得我的大学生活是枯燥无味的，我还是有点儿后悔就这样度过我四年的大学生活，每天都是教室、寝室两点一线，陪伴我最多的是手机，大一的学生会选拔报名了，最后却退缩没去，学校组织的各项活动从来不主动参加，上课从来不主动回答问题，就这样我“默默无闻”地度过我的大学四年，到现在写个人简介时才发现无从下笔，才发现自己荒度了大学四年的生活。别人常说，大学生活就是丰富自己的时候，大学校园犹如一个小型社会，你付出的每一份努力都是为自己未来添砖加瓦，我却把大学生活过得一塌糊涂。

这就是我的大学生活，枯燥无味，绵阳师范为我们提供了各种各样丰富自己的渠道，却都被我拒之门外。但是时间已经过去，没有后悔的机会，我将铭记这些教训，为自己开辟一条清晰的未来之路。

经历失败才知成功可贵

自我小传

【姓名】：陈梦帆

【出生年月】：2001 年 1 月

【出生地】：四川省广安市广安区大龙乡

【求学经历】：

2006 年 9 月到 2012 年 6 月在北辰小学就读；2012 年 9 月升学进入广安第二中学至 2015 年 6 月毕业；参加中考，就读于广安第二中学，2018 年 6 月高中毕业；2018 年 9 月至今，就读于绵阳师范学院教育科学学院小学教育专业。

【大学获得主要奖项与担任相关职务的经历】：多次获得专业奖学金、参加征文比赛获优秀奖、被评为“优秀团员”、被评为“优秀实习生”、担任文体委员等。

一、爷爷的手掌和奶奶的饭香

我出生在广安的一个偏僻小乡村里，很难想象在 2000 年，我的母亲还是在家里面生下了我，并没有去医院。

我的整个学前生涯都是在这个小乡村里面度过。但是，由于我从小学开始就搬离了这个乡村，所以到现在对这个乡村，我是既陌生又熟悉。熟悉在于家里人的反复提及，我到现在还能从中抽取到几件我记得的事情；陌生在于我甚至只知道这个乡村名字的读音。

我从小到大的回忆里，父母并没有占据太大的比例。他们外出打工，只有在春节时候才会回来。我已经记不大清了，但是母亲说过有一年他们回来的时候，我站在门口不太认得出她，甚至也没有喊她。

记忆里，学前的时候是爷爷牵着我，从那个小小的有一条水泥板路通向外面的幼儿园一路和别人打着招呼，走到那个在半山腰的家里。

我们家住在半山腰，后面有一大片的竹子，还有香椿树。有时候爷爷会带着我去后面捡柴火。我捡的一根、两根枝丫，爷爷都会好好地帮我保存着，直到有一小捆。奶奶饭菜的香味传到后面来，也是我们该回去的时候了。

在这个时候记得最清楚的有关教育的事情有两件。

我们家的规定是放学后一定要把作业写完了才能出去玩。在当时的幼儿园里，也会布置数字抄写之类的作业，我记得很清楚，当时是一个数字要写一排。放学之后，有大一点儿的孩子来找我玩。但是我的作业还没有写完，他们就帮我出了一个主意，他们帮我写。但是，他们包括我在内都没有意识到一个问题，字迹是不一样的。所以，事情很快就败露了，晚上奶奶检查作业的时候质问我是谁帮我写的。当时具体情境可能有打，也有骂。奶奶气急了甚至把我赶到门外去反省，当时外面并没有灯，周围也很黑，只有从门缝里透出来的屋里面的光。可能是很久很久，也可能也只是一小会儿，爷爷悄悄地出来陪我讲话，再悄悄地带我“溜”进了家。对我来说，其实当时还是比较害怕的，可能到后来很多事情都不太敢和家里人说实话也是这个原因。

当时有没有说出事情的实情，我已经记不太清楚了。但是这个事情没有人提起，我也一直记到了现在。足以说明一些在大人眼里看来可能只是普通的一次批评，但是没有掌握好度的话，在孩子们的心里，到底能留下什么样的痕迹。

还有一次可能是伤痛的记忆，所以记得比较清楚。我在幼儿园里面跑着把手摔了。当时我哭得特别惨，捂着自己的手，一度以为自己的手被摔断了。幼儿园的老师帮我背好小书包，然后让我一个人回家。路上遇到了一个同村的奶奶，看我哭得这么伤心，还给我递了两个橘子。我一边哭着说谢谢，一边把那两个橘子牢牢捧回了家。回去的时候我哭着喊痛，也不让他们碰。爷爷奶奶当时着急地把我往城里面送，给我看手，打车的时候抱着我，还把帽子跑掉了。最后那个诊所里的医生说我只是轻微扭到了手。奶奶事后还去学校责怪老师不用心，让我一个人回去。

其实，现在想起来并不能够完全责怪老师。当时在比较偏僻的乡村，条件也不是很好，我们只有一个老师，还是村子里面出去上了学回来的。如果说老师自己把我送回去，那么班里面其他的学生呢，就没有人守着了。

虽然没有父母的陪伴，但是爷爷和奶奶都给了我足够的关心。爷爷的大手总是牵着我上学、放学，牵着我去后山里探险。奶奶做的饭菜总是村子里最好吃的，闻着饭香就知道我要结束和小伙伴们的玩耍，回家了。

二、小学的快乐和不快乐

读小学的时候，爷爷奶奶一定要把我送到城里的小学去读，所以当时把我送到了北辰小学去读书。直到我三年级的时候，我们在城里买了房子，把户口也迁了出来。在这个阶段，我很感谢爷爷奶奶带给我的让我终身受益的东西。不偷拿别人的东西；先完成任务，后玩耍；做对了事情有奖励，做错了事情有惩罚等。在学习上，他们并不会去强求我一定要考到多少分，一定要考到第一名，只是希望我能有一个好的成绩，对得起自己。

小学三年级以前，爷爷或者是奶奶总是会接送我，以确保我的安全。三年级以后，他们认为我长大了，可以自己独立上学、放学，于是他们放手，让我自己成长。

父母在我的童年里没有留下太多痕迹，原本很想念、很想念的心也在慢慢地淡化。

小学是快乐的童年时光。在那个时候，没有铺天盖地的辅导班。周末的时候可以去和小伙伴们玩儿，可以在家里吃着雪糕，看电视。我不需要去想我该怎么样走好我未来的路。

在小学期间，上学的时候也不总是快乐的。这就是不快乐的童年，有数不清的作业和要拿回去签字的卷子。

我的小学数学、语文老师教了我们之后，他们再教一班学生就退休了。这两位老师到现在给我留下的印象有好的地方，也有不正确的行为。最主要的就在于年龄偏大，教学的观念非常陈旧，相信体罚、不断考试和布置很多作业能够让学生成绩更好。

最初开学的时候，大家彼此都还不认识。老师组织我们自我介绍。每一个人说说自己的姓名和兴趣爱好，让我们能够快速地认识彼此，减少陌生感和恐惧感。当我第一次站上讲台介绍自己的时候，我整个脸都涨得通红。平时大声音的我，怯懦得说不出话来。但是，我还是非常感谢老师，能够组织一场这样的活动，这不仅帮助我们每个人认识彼此，而且有利于让我们更加自信大方，这是让我最感谢老师的地方。

班主任何老师对于每一个孩子家里的情况都比较了解，这样其实也有利于帮助她的教育教学。有一次星期五放学，我坐公交车去姑姑家，正好和何老师坐在了同一辆公共汽车上。何老师就问我，怎么坐上了公交车，要往哪个地方去？因为她知道我的家离学校很近，走路只有大概十分钟。当时我就很高兴老师的关心，到现在我也依然觉得老师对于我们的安危很在意。

当时我们每次开学是要交学杂费的，包括作业本在内。但是老师在开学的时候并不会把这些作业本都发给学生，只会发极少量的本子，在随后一学期的每次考试中给分数在 90 分及以上的同学，按等级发不同数量的本子作为奖励，念到名字的上去领奖。但是这些本子本来就应该是平分给每一个学生的，并且每一次考试 90 分以上的同学和不及格的同学的名字都会被念出来。我在当时一直保持 90 分以上，所以领本子的时候，还感觉比较自豪。甚至在老师把不及格的同学的名字念出来的时候，我的心里还会替他们感到羞愧，唾弃他们的不认真学习。

在上课的时候，成绩好的同学上课走神只是会被提醒，而成绩不好的同学上课走神，会被老师用书本打头，甚至随手揪脸。这种不公平对待、直接公布排名的行为，当时的我并没有觉得有什么不对。现在看来，这种行为已经严重伤害了学生的自尊心。

两个老师都比较奉行体罚，让我记得最深的就是，在听写或者作业完成后有错误的情况，第二天自己直接报数，错了多少个，老师就用宽竹条打多少下。每天专门有一个时间，老师拿着竹条，几乎每个学生都被打过。而且那个竹条打下去一次，手就会肿一条。有一次我听写不认真，错了几个，挨打之后当时就疼出了眼泪，手肿到了第二天。其实这种行为并没有带给我们学习观念上的转变，认真完成作业只是在于害怕老师的惩罚。

在数学杨老师的教导下，数学根本变成了一个“文字”学科。我在小学的时候，虽然数学成绩好，但是我并不喜欢数学，根本没有体会到数理逻辑带来的美感。杨老师很喜欢布置有关数学结语或定理的抄写，每一次都是十遍十遍地抄。每天的数学作业，不仅有练习册，而且有额外的抄写作业。这个抄写并不仅仅限于当天学习的数学知识，只要是学过的都会被囊括其中。我经常容易晚上做不完抄写作业而睡着，甚至有时候家里面的人帮我写。这样的方式的确能够让我们对这些结语或者定理烂熟于心，但是过多重复的抄写并没有实际意义，只会让我们丧失对这门学科的兴趣。

或哭，或闹，或笑，小学就这样溜溜达达地走了。对于给我带来很大影响的两位小学老师，其实我的感情是很复杂的，一方面他们的确在教学工作方面非常优秀，讲课也讲得很好；但是另一方面，由于时代造成的教育教学观念的错误，会给很多学生留下心理阴影。

三、初中的成长之路

对于初中的记忆，总是很感谢遇上的那个照亮我人生道路的老师，那个无论什么时候都陪伴在旁边的朋友以及那件猝不及防的事情。

肖老师个头小小的，人也很瘦。作为一个女老师，她的气场却很足。班里人高马大的男同学，也会怕她生气。往后门一站，调皮的同学吓得赶紧坐正。肖老师带给我的就是对数学的浓厚兴趣和自信大方。

即便我高中选了文科，但是我的数学成绩一直以来都非常好。我觉得这是肖老师带给我的深厚基础，在肖老师的课上完成一道数学难题，带来的不是苦恼，而是成功的喜悦。她对每一个同学都非常有耐心，无论那个同学这道题错了多少遍，无论那个同学的成绩是好是坏。

她的课堂总是能够吸引同学们的兴趣。我不知道对于其他人来说是什么样的，对于我来说，数学课从来不是枯燥的、让人打瞌睡的。最开始我回答问题的时候，总是磕磕绊绊的，整个人都是非常不自信的状态。在我回答问题过程中，我的余光有的时候看到了肖老师，她总是微笑着点头。这其实就给了我很大的自信。慢慢地，我在回答问题的时候，我表现得更加从容、更加有条理。

在讲作业的时候，肖老师很喜欢让学生们上去讲。如果学生讲得出来，也把下面的学生讲得懂，那么这个问题她就不会再讲了。正是通过这样一次又一次的锻炼，我相信不仅仅是我，班上其他同学也在数学课堂上获得了更多自信，同时也能在其他课堂上表现出来积极活跃的状态。

初中的朋友总是最单纯的，我们座位挨得近，下课在一起玩，上学、放学一起走，就成了最好的朋友。遇见有趣的事情和她分享，一起欢笑；考试考差了，在家里挨骂了，有她安慰；我们有相同的兴趣爱好、有相同的习惯。在和她相处的时候，也教会了我很多。我学会了倾听，学会了体谅别人，学会了换位思考。她的努力学习，也带动着我一起进步。

在我生日的时候，她曾经给我写了一封信，里面写了很多话。有写我们的曾经、有写她眼中的我、有写她想象的未来的我们。这封信我到现在都还保存着。虽然后来我们高中没有在一个班，也没有办法多加联系，慢慢地她就淡出了我的世界，我也淡出了她的世界。可是这份真挚的友情，我依然会铭记于心。

初中带给我最悲伤的回忆，就是家里人的去世。爷爷永远地离开了我，离开了我们，离开了这个家。这件事，到现在我都觉得猝不及防。

我们家里每一年都会让爷爷、奶奶去体检。春节刚过的时候，爷爷和奶奶一起去医院里做全身检查，当拿到报告单的那一刻，奶奶脸色一下子不对了。爷爷得了肺癌，肿瘤生长的位置，很不好动手术。所以，只能保守治疗，通过放疗和化疗，来延续他的生命。爸爸妈妈赶了回来，没有待几天就被奶奶赶走了。奶奶说，你们在这儿也帮不上忙。明明原来还像一棵挺拔大树的爷爷，就在确诊短短两个月的时间里，老得不成样子，整个人骨瘦如柴，也没有办法吃饭。他闹着要从医院里面搬出来，奶奶顺着他搬了出来，从医院里开了吗啡镇痛，没过几天，爷爷就去世了。人活的就是一口精气神，我最后看见的爷爷，已经没有了精气神。

那天是星期五的早上，姑姑在家里给我做早饭，她一边做饭一边哭。我起床，看见了她哭也没有多说什么，因为那一段时间家里的气氛一直很压抑，我也老是偷偷躲着哭。等我中午放学回来，姑姑说爷爷去世了，今天早上的6点，我当时根本没有相信。因为我觉得爷爷只是去医院治疗，虽然过程可能会有病痛，可能会吃不下饭，但他迟早是会回来的。会有一天我放学回家，他坐在沙发上看他最喜欢的抗日电视剧，扭头看向我，笑着说："回来了啊!"

而不是在我的世界里，再也没了他。

爷爷对于我的生命而言，是树，是山，是像父亲一样的角色。他不仅仅是一个拥有血缘关系的长辈，他在我幼小的心灵里是支柱一样，支撑着我的整个世界。

从那以后，我再也没有和奶奶吵过架。因为我知道再也不会有一个人在我们中间调和了。这条成长的路来得实在有些太快，快到我到现在都不敢去回想。

四、高中，回不去的青春

我们学校有一个这样的制度，从初二下学期选取四次考试，取平均成绩在120名以前的，可以直接升入高中部最好的班级。我有幸进入了直升班。整个高中的生涯虽然很累，却非常充实。现在回想起来，那都是我的青葱岁月啊！

才上高中的时候，面对新的老师和同学，我也没有太过不知所措，我是一个非常外向开朗、很爱笑的人，和谁都有几句话说。

分文科、理科之前，我的学习生活是很累的，每次考试的排名也不尽如人意。曾经有一次，我考到了年级三百多名，回家哭了一天。因为我的理科是真的非常不好，很少及格。高一下学期终于分了文理科，我毅然决然地选了文科，此后成绩始终保持在年级五十名左右。

那个时候，我们笑称是“起得比鸡早，睡得比狗晚”。早上7：20早自习，在冬天的时候，天都还没有亮，就要踏出家门。晚上10点左右才放学，路上的人都是稀稀朗朗的，只有埋头回家的学生们。

每天要做的就是汲取知识，刷题、刷题、再刷题。每个老师现在我想起来都让我觉得非常亲切。语文老师是个胖胖的男老师，在讲古文的时候，总是一个字、一个字，细细地带我们去研读。数学老师是一个很年轻的女老师，教得非常好，我的数学一直都是一百二十多分、一百三十分往上走。英语老师在高三的时候换了一个，我的英语一直以来就马马虎虎，不好也不坏。地理老师讲课的时候非常生动有趣，让我对地理抱有极大的热情。政治老师是我最喜欢的老师，我也自己争取了政治课代表这一职位，但让人心惊胆战的是，他每次上课前会抽人背政治理论。历史老师非常特立独行，讲历史的时候，总是带有自己的主观感受。

我在我们学校最好的一个班里，所以我接触的老师也是我们学校比较顶尖的，当然复读班的老师应该是和我们不相上下的。现在看来，那个时候的我应该是正常普通的努力。广安这个地方前几年才刚脱贫，甚至在我报考志愿的时候一本以上的仍然有专项政策扶持。在我们学校，文科能够上一本线的，可能就年级前一百名左右。我们那一届在政策扶持下，也没有一个上北大的。相对来说，我的整个高中都是在努力，但需要更努力。

高中的时候遇到了最要好的朋友，到现在也依然有联系。我们俩在每次考试之后，都会下意识地比较你数学比我好在哪，我英语又比你好在哪……其实她的成绩始终要比我好一点。主要就是在英语上面，我是实在不太喜欢这一门学科。虽然互相比较，但是我们也在共同地进步，成绩向来都不是影响我们关系的因素。和她之间的友谊，更多来说是课堂以外的。我们在晚上都是不能回去吃饭的，一般是中午回家吃了饭，带饭到学校里面来，在吃完晚饭后、上晚自习前的这一个时间段，我们经常会去操场上走一走。想着我们会读哪个大学，想着我们会不会读同一所大学，想着我们未来也一定要是很好、很好的朋友。

高考是我整个高中考得最差的一次。我是属于面对大考，没有办法考好的人，中考的时候考得也不是很好，高中最后的三次诊断性考试，一诊的时候，我也考得非常差，但是二诊和三诊就要好很多。当时班主任问我要不要复读，我心里在犹豫，因为我甚至不确定我下一次面临这样大型的考试，会不会考得更差。所以，最终我没有选择复读。

高中的结束是怅然若失地松了一口气，我可以不再紧绷，但是我好像也没有办法再回到那段岁月了。

五、大学里的酸甜苦辣

（一）大一：调整状态

我最好的朋友去了中山大学，而我来到了绵阳师范学院。当时整个人的状态是处于相对封闭的状态，我很少和她联系。但是有一天，她突然问我，为什么我不主动找你聊天，你也不来找我。我根本没有办法告诉她，我心里是怎么想的。我在心里依旧把她当成我的挚友，可是她同我过去的失败联系在了一起，我没有办法主动面对她。但是慢慢地我调整了过来，现在依然经常和她保持着联系。

来报道的那天，绵阳下了很大很大的雨，我和爸爸带着行李，几乎全身都要被打湿了。入住寝室，大家很是陌生，客客气气，几乎一句话也不说，这让我这个“话痨”感到无所适从。大一在我看来是初入校园的迷茫，到后来适应了之后的多姿多彩。初到校园，大家来自不同的学校，不同的地方，虽然大多是四川的，但是仍然会存在口音的差异。一切的一切都是那么陌生，而我也是第一次离家这么远。那个时候我觉得我们的学校很大，我连路都记不清。

军训让我和寝室里的同学们迅速拉近了感情。而第一次体验不固定教室、不固定座位地上课，更是新奇。大学与高中不同，就体现在它的自由性上面。课时的安排不用全天都是满课，也有时间让我们做自己的事情。

原本我就读的专业是风景园林，我其实并不太喜欢这个专业。它是一个工科的专业，后期要学到很多有关力学和建筑方面的知识。但是在第一学期末，我的学业水平排名第一，拿到了奖学金。我觉得这并不是因为我非常努力，而是相对来说其他人突然放松的状态导致他们没有太认真地去对待。

大一上学期要读完了的时候，我选择了转专业。我比较想当一个老师，并且从事语文方面的教育，所以我觉得文学与历史学院的汉语言文学专业和教育科学学院的小学教育专业，都是我比较倾向的。考虑到汉语言文学专业是在新校区，所以我直接选择了小学教育专业。来到八班，和一群新同学相处，也认识了一群可爱的朋友。相对原来的专业，这个专业的确让我更喜欢了一点，以教育和心理方面的知识为主。虽然也拿了奖学金，但是现在想起来还是太过于武断了，我可能更多是喜欢文学方面的东西。

第一次知道大学生活里面参加活动、参加社团、参加部门也是要计算到最终的成绩排名的。但仅仅是为了“综测”而参加活动，其实太过功利了。整个大学生活，我还是希望能够好好地去享受它、去充实它。大一参加了许多活动，也加入了一些部门。其实，很多活动都非常有趣，比如说铁丝花比赛、色彩节等，在这一个过程中收获的是欢乐以及和朋友们共同的回忆。部门，相对于我来说是一个很特别的存在。现在看来，其实里面并没有什么太过重要的事情。如果仅仅是当干事的话，对于自己的能力培养也起不到太大的作用。但是如果进一步当了部长甚至是学生会主席的话，对于自己能力的发展来说，其实是很有帮助的，有利于表达能力、组织能力、协调能力等的发展。但是我当时并没有选择留任，现在想起来，多一个锻炼自己的机会，何乐而不为呢？

大一最让我难以适应的是我们并不像初中高中那样纯粹了，我们仍然在象牙塔里学习。可是在这当中，有多少人已经开始变得浮躁不安分了。本来的一颗向学之心，早就不知道被丢在了什么犄角旮旯了。

（二）大二：何去何从

待在不优秀的人群里，会很容易被同化。学校的学习氛围其实都是很懒懒散散的，除了考试前和大四的人身上。我没有高中那么认真地学习，想着要考研，却没有付诸实际行动。室友们的学习习惯影响着我，我开始变得更加懒散且不求上进。整个人也是处于非常混沌的状态，图书馆偶尔去，偶尔不去；早上起来学习，偶尔起来，偶尔不起来；除了每天的课都准时去上，从来没有逃过一次课，但每次上课也是听了就过了，下课除了写作业从来没有翻过书。

在这个忙忙碌碌的学期，有的人选择充实自己，有的人却选择了随波逐流。

虽然，我大二上学期也是非常忙碌的，上着专业课，补修着第一学期的课程。但是，我就是那个随波逐流的人。在时间的规划上，几乎是没有，把自己的这一学期生活过得一团糟。所以在大二上学期的考试中，不仅补修了大一上学期的三门考试课，更是因为自己的学习状态问题，导致我考得并不好，甚至有一门课挂科了。这对我来说，几乎是不可置信，简直是敲响了警钟。扪心自问，我每天到底是在做什么呢？我是不是与当初那个想要好好学习的我渐行渐远了呢？

所以即便大二下学期，由于疫情学习的状态并不是很好，但是每天看书也好，学习英语也好，总是要做一点什么，不能完完全全荒废。在接下来的考试里面，我再也没有挂过科。大二下学期，也拿到了奖学金。

其实，在这个时候，真正开始思考自己未来到底要做什么了。

我们处在一个普普通通的学校，上着普普通通的学。如果再不努力地争取一把，我们会普普通通地毕业，找一份普普通通的工作，过着普普通通的生活。我还记得我以前说过，我想要自己的人生在我看来是有价值的。

对于所有人通用的就是学习，只有通过学习，将知识摄取、内化、外显，我们才能选择和拥有有价值的人生。学习是会伴随我们一生的，而真正学到手的知识，是我们未来生活的财富。我们该怎么样来面对这个飞速发展着的社会？于是有一个“终身学习”的概念出现了。我希望我的未来也将这一个概念贯彻到底，如果不愿意碌碌庸庸地将就，那么学习将陪伴我终身。

我希望做出正确的改变，让我的人生不再浑浑噩噩。

（三）大三：我与考研有个约定

时光荏苒，如白驹过隙。不知不觉就到了大三，我还记得我大一初到学校的迷茫到后来调整状态；等到大二，又开始找不到方向。“大三”这两个字刻在我的头上，让我对自己有了一个更清晰的认识，也是在疫情返校后，我通过了英语六级考试。

自大三上学期开始，我坚定了自己之前考研的想法。在完成专业学习之余，开始着手准备自己的考研规划，但是这个阶段并没有太急迫的心理。在众多的学校里面选取适合自己的、自己真正喜欢的以及自己想要去的，其实并不是太容易的一件事情。我考虑了很多学校，也放弃了很多学校。

这一年随着考研人数增加，考研的形势其实并不容乐观。我们的本科学校在考研复试上并没有太多帮助，但是在初试上大家都是同一起跑线，所以先过了初试再考虑后续。努力并不一定能够带来成功，但是会有一定的回报，如果不努力，那就什么都没有了。

学期开始，我对自己的考研有了认认真真的规划。到目前为止，一切学习都已经步入正轨，按部就班地进行。但是，偶尔也会觉得，如果大一、大二我更加努力一点，会不会更加轻松？人都是这种生物，总是想着要是我以前怎么怎么样，现在就会怎么怎么样，永远不会满足，但正是这种不满足才会让我们更加进步。我想去的那一所学校比较难考，但是想了一下，如果我就因为难考而退缩，那么考研这条路甚至是未来的任何一条路，我该怎么样让自己勇敢地走下去呢？

这次的见习里，我的指导老师钟老师非常年轻，才参加工作没有多久。一次闲聊中偶然知道，她是我们学校出来的老师，她当时又考研又实习，对自己的时间没有一个很好的把握，实习和考研都没有处理好，研没有考上，实习也没有从中得到太大的收获，后续的公招也没考上。现在想起来，她还是觉得很后悔没有好好把握，她希望我对自己的未来能有一个明确的规划，人其实是没有太多精力去兼顾好几样东西的，必须安排好。

或许在这一次的考研当中，我没有办法一定“上岸”。但是，在我回想起来这段经历的时候，我能有一个这样专心致志，朝着一个方向去努力拼搏的时期，这样一个最大化地吸收知识的时期，我相信这对我来说是一个不可多得的珍贵回忆。我相信未来的我，会感谢现在我所做的努力。

（四）大四：前路不迷茫

实习、考研、考公、考编、找工作……在大学的最后一年里，每个人都不得不考虑自己的“出路”。大三决定的考研路，我走得并不是很顺畅，但是我不会放弃这条路，即便做不到“一战成硕”，大四上学期的实习让我的考研状态直线下滑，可是也有了难以再来的经历。不同于见习的走马观花，实习真正让我们深入了解一线教学。在实习中，我们得到的不仅有各方面能力的提升，还有最重要的一点，沉下心来思考自己究竟是否热爱教师这一行业，是否真的适合这个职业。

很多人想要踏上讲台，是脑海里美化了的过去的教师们站在三尺讲台上传道授业解惑的模样。但这次的实习让我真正感受到了，要当一名教师，当好一名教师，是多么不容易，教学仅仅是教师工作中的一部分。

在实习期间，我几乎将语文老师和班主任的生活完完整整地体验了一遍。在课堂上，孩子们的反馈有时候让我惊喜万分，有时候也让我招架不住。作为老师，我对课堂的把控能力还需要逐步提高。教师在课堂之外还要处理孩子们之间的矛盾冲突，和家长沟通交流，组织班级的文化建设，完成学校指派的任务，组织学生接种疫苗等。不间断的小事一步步消磨着教师的热情，我的指导老师经常抱怨有些事情就不该由老师来负责。我的参与减轻了指导老师一部分的工作量，在即将离去的时候，指导老师说道，你走了，我又要忙起来了，这又何尝不是另一种肯定。实习的过程里也暴露着基础教育的一些问题。班级人数太多，老师力不从心；从事教师职业较久的老教师们丧失了职业热情；家校的沟通合作存在缺陷……

实习相对学校里的其他课程的确是最累的，可是发自内心而言，认真对待实习的人，没有一个人会没有进步。就我而言，不仅有能力的提升，为人处世方面的进步，甚至在实习的过程中发现了一些问题，从而确定了我的毕业论文主题。同时，毕业论文也在导师的指导下顺利完成了开题报告及开题答辩。其实论文的写作宜早不宜迟，早一点完成，导师也能早一点帮助我们解决其中的问题。

临近毕业，没有人能逃得了就业的抉择。对我而言，考研不顺利，让我进一步思考自己的未来。我还是不想放弃考研，即便这条路越来越艰难。对于考研，我觉得是需要从自己的内心和综合实力出发的，不要跟风考研，不要盲目地只选择“名校”，不要只是想为了“上岸”而选择所谓好考的学校。考研没有好考的学校，主观上认为的“好考”的学校可能会让你放松学习的状态。

寝室里室友们的就业之路各不相同，有考研“上岸”的，有正在考研调剂的，有考公招，也有直接找工作的。每个人都有自己的目标，或许短暂的失败会让人看不清前方的路，但是问到她们时，她们都对自己的未来有一个清晰的认知。这对我来说也是一个很好的借鉴，迷茫可以有，但长时间的迷茫则毫无意义。

【教育自传后记】回望我的教育之路，我想说！

时间会抚平过往的一切，我到现在已经想不起在小学、初中、高中因为考差哭过多少次，在当时觉得是难以过去的坎，但是在现在看来我的记忆都已经模糊了。我不是一个天才型选手，不是随随便便就可以获得成功，甚至在面对一些大型考试、考核时，我的心理素质都不算好。

小时候总想着长大，但是现在总想回到小时候。因为那个时候快快乐乐、无忧无虑。人生的道路该是什么样，还离我们太远太远。最大的烦恼就是考差了怎么拿回去签字，和好朋友闹矛盾了怎么和好。小学带给我的教育记忆并不算很好，虽然我是在不公平对待的得利一方，但是我现在想起来非常反感当时老师们的一些行为。

初中、高中的时候感觉也是懵懵懂懂的，初中的目标是想着考一个好高中，高中的目标是想着考一个好的大学，没有怎么想过我要做一个什么样的人，未来从事什么样的职业。到了大学才开始对自己的未来有规划，我想成为一名老师并且我愿意为此付出时间精力来充实我自己，让我能够有足够的实力来胜任教师这一职业。

我在整个基础教育阶段都是自信的，这些是相对的成功带来的。但是，仅仅是一次高考，我可以说我现在不太自信甚至自卑。我可以反反复复地告诉自己那只是一次考试，你的未来还有无数可能。但是我内心深处始终明白着，就那一次考试，我们的人生开始有了不同，我的未来该怎样去努力才能弥补上那一次考试带给我的挫败和错过。我害怕我这辈子都没有办法赶上，甚至偶尔一个人的时候，我开始后悔，为什么我当时没有选择复读。

我是千千万万个普通大学生中的一员，却不够努力。我没有放弃自我彻底堕落，我也没有像那些优秀的人一样即便优秀却倍加努力。这样普普通通的我凭什么出彩，我该怎样才能成功？我对成功的定义就是达到我想要达到的目标。我想应该要有120%的努力，才能给我带来100%的成功，我从来都不相信我能因为好运气，不努力就可以成功。

未来我选择成为教师。我遇到过不美好的教育经历，也感受过老师带来的温暖。既然选择教师，那么我希望优秀是我的追求，我希望我能带给教育些许微薄的转变，我希望能给我的学生带去温暖。

时间终究会带走我所有的耿耿于怀，满心期盼能留下我的教育生涯美好的点点滴滴。

从踏入大学校门开始，我们就是“绵师人”了。在这个校园里，我们度过了自己的四年大学生活。“绵师”的一草一木里承载了无数回忆。

无论是学校排名，还是硬件设施，“绵师”其实并不是很好。但是在我心里，它是我青春浓墨重彩的一笔，北校区郁郁葱葱的花草树木伴着清脆的鸟鸣是“绵师人”难忘的风景。

食堂有时难吃有时好吃的饭菜以及阿姨精准地舀饭菜的手艺，早读早讲的睡眼惺忪，来不及上课时清水园的小路，三教的空教室，图书馆二楼靠窗的角落，寝室里永远吹不到人的风扇……

四年的生活，有过欢声笑语，有过垂头丧气，有过奋勇拼搏，有过深夜“抑郁”。但是，在这里我遇到了可爱的老师们，优秀的履历，渊博的知识，各有不同的上课风格。在这里我遇到了知心的朋友，在开心的时候替我开心，在难过的时候给我安慰。在这里我有了自由发展的机会，只要愿意，哪里都能提升自己。

或许你不完美，但是在每个“绵师人”的回忆里，你都是无可替代的。

从大山来再回大山去

自我小传

【姓名】：陈琳月

【出生年月】：1998 年 8 月

【出生地】：四川省广元市朝天区大滩镇立新村 6 组

【求学经历】：

2004 年 9 月至 2007 年 6 月在沟口上小学（村小）就读，2007 年 9 月至 2011 年 6 月在元吉小学就读；2011 年 9 月升学进入大滩镇初级中学至 2014 年 6 月毕业参加中考，考进朝天中学；2014 年 9 月至 2017 年 6 月高中毕业，2017 年 8 月至 2018 年 6 月于朝天中学复读一年，6 月参加高考，考进绵阳师范学院；2018 年 9 月至 2022 年 7 月就读于绵阳师范学院。

【大学主要获奖与担任相关职务的经历】：

2018—2019 学年第二学期——专业三等奖学金；2019 年 4 月第十七届田径运动会——100 米第四名、团体接力赛第六名；2019—2020 学年第一学期——专业二等奖学金；2019 年 11 月——优秀工作者；2019 年 12 月 27 日——优秀见习生；2019—2020 学年度——优秀共青团员；2020—2021 学年二学期——专业三等奖学金。

一、我有两个家

1998 年 8 月，在所有人的期待中，我出生了。但结果好像并不那么尽如人意。和千万个普通的中国农村家庭一样，大家都期待家里有个男孩子。或许那是他们对于家庭血脉继承的执念，又或许是因为需要男孩子成为家中的顶梁柱。我的回忆中总是有这样一句话“当年啊，你外爷病重躺在床上对我说，把家里的老黄牛卖了给我治病吧，我想看看你这一胎生个男孩还是女孩儿。”

我的家庭，温暖又复杂。温暖，因为他们从来没有因为我不是期待的男孩子而亏待我丁点儿。因为家里老人去世得早，老妈很小就过着苦难的日子，因此身体很不好。在家人的讲述中我才知道从 1 岁多开始，我便被寄养在三姨家。在两个家来来回回，一直到我上学的年龄才真的回家。有两家人的爱，所以童年多了好多温暖。复杂是因为 4 口之家之外，还有一个因聋哑而未婚的大舅和我们住在一起，他脾气暴躁，家里经常因为他吵架甚至打架。

二、求学路上的水与火

村小是没有幼儿园的，还记得正式上学前。家里父母很忙，没有爷爷奶奶带，只有每天和姐姐一起去小学，差不多去了半学期，每天和哥哥姐姐们一起上下学。在课桌下窜来窜去，在满是泥泞的操场上追逐打闹是那段时间里唯一的记忆。后来，我开始上学前班、一年级、二年级。虽说是 3 年时间，但学习过程已经记忆模糊。只记得那两个教室里坐了 6 个年级的同学，后来才知道那叫作复式教学。每周都要对学校大扫除，那满是泥土的操场上，杂草被拔了一波又一波。但学校门口的那两棵又高又大的梧桐树一直都在。

对于这段时间，我的记忆里有两件事令我印象深刻。第一件事是火：我们的教室旁边有一个类似厨房的房间，里面放着老师和我们每天的馒头或者其他吃的，还有就是冬天用来烤火的柴和一个铜茶壶。有一年冬天，我们一边上着课，另一边烧着水。突然一声大喊“着火了”，让两个教室的孩子们都乱成一锅粥。最后是两名老师和附近的村民带领着五六年级的同学们扑灭了火。那一天，全校师生饿着肚子上课，那一天，也给我们所有人上了一课。另一件是水：我去学校需要过一条小河，平日里还好，踏着石头过河就好。那个夏天的好几天时间，雨下得特别特别大，河里涨水了，一开始是家长或者老师背我们过去。再过了几天，仅有的小小木桥也被冲垮了。本以为可以放假，但家长们坚持让我们绕路上学，每天需要起得更早，走的路更远了。好像从那个时候就种下了一颗种子，没什么能阻挡上学的路。

三、2007—2011 年大滩镇元吉小学

2007 年 9 月，所有同学都到镇上的小学读书了。我家距离镇上的小学有 10 多公里的路程，其中还包括一段 2000 多米长的黑乎乎的火车隧道，但这已经是最近的一条上学路。因为距离较远，所以我从 3 年级就开始了寄宿生的生活，每周五下午回家，周天下午返校。就这样，日复一日，年复一年，我度过了四年的寄宿生活。

(一) 没有六一儿童节的童年

三年级，满怀期待地离开了村小来到了镇小，刚适应了学校的教学和生活，2008 年 5 月 12 日发生了特大地震，我的学校成了一栋栋危房。回家待了几个月以后，我们开始在学校临时搭建的板房里上课、住宿。不知道为什么，每天吃饭还是在原来的食堂，每天都是一条条长龙般的队伍在新旧学校间穿梭。就这样，我们在板房里学习了 1 年多。五年级的时候，我们终于搬回了翻新的教学楼，这时的小学终于有了幼儿园。听他们说是姚明基金会赞助重修的，所以我们的学校更名为姚基金希望小学。可是操场却没有修好，一直到我小学毕业。整个小学阶段都没合适的场地举办过大型活动，当然也包括最重要的六一儿童节，这是遗憾之一。

(二) 第一次想当老师的念头

四年级，我们班来了个漂亮的包老师。那段时间，真的很开心。第一次感受到，老师可以和学生这么亲近、温柔地说话。上课的氛围也特别好，会给我们讲故事，会为了写好作文一起去田地里观察油菜花。下课一起跳皮筋，一起排队吃饭。全班同学都很喜欢她，依稀记得同学们的成绩在那一学期都考得特别好。但第二学期开学后，再也没见过那位老师。有人说她只是一位支教老师，有人说她回大城市结婚了，一直到现在也不知道具体的原因。但可以确定的是，温柔美丽的包老师让我第一次萌生了当老师的念头，想成为她那样被孩子们喜欢的老师。

(三) 从小学开始的偏科

慢慢地，随着年龄的增长，思想方面也变得成熟一些。正是因为这样，才发现了数学老师某些行为的怪异。每次课上，写完作业他总喜欢让我

们上讲台去交作业，他随即批改。为了不去面对面批改作业，我写作业的速度越来越慢，总是改了又改，一拖再拖，等到下课后再交给课代表。就这样越来越不喜欢数学课。当时的害怕和记忆本来已经快要忘却，却在毕业多年后听到同学说那位老师被家长举报而离职的事情全部涌上心头。然后突然意识到，原来数学偏科是从小学就开始的。

四、平淡又灿烂的日子

初中三年，我的学习成绩起起伏伏。借着小学的基础，初一学得也不是很困难，所以初一一切都挺好的。到了初二，开始学习物理，我理科思维的不足暴露得一览无遗。物理对于我来说，真的感觉好难，特别是学到电和力中需要画图分析的那段时间，感觉笨到无可救药。初二成绩一直下降，当时老师和家长都觉得青春期来临，一致认为我在早恋。因为这件事情，被叫办公室谈话好多次。

后来物理慢慢懂了一些，但初三化学的来临又是给我当头一棒。除了自身的问题，还有老师的问题。不知道什么原因，那位老师很多时候都不来上课，或者总是迟到很久。别的班讲了一周的化学方程式，我们班一两节课就讲完了。相对物理，化学学得更烂，应该从那时起便奠定了我的文科之路吧。

谈起初中的学习，我的英语老师一定不能少。从初一到初三，她为我们班付出了很多心血，对待教学真的呕心沥血，也正是因为她的努力，我们班英语成绩在全区的排名都非常不错。除了在知识上教会我们很多，更多的是在那个青春期叛逆时刻给我们上了很多关于人生的课。她和她的另一半都是我们学校的英语老师，但都不是本地人，那是我最先了解到的异地乡村教师。每次周一下午开会，她俩都忙得不可开交，家里的小孩子没人照顾是最大的难题。我也忘了从何时开始，每周周一下午的课后时间，我都是在赵老师家里度过的，帮忙带一个小时的孩子成了我每周的独特记忆。有一次她们临时通知开会，时间紧迫，等她们开会结束我立马就回班上写作业了，赵老师知道我没吃晚饭，煮了鸡蛋，温了牛奶，还买了面包送到了教室门外。一直抱歉开会时间较长，害得我都没吃上饭。往后基本上每一次，赵老师都提前准备了饭菜，怕我来不及吃饭而饿肚子。就这样，在老师家蹭饭直到毕业。从初中毕业一直到现在，都还是我人生迷茫时的知心大姐姐。

五、每一段记忆都是一份礼物

（一）高一的意气风发

回想起高中四年，最意气风发的时间就是高一。从刚进校便得知有熟悉的初中同学在一个班。高一进校，被分到了一个重点班而心里暗自窃喜，毕竟中考的分数的确不高，物理化学考得比体育都低（体育满分 40 分）。我们的班主任老师是一位高高帅帅的男老师，对我们的生活和学习都关怀备至。在竞选班委之前会时不时地了解我们的初中经历，根据同学们的经验和意愿选择班委。后来，我成了班上的班委之一，成了他的“左膀右臂”。高一时，在班上来说，成绩还挺不错的。作为班委，帮老师管理着班级的各种事务，和班级同学们也都相处得很好。还结识了很好的朋友。平时做事认真，也因此得到了很多老师的表扬以及各种奖励。对于高中生而言，每周的收发手机是大事一件。每周周天大课间时，我便去班主任那里拿回我们班 70 多名同学的手机，看着他们眼中满是期待，每次去跑腿都是幸福的样子。那时的我，是意气风发的，也是骄傲开心的，而这一切在高二彻底改变了。

（二）煎熬—适应

高二分科考试以后，在得知考得挺不错，然后被分进了基地班以后，当时真的还是挺开心的。直到搬着自己的课桌到了曾经非常羡慕的班级时，看到的每一个面孔都很陌生时，同学们开玩笑说“四班也能考进来”时，每一个老师的讲课方式都不熟悉时，老师提问而自己书本上只有勾画的横线时，很努力跟上节奏还是不太明白时，月考结果是最后一名时，心里所有压力和委屈都爆发了。那一段时间，真的感觉学习太累了，心也累了。每天都在想着调班的事情。每次打电话给家里都是满满的负能量。后来还是因为老师们的劝说，留在了那个只有其他班人数一半并且拥有最优秀教师的班级。经过一学期，终于，慢慢和同学们熟悉起来，也适应了老师们的教学方法。学习成绩也在慢慢提升中，除了那可恶的数学。现在回想起来，当时只是受不了那种心理的落差吧，从“万众瞩目”到“不值一提”的改变，不喜欢所谓的“宁当凤尾不做鸡头”的说法。因为在那里，我的自信和意气风发被“打压”得一点儿也不剩了。

（三）只有一次选择

我从小就特别活泼好动，在短跑上有一定优势。初中代表学校参加了区上的比赛，却因为长跑选手受伤而被迫“营业”，最终“颗粒无收”。高二，在朋友的鼓励下我参加了学校的运动会，短跑100米第3名，200米第2名，接力赛也赢得了很好的名次。在这次运动会上，我第一次感受到了数学老师对我的信任和鼓励。毕竟在平时的学习上，就我的数学成绩来说从来没有得到老师的信任。一开始还会鼓励我们一定要越挫越勇，但我成绩一直上不去，本来每次发试卷时她会对考得不理想的同学一对一讲评一下，后来发试卷都直接跳过我。那样的数学成绩放在成绩单上，的确有些格格不入吧。她的脾气火爆，我也不敢去问她问题，只能问同学。由于我那忽上忽下的成绩以及体育上的小小优势让我产生了想走学体育考大学这条路的想法。可我的想法被老师和所谓的榜样示范遏制了。老师说：“你一个女孩子，为什么要学体育那么累，通过自己的努力能考上本科为什么要学体育呢？”“基地班的同学都走艺体了，那让其他班的同学们怎么办？”就这样，我放弃了那个想法。每天起早贪黑地学习，学习，还是学习。然而，高考我还是没能超常发挥，甚至是发挥失常，考得一塌糊涂。当我得知以前比赛中的对手因为体育考到很好的学校时，我开始后悔以前自己没有坚持体育之路到底对不对？然而，一切都晚了，是自己没有主见，更没有坚定的心。所以心有不甘的我，踏上了复读之路。

（四）从哪儿跌倒就从哪儿爬起来

还记得查成绩那天，全班同学一起聚餐。晚上成绩才出来，当时我们到学校操场上，看见操场上摆放了很多烟花。然而，查到成绩的那一刻，我就知道这一场灿烂的烟花不为我绽放了。看着同学们开心的笑脸，除了衷心的祝福，满满的都是羡慕，当时我就下定决心必须复读。

回家以后，对于报志愿直接放弃。开始联系复读的事情，父母对于这些事情一点儿也不了解，只说让我自己决定。最后，因为减免学费的条件选择在本校复读。在家休息半个月后，踏上了复读之路。复读的这一年，除了有好朋友的陪伴，又认识了新的同学，适应新的老师。在我的最短板数学方面下足了功夫，每天请教我的学霸同桌，把他满分的数学试卷贴在寝室的墙上来激励自己。每天一睁眼就可以看见。那一年，没有格外疲惫，反而心态成熟了很多，至少再不会因为考得不理想而难受得痛哭流涕。

很快，一年就结束了。面对第二次高考，我放松了很多。2018 年的试卷相对于 2017 年来说也简单一些。6 月底，成绩出来了，虽然和我估计的分数还差了一点儿，但总体来说，算是没有浪费那一年的时光吧。还记得被录取后去学校提档案时，碰到了以前的数学老师。面对她其实我有些害怕，但还是迎面走了上去问好，被问道："今年考得怎么样?"我不紧不慢地说道："还可以，比去年好了挺多"，老师又问道："又花了一年时间，现在数学咋样?"我说到："还行吧，数学考了 110"，老师笑了笑离开了。那一刻，自己像打了一场漂亮的翻身仗。或许对于其他人而言那分数并不高，可这对于我来说，真的已经努力过了。所以啊，在数学上面跌倒，也要从数学那儿爬起来。

毫无意外的，填报志愿这些全靠我自己决定，没有谁能给我建议。因为想减轻家庭负担以及老师的一句"公费师范生"挺不错的，然后，我就成了一名公费师范生。

六、不能考研，不用考编，使人有些颓废

（一）恍惚中的不知所措

从收到录取通知书到开学前，我对大学生活无比向往。虽然离家挺近的，但面对一个全新的城市还是充满了期待。开学那天，拖着重重的行李箱，一个人踏上了火车。下车以后的人潮拥挤让我慌了神，下楼梯就看见了学校的师兄师姐举着牌子等待，然后排队等待着校车。从那一刻起开始有了一种归属感。到了学校孤独感袭来，不仅仅是与期待中的大学相差太多，更源于独自一人，在狂风暴雨中面对这陌生的一切。回想起开学报道、安排住宿、开会、军训等记忆都有些恍惚。

后来，慢慢熟悉了室友们，但内心的失落感不减反增。这大学生活怎么和老师口中的以及我想象中的完全不一样。校园里没有宽阔平坦的大路，没有各式各样的商铺，没有期待的上床下桌。同班同学的寝室被分隔在各栋宿舍，找同学交个材料需要走很久，真的很不理解这个操作，以至于都过了一学期我还不认识班上的好多同学。此外，每天都有很多课，还有早操、早讲、晨读、晚练，作业也是一科接着一科。很快，期末考试来临了，那一段时间

的不知所措和慌张比以前的任何考试都吓人。一学期学了很多门课程，但考试还是第一次，不知道会考哪些？不知道是怎样的题型？如果挂科会怎样？这一切的疑问推着我们努力地复习、背诵。幸好，最终成绩不错。大学的第一个期末，那是一场比高考还没底的考试。

(二) 大二的“充实”

经过了一年的学习，慢慢适应了这里的节奏，也相信一切的安排都有它的意义。大二这一年，变的是心态，不变的是充实。在这充实的生活中，第一次切实地感受到差距。每一次活动上，毫无才艺的我只能是那个欢呼的观众；音乐课上，拼命才能记住一点点乐理知识的时候，很多同学却可以轻松弹出美妙的钢琴曲。这一切都是激励我不断努力的源头。大二，我们的第一次见习让我印象深刻。那是第一次以老师的身份真正进入小学校园去体验小学教师的工作。近距离和新时代的小学生们相处。刚去到小学时，面对孩子们的热情和天真，那一声声“小陈老师”都让我感受到作为一名老师的幸福。但经过一周或者两周的见习，就会发现当一名小学老师真的很累。除了上课，每天需要处理很多事情，特别是低段的老师，简直就是一名判官，每天处理事件无数。从大二开始每学期的见习，虽然每天来回奔波真的很累，但也很感谢有这样的机会让我去到优秀的小学学习教学和管理。

(三) 疫情中的大学生活

提起大学生活，新冠肺炎疫情就占了两年多。因为疫情在家上网课的那一学期是求学生涯中最独特的记忆。第一次这样持久的网课，第一次待在家里上课。然后，那并不是想象中的开心和轻松。一周的课程较多，却常常因为网络原因导致听课卡顿，或是老师对软件操作不熟练导致课堂突然中断。师生之间相互理解，即便困难重重，那段时间的课我们一节也没落下。没有钢琴就自己画一个键盘练习指法，录钢琴视频作业被打断而拍了一次又一次。同学们打着视频进行课本剧排练，开不了学就进行线上考查。

疫情期间，村里的同龄人自主组织了大学生疫情防控志愿队，除了上课还要分组执勤，为村里每个人的健康把关。农忙时节来到，每天还要帮忙干活儿，家长太忙，我一边听着课一边煮着饭。所以，在家上课的日子里真的不是只有上课一件事情，至少我是这样。

开学以后，随之而来的是没有期限的封校。还记得疫情网课结束返校后的那一次期末考试，也真的是人生头一回。第一次遇到期末考试开学考，开学后的一周都在复习。封校的日子里，除了上课，基本就待在寝室里。那段时间，人都颓废了不少。

（四）无数次的纠结

时间过得很快，我们的实习随之来临，能去到各个厉害的小学跟着优秀的教师学习，即便每天早出晚归很累，但的确收获满满。实习期间，看到考研的同学们每天拖着疲惫的身体坚持看书学习时，真的打心底里佩服他们。当然，也很羡慕他们。当初被成功录取公费师范生时，只觉得以后有工作保障，还可以减轻家庭负担而开心。来到这里，时隔三年，成熟了很多，井底之蛙跳出了井口后各种看法也随之改变。与考研时的纠结和困难相比，没有选择的机会更加可怕。看着他们为了自己的未来而奋斗时，我的心中五味杂陈。后悔曾经的选择阻挡了现在前进的步伐，但违约的高额违约金又使我思前顾后。一遍又一遍翻看着网上的各种政策或是消息，一会儿很是纠结，一会儿被朋友说服，然后又纠结，又被现实打败。就这样，像进入了一个旋涡里。面对年迈的父母，实在说不出口“违约金”三个字。毕竟，从大一起他们便知道我毕业就会回生源地工作的事实。他们一致认为，这对女孩子来说是极好的。而我，只是不想从大山里出来，又回到大山中去。就在反复的思考中，大四即将结束，没有时间留给我去胡思乱想了，做好当下的事情最重要。

（五）形影不离的她们

大学四年，本就缺少资金的我加之疫情防控，待的时间最多的地方就是寝室。而待在一起最久的人那必定是室友们。大学生活和初高中的不同点之一就在于，大学生活的圈子可以大到整个校园，也可能仅限于自己的宿舍。而我属于后者，基本上每天都和舍友待在一起。一起在赶“早八课”的途中买早饭，一起拍照，一起组队完成小组作业，一起参加活动，一起在三教的各个角落里期末复习。虽然每个人都有自己的小缺点、小脾气，虽然会偶尔发生摩擦相互抱怨。但还是真的很开心能遇到她们，彼此陪伴四年时光。在我的大学生活里留下了不可磨灭的回忆。

【教育自传后记】回望我的教育之路，我想说！

依现在的年龄和想法，站在现在的角度回望我的基础教育之路，整整 14

年。我想说：以前不懂的道理，现在已经来不及了。我想每个人都是这样，在读书时有很多人会对你说：“好好学习啊，想以后不吃苦，只能好好上学才能走出去，过上好日子。”可对于当时的自己来说，只是短暂性受到了激励，最终也逃脱不了那个年纪的好玩、懒散。直到现在，快要真切感受到进入社会的压力时，才真的明白那些话里的道理。看着现在的自己，回想起以前的学习之路，发现真的没有拼命努力过，更多的是以一种“假装努力”来自我安慰。明明再努力一些就会迎来不一样的人生，而现在只能抱怨当初为什么不明白这个道理，这就是所谓的实践出真知吧。如果能再来一次，我想一定不会是现在这样，起码没有那么多遗憾，但是没有“如果”。

这一路上，除了学习还遇到了很多的人。知识渊博的王老师、活得通透的李老师、温文尔雅的杨老师、亦师亦友的赵老师……谢谢你们的传道授业解惑。除了老师，还有各个阶段的同学，好朋友们。或许只是一起走过 1 年、3 年，也或许一起陪伴彼此走过基础教育的十几年。很幸运小学、初中、高中都遇到了很好的朋友，在开心时一起分享，在难过时彼此陪伴。虽然现在很少见面，唯愿各自安好。

此外，我还想对这走过 14 年基础教育之路的自己说一声：“辛苦了!”无论是因为时代还是因为家庭原因。我都想说，我不想当所谓的“穷人家早当家”的孩子。从一开始就自己独自上学，特别是后来去镇上住校的时候。那么远的路，那么小的我。虽然那个时候没有太多的学习压力，和同学们的开心是真的，上学路上的害怕和羡慕也是真的。当听见别的家长夸奖的话语时，其实我更期望有家长能来接送我。连“5・12”地震那么危险的时刻也是被亲戚顺路带回家的。直到现在我也不明白为什么家里总有那么多事情需要忙碌，同学们期待放假，而我的假期比在学校还忙碌。回家后不仅要完成作业，什么活儿都要干。就这样持续到高中阶段。整个基础教育阶段，这些经历的确锻炼了我，独立自强，吃苦耐劳。也谢谢自己，那么难的时候也没有放弃读书，没有厌倦读书，并且积极乐观。

曾经超级期待的大学生活已经到了尾声。回想大学四年，从开始的抱怨到接受，然后慢慢地发现这里的氛围真的很适合读书，只是我们自己太渴望冲破被管教的束缚，真的很感谢这四年里各位老师的教导。对于我自己而言，这四年在学业上没什么可遗憾的，上课基本位于前三排，认真听讲，认真复习，无挂科，有幸得到过几次奖学金。遗憾的是没有大胆去参加各种比赛或者活动，没有给大学留下更多美好回忆。所以，不得不批判自己的“躺平”思想，不能考研、不用考编使人有些颓废，浪费了这大好时光。现在的悔恨不已希望可以激励自己在工作中不断前进。感谢学校对我的培养，毕业后的我会立马踏上岗位成为一名人民教师。虽然还不知道具体在我家乡的哪一个乡镇上，但踏上讲台的那一份责任一定会使我不断督促自己努力提升自己，努力成为一名优秀的小学教师。我的大学，我的绵师，再见啦！希望下一次回学校时学校已经修建得越来越好，因为无论是硬件还是软件设施，已经成为越来越多学生选择志愿学校的考虑条件，祝愿“绵师”越来越好！

农村到乡镇再到城市的一条曲折的求学路

自我小传

【姓名】：马雪可

【出生年月】：2001 年 8 月 15 日

【出生地】：河南省驻马店市驿城区古城乡马元村马鞍东组 55 号

【求学经历】：

2005 年在马元小学幼儿园就读；2006 年 9 月到 2012 年 6 月在马元小学就读；2012 年 9 月到 2015 年 6 月在驿城区古城中学就读；2015 年参加中考，考进河南省驻马店高级中学；2015 年 9 月到 2018 年 6 月在驻马店高中就读，2018 年 6 月高中毕业。

【大学主要获奖与担任相关职务的经历】：

大学期间，我的学业绩点为 3.62，共获得三次专业二等奖学金、一次校级三好学生和一次国家励志奖学金。大一参加了校社会实践与志愿服务部门，在一次捐书活动中获得了“优秀志愿者”。

不出所料，我成了众多留守儿童中的一员。父母为生活所迫，只能在外打工谋生，从小我对父母是没什么印象的，奶奶对我的学习也不做过多要求。我的幼儿园只上了一年大班，在这一年里，我记得老师就开始教拼音和数字了，我当时跟不上老师的教学节奏，记得有一次，老师让我们默写拼音字母，我错得特别多，老师就让我站在教室后面，还让我抄很多遍，从那以后，我对拼音学习就不太有好感。而由于受到早期家庭教育的影响，我的性格一直缺乏自信，并会过多地依赖别人。

一、小学阶段——甜

（一）关于留级那些事

由于没有做好幼小衔接，在小学一年级的时候，我对学校的学习生活不太适应。一年级的期末考试成绩位居班级倒数，再加上我的年龄没有符合入学年龄要求，因此我只得被迫留级。但是这次留级对我以后的学习产生了很大影响，我遇到了对我影响很大的同伴，小学的我心思完全不在学习上，每天早上和中午去学校特别早，就是为了能和小伙伴一起玩，但是我的同桌她却十分安静，喜欢学习看书，而且字写得也特别好看，可能就是在这种潜移默化的影响下，我的学习成绩从四年级就发生了改变，我的字写得也越来越好了。通过教育理论的学习，现在我才了解到原来四年级是小学生的关键时期。

（二）关于我的小学老师

我主要说一下我遇到的两个老师：一个是五年级的语文老师，我发现那时候我对学习的兴趣源自对老师是否喜欢，记得有一次写作文的时候，作文的题目是关于春天，就当我们绞尽脑汁都无从下笔的时候，老师就说，现在我们一起下楼去校园里去寻找春天吧！那一节课我们就在校园里玩了一节课，老师就说把你们看到的春天和你们的心情都写下来，大家开始文思泉涌，迅速写完了。因为我的小学是一所农村小学，所有的硬件设施资源都很落后，经常是有同学有一本书，大家都争着抢着看，我们老师就把她家里的书拿到了班上，又让我们每个人都拿了一点钱买了一点新书，因为老师的缘故，我在小学阶段语文都学得特别好。另外一个是数学老师，数学老师的教学方式比较死板，而且没有充分考虑到学生的学习情况，因此小学我们班里的数学成绩一直都不是很好，我的就更惨不忍睹了。

（三）我的班主任

小学三年级的时候，有一次我们几个小伙伴一起玩耍，由于我的原因，一个和我玩的同学不小心把腿擦伤了，我很懊悔，那个时候也不知道该怎么办，我就一直坐在教室外的石阶上，直到上课铃响，也没进到教室去上课，我的班主任看到了我，就把我叫到了办公室里和我谈了一下，下课后，她让那个受伤的同学也过来，在她的帮助下，我们两个成功地冰释前嫌。小学的时候性格属于十分内向的，所以有的时候在与人沟通和交流方面存在一些问题。

（四）我的小学课余生活

小时候的我特别调皮，属于漫山遍野跑的“野孩子”，此外，由于条件限制，我没有机会参加兴趣班。所以乡间田野树林到处是我的玩耍天堂。爬树、过家家、跳皮筋、捉迷藏……小时候的课外活动丰富多彩。周末在家，有时，我们会在树林里为小鸟安葬，这些小鸟是被一些人下药毒死或者击中致死。有时，我们会下河捉鱼，最喜欢的是下雪天，我们可以在户外堆雪人、打雪仗。直至今日回想起来，我才发觉自己小时候竟然做了这么多可笑的事情，但正是这些事促使我不断成长，纵观我的受教育经历，我发现小学阶段是我最快乐的日子，那个时候无忧无虑，就像自由的小鸟。不用担心分数，也不必担心未来。

二、初中阶段——苦

初中我就直接升入了驿城区古城中学，这是一所乡镇寄宿制中学。由于学校离我家有十多里地的距离，由此我开启了我的住校生活。初中阶段对于我来说是受教育阶段以来最艰苦的阶段。一方面，每周我要骑自行车从我家到学校往返两次，由于距离较远，每次时间大概在一个小时，最艰苦的莫过于天气寒冷的时候，路面结冰，有时我们只能推着车子步行。再加上学校的一些生活基础设施比较落后，没有热水，北方的冬天气温很低，我们不得已只能选择用冷水进行洗漱。另一方面，我初中时期学校采取的是衡水中学的模式，分秒必争。每天早晚自习均和衡水中学保持一致。我至今忘不了初中考试，每次考试，全校学生都会搬着自己的凳子一排排坐在操场上考试，那个时候，每个同学人手一个小的写字板，在写字板上面考试，回想起来仍觉得那个场面十分壮观。不过，现在想来更多了一份理解，也是形势所逼。我们和城市的学校、老师和学生存在差距，所以只能拼时间。在初中时期，我深刻地体会到了“穷人的孩子早当家”。此外，初中也是我性格形成的关键时期，在艰苦的环境中我学会了苦中作乐。

（一）我的班主任——对我影响最大的人

对我来说，在我所有受教育的经历中对我影响最大的老师当属我的初中班主任，在我看来，他是一位极具自己教学风格和教育智慧的人。首先，他对待每个学生都十分公平。其次，他会默默观察每位学生的性格和行为，积极与学生交流。现在想来，我从班级中等水平一路逆袭到名列前茅，最初激励我的动力是想要他能够注意到我，慢慢地，我找到了学习的乐趣，开始为自己而学。

在我们刚上七年级的时候，我们班主任每天晚上熄灯前都会到我们每个寝室去查寝，问一些我们的感受情况等，他还买了很多装饰品，让我们去装饰自己的寝室，通过这些来帮助我们适应住宿生活。七年级的时候我想加入共青团，但是我们班级入团需要综合测评成绩到一定分才可以，所谓综合测评成绩主要是由平时的表现构成，比如说，给广播站投稿、上课回答问题和积极向老师提问题等，而且你的综合测评成绩还决定了期末评奖。刚开始我还不太理解，最后看到班级学习风气改变了，才认识到了他这么做的目的，上了大学之后，回过头来发现原来自己已经体验过了综合测评。

我们班的班长有十个，每周五天，每天由两个班长负责，班长的选举不是由老师决定的，首先是自己上去申请，然后全班投票，成绩不是唯一的决定条件，班主任十分鼓励我，所以在八年级的时候，我有幸当上了班长，这对我以后变得越来越自信起到了决定性作用。

我们班自入学以来，每天早晨6：40都要去操场跑步，三年以来从未间断，每天第二节课间操的时候，我们班会到操场上做操，这个操是我们班会跳舞的同学教的，每年运动会的时候，班主任要求我们班每位同学必须参加项目，否则就要扣掉五分。每年元旦我们都会举行元旦晚会，同样是每个同学必须有自己的节目，每位同学可以去竞选主持人，我们会一起布置教室，买点零食。但是最让我开心的一件事是班主任每年下雪的时候都会组织我们班一起去打雪仗，那个时候同学们都笑得十分开心。八年级的时候，班主任举办了一场汉字英雄的活动，就是在我们学过的课文中选取词语，进行听写，每个同学都可以参加，在这个活动中，我取得了一等奖的好成绩，奖品是我们班主任自己自费的，通过这个活动，加深了对字词的印象，还有我对语文的热爱。

每周我们班都会组织各种班集体活动，比如说，跳绳比赛，还有两人一组的比赛等，最让我有感触的是有一次我们玩“请相信我”这个游戏，每个人站在一个比较高的台子上，闭上眼睛向后躺，下面有同学接着，这主要增强了我们彼此之间的信任，通过这些活动，我感觉到同学之间的感情越来越好了。记得有一次全班因为一件事受罚，就来不及吃完饭，我们中就有一个同学偷偷去买了方便面和水，同学们都很感动。

八年级的时候，我们班建立了一个图书角，我们班每个同学上交了十元钱，班主任买了许多名著，有一个同学是图书管理员，每个同学都可以借阅，我的阅读量大大拓宽了。班主任非常注重德育，比如说，每年教师节我们要给老师送礼物，一些小贺卡，上课齐声祝福老师等。有一段时间，“变形计”特别火，每天中午他都会组织我们班去看，也是为了让我们这些农村孩子要保存自己的纯真。记得有一次，我们班里有个同学生了很严重的病，班主任就号召大家捐款帮助他，还组织了同学去看那位生病的同学，没去成的同学他就录了一个视频，把大家想说的话，带过去给那个同学看，告诉他要坚强，我们等着他回来。还有一次是一个期末考试，我们班有几个同学在其他班考试，考完之后，那个班的班主任说少了东西，我们班主任特别生气，把我们都叫下去。他说：这不只是代表你们个人，它代表的是我们整个班的形象。”没有人主动认错，他就让我们一直站在那，直到最后有人主动承认，他是想通过这件事让我们形成集体意识。从老师身上，我学到了很多做人的道理，首先要讲诚信，作为一个人，如果连最基本的诚信这一关都过不了的话，就会寸步难行；第二，强烈的集体荣誉感；最后就是要有一颗同情心。

九年级马上就要面临中考了，我们班每天上下午上课的时候都会唱一下班歌，歌名叫少年中国强，后来变成了相信自己，老师担心我们学习压力大，他还买了植物和花，每个人都有自己负责的一盆花，要定期给它们浇水。记得九年级下学期时候，每周六我们都会在学校模拟考试，班主任就会全程陪伴我们，在体育和物化生实验考试的时候东奔西走。中考前有同学家里出事了，老师会找一些他们平时亲近的人去照顾他们的情绪，那个时候我和我的父亲有些心结，我把这些事写在了日记上，他了解后不止一次地来找我谈话，最后在他的循循善诱下，我学会站在父亲的角度思考问题，最后我们两人和好如初。记得离中考还有一个月的时候，我们班有些同学在写同学录，老师发现了特别生气，他把那些写的人叫出去狠狠批评了一顿，他说时间很紧了，我们只有考上重点高中，才有可能改变自己的命运，然后他把同学录都撕了。中考结束后，去学校看成绩的时候，他给我们每个人都买了同学录，写了寄语，还给每个人照了相，相片打印了每人一份。中考前几天放假回家的时候，我们最后一次唱了班歌，我看到老师眼中有泪水，他给我们上了最后一节课，也是我们人生中最宝贵的一次课。中考的时候我们在考试的那所学校住着，老师也陪着我们，半夜的时候还给我们送蚊香，有几个同学因为焦虑睡不着，他也不睡了，暖心安慰陪伴他们。

当然，我认为我们班主任有两件事令我有些不解。一件事是从七年级开始他要求我们每星期写三篇日记，但是他要我们交上去给他看，我很理解他想通过这种方式了解我们，但是最后日记成为一些人打小报告的专场，而且这也侵犯了同学们的隐私权，所以有些同学就不得不造假。另外一件事是座位，我们班分座位是由十个班长依次去选自己小组的同学，每个班长选四个同学，没有人选的就坐在后面，有一次我们班有一个成绩特别好的同学就因为没有交学生奶钱，他就把这个同学安排在了后面。

（二）英语老师——我最想感谢的人

在上小学的时候，我从来没有接触过英语，以至于七年级刚学英语的时候就有些害怕，七年级的第一次月考，我考了十多名，数学就考了四十几分。与此同时，我们班开始了班长竞选，因为自卑，我没去参选，但是我的英语成绩很好，满分 100 分，我考了 97.5 分。英语老师找我谈话并积极鼓励我，我第一次找到了学习英语的自信。我的英语老师就特别好，不仅体现在他的性格上，而且体现在他的教学方式上，受老师的英语影响，我特别愿意学英语，相较其他科目，在英语方面付出的努力远多得多，每次英语考试我都考得不错，甚至在七年级下册期末考试的时候，我考到了英语全校第一的成绩。八年级的时候，老师决定让我来担任课代表。有时候，听力磁带无法播放，他就让我给全班读；有时，他会让我来给全班讲题，这给我了很大的鼓舞。记得有一次双休日放假他布置了一个作业，让我们背一篇很长的英语课文，我回到家只花了二十分钟左右的时间就背得滚瓜烂熟，周一的时候，很多同学都没背，他就抽我起来随便指了一段让我背，毫无疑问我背了下来，老师再一次表扬了我。

（三）我的数学老师——现在想来还害怕的人

上初中的时候，我很害怕数学，数学成绩连及格都很难，多亏数学老师教得很好，这才慢慢有了点起色，但是我们数学老师是一个十分严厉的人，记得有一次他让我们背公式和定理，我没背下来，他就打了我一棍子，他还有个不成文的规定，数学考试选择题错几个就要挨几下。九年级复习的时候，一天上课，由于没有休息好，我跑神了，他发现了就问我讲到第几题了，我回答不上来，他狠狠地批评了我，并让我站着，那个时候我的心情十分羞愧。有一次，有个辅导班到我们学校说是要来测试一下我们的英语能力，我和几个同学去了，我们做了一套试卷，谁料我和一位同学的答案一模一样，我保证我俩没有作弊，但是分析结果的老师就含沙射影地说我俩作弊了，我第一次尝到被冤枉的感觉。

三、高中阶段——辣

中考的时候我考了526分，驻马店高中是我们市两所重点高中的其中一所，它是河南省首批示范性高中，在我们那，只有考上重点高中才有上好大学的可能，它的录取分数线是558分，但是我为什么上了这所学校呢？因为我的初中是一所农村的初中，所以有分配生的名额，也就是说，可以降40分录取，这也是促进教育公平的体现。上了高中后，离家更远了，好在高中的学校环境和基础设施很好，但是这所高中高手云集，自卑感再次袭来，我们学校分宏志班、实验班和普通班，我被分到了普通班，这个时候我才慢慢感觉到了农村和城市的差别，中考填报志愿的时候，流传这样一句话：宁当鸡头，不做凤尾，进入高中我才明白这个道理。我们学校重理轻文，而且每次月考完都会放榜，榜上主要是一些能够考到一本的同学，学校充满了应试教育的色彩。由于成绩的原因，我成了学校的小透明。

（一）我的高中班主任

高一的时候，我因为成绩特别自卑，但是我们班主任并不把成绩作为评判我们的唯一标准。记得军训的时候，有一天我发烧了，很难受，去找老师请假，老师发现我生病了，急忙询问我的情况，然后把办公室的药拿来给我吃，那是我自上高中第一次感受到老师的温暖。我们老师是属于民主型的老师，高三模拟考试的时候，每次考完他都会找我们谈话，分析我们的成绩以及以后应该注意些什么。距离高考还有100天的时候，他突然住院了，但是他还不忘牵挂着我们，每天通过班委给我们视频，嘱托我们，高考拍毕业照的时候，他还给我们设计了班服，上面是他亲手题的字：新行省信，这也是开学第一课他给我们的寄语，我将一生受用。总的来说，我们班主任是属于默默付出型的。

（二）我的数学老师

在我眼中，她是一个特别认真负责的老师，记得有一次，她不小心摔伤了腿，摔得很重，还打了石膏。但她还是一瘸一拐地来给我们上课，我们准备了板凳想让她坐着，但为了上课更有效果，坚持站着给我们讲课。看见老师这么坚持，我们同学都特别配合。那时候，数学老师教两个班，每次考试我们学校都会对各班各科成绩进行排名，每次我们班的数学成绩都不尽如人意，那个班每次都名列前茅，但数学老师并没有放弃我们班，还不断鼓励我们。在她身上，我看到了何为好老师。

（三）令我印象最深的一个高中同学

这个同学是高二转到我们班的，由于她小时候生病的原因，她的大脑就出现了一些问题，在某些方面和正常人不一样，她的成绩一直都属于中下等水平，而且她在生活技能上有些不足，比如说，不爱卫生、肢体不太协调等，但她是一个十分乐观的女孩，很爱笑，尽力想融入我们这个集体里。我们班同学对她展现出了极大的包容，对她都十分友善，高考的时候，她考上了一所有关针灸的专科学校。今天学了特殊教育概论后，我才发现她原来是一个特殊，我很庆幸当初我们班同学没有孤立她，反过来她的事例也在教育着我们，不要惧怕困难，珍惜当下。

总的来说，高中阶段培养了我自立自强的性格，因为成绩下降却没有办法地焦急；自己独自去参加学业水平测试，由于没接触过电脑，差点导致计算机操作考试不及格；每次周末放假寝室只有自己的无奈，高中阶段我品尝到了人生的酸甜苦辣咸，为我以后的求学路打下了基础。

四、找到自己热爱并想一直坚持的教育学

（一）大一——咸

这里的咸有双重含义：第一，是泪水的咸，在我大一时期流了很多眼泪。由于这是我第一次离家千里去外地上大学，我的心情特别忐忑，坐在火车上，我的眼泪止不住地流，一是对陌生地方的恐惧，二是对家乡的不舍。当我的父亲送完我踏上回家的旅程时，望着他的背影，我默默流下了眼泪。尤其是在得知父亲回程买的是二十几个小时的硬座车票的时候，我感到无比心酸。军训结束，大一的国庆假期如期而至，看着同寝室的舍友都欢欢喜喜地回家，我的心里又流下了思乡的泪水，在这七天里我学会了与孤独相伴，自在独行。“咸”的含义二是因为它的谐音同“闲”，大一期间的课程很少，我们的空闲时间就很多。听以往学姐的经验大学一定要参加社团，而且为了证明我不是只会学习，所以我就面试了院实践部，不幸没有成功，正准备放弃的时候，好朋友一直鼓励，我又去了校实践部，这一次成功了。加入部门后，我遇到了许多朋友，还参加了许多社会实践，发生了许多精彩的事。

1. 那一处温暖

2018 年 12 月 1 日，我参加了学校组织的一个支教志愿服务活动，这次支教的地点离我们学校很远。早上天还没亮，怀着激动的心情，我和我的小伙伴一起踏上了前往太平镇支教的路途，因为道路起伏还有自身晕车，所以我的身体出现了不适，我努力克制自己，看着窗外的景色和天空中泛起的鱼肚白，想着马上就可以看到可爱的孩子们了，我突然发现并没有那么难受了，内心充满了期待。

大约一个小时的车程，我们到达了目的地，换上了志愿者的衣服，我开始慢慢走进这个陌生的地方，那里的人们一看到我们来，就急忙喊他们的孩子，说：“你们的老师来了，快去。”我不禁被这些热情震撼了，不一会儿，孩子们就集合完了。我们也正式开始为期一天的支教之旅，早上是辅导作业环节，我们每个人都分配了几个孩子帮助他们完成功课，然后我们一起玩游戏，一起读书，虽然条件很简陋，但是看着孩子们天真无邪的笑容，突然感觉很幸福。相处过程中他们中的一个男孩吸引了我的注意，这个男孩话很少，总喜欢一个人待在角落里。我见状就去和他聊天，一开始他不理

我，但渐渐地他好像对我打开了心扉，我鼓励他去和小朋友们玩，他的脸上笑容慢慢多了。结束午饭后，孩子们在一边玩，我们志愿者也在一边聊天。下午是音乐课和绘画课，孩子们玩得都很开心。

不知不觉，就到了离开的时刻，尽管我们和孩子们都不舍得，但还是要说再见，夕阳西下，我们依依惜别，坐在回学校的车上，我在想希望以后我可以变得越来越强大，来守护那一处温暖，抚慰孩子们留守的心，因为我也是留守儿童，所以我特别体会孩子们的感受。

2. 我遇到的老师们

大一中国近代史纲要老师给我留下了很深的印象，第一次上课的时候，她就告诉我们大学应该做什么，还有一些富有哲理的话，至今她的座右铭“热爱可以创造一切奇迹”对我的影响很大，在她的课上历史可以是多种形式，会有许多生动有趣的活动，上她的课让我觉得是一种享受。也就是受她的影响，我才逐渐找到大学奋斗的方向，选择了考研这条路。还有英语老师，每次她会让我们分享感兴趣的话题，而且要用英文说，这对口语不太自信的我来说是一个挑战，但是她十分温柔，不断鼓励我们，她是我以后想要成为的样子。

（二）大二——快

大二时期我们参加了教育见习活动，我遇到了一个令我印象深刻的老师，从她身上我学习到了很多。

我的指导老师每天很忙，她既要处理行政事务，又要操心班级里大大小小的事情，但是为了培养孩子们早读的好习惯，她主动揽起了班级的早读任务，每天早晨她都会早早到达教室，督促学生早读，每天中午她也会早早地来到教室，监督学生做达标卷，训练学生的反应能力。生活中她又会是一个妈妈的形象，有一次上课的时候，她发现一个孩子状态不对，她立马和这个孩子的家长联系，让他赶快来学校送孩子去医院。有一次班里的孩子偷偷拿家里的钱分给其他孩子，她知道后，严厉批评了这个孩子，指出这种做法不对，要求她回去给父母道歉，并上演了一场爱的教育，我们要理解父母，父母供我们上学不容易，也许孩子现在还不能理解老师的做法，但是我却感受到了老师的一片苦心，但是上课的时候老师还是积极地提问这个学生，她在告诉这个孩子，知错就改就是好孩子。还有一次放学了，我看见她还没走，就问她，她说她在批改学生上午的卷子，下午还要评讲，通过与她的交谈，我了解到当初她是一个本科生来到这个学校的时候，环境、师资条件都很落后，但她还是选择了坚守在这个岗位。我想这就是师德的伟大，她是我以后从业路上要学习的榜样。

大二下学期遇到了新冠肺炎疫情，所以我们整个学期都在家上网课，线上教育是我们以前很少接触过的领域，我们需要去适应它，每个老师都很尽职尽责。令人难忘的是，我们在网上排练课本剧，看似不可能的事情，最终我们找到了解决方法，成功地排练出了一出横跨三个省市的课本剧，这是人生中十分难忘的经历，大二就这么飞快度过了。

（三）大三——忙

大三时期我们越发忙碌起来，一是专业课的增加，二是一些资格证书的考试，我们面对毕业后的诸多选择，开始思索自己未来的方向，是考教师公招还是考研，我毫不犹豫地选择了后者，只是想要趁自己年轻，为自己的梦想一搏。每天都是三点一线，放弃了社交与娱乐，有的时候想放弃，但身边的研友会不断鼓励，最难忘的是大三暑假，我们相约留校复习，但是我们决定回家一周，世事难料，那一周郑州出现了暴雨再加上疫情反复，我们只得在家备考，在家复习效率很低，因此整个人都很焦虑，一度觉得自己考不上了。整个大三虽然忙碌但却是大学阶段最充实的一年。

（四）大四——急

大四上学期我们开始了为期三个月的集中实习，此时正是考研冲刺的关键阶段，我的心情十分焦虑。但实习毕竟是十分重要的，不能舍弃。于是，我开始制订计划。现在我很庆幸自己加入了卓越班，因为我的指导老师特别好。在实习期间，发生了很多有意义的事情。比如说，指导老师安排我们去指导学生参加演讲比赛，虽然过程很辛苦，但是当得知学生获奖后，我第一次感受到了做老师的成就感。第二件事就是指导老师安排我们去协助一位老师赛课，在这个过程中，我们学到了很多。实习对我来说虽然很辛苦，我却收获满满，心里感到莫大满足。实习结束，考研初试结束，意味着我们大四上学期就结束了。转眼大四下学期如期而至，我们面临着写毕业论文和找工作，不过令人高兴的是我通过了研究生的笔试，因此我将全身心投入复试当中，好在时间不负有心人，在我的紧张筹备中，顺利通过了面试，被河南大学拟录取。

【教育自传后记】回望我的教育之路，我想说！

回望我的基础教育之路，有曲折，有感动。首先，我想对自己说，谢谢你坚持了下来，没有因为世俗的原因放弃。从我受教育的情况来看，我把它大致归为大致三个阶段，小学是有点“自然教育”的意味，我们无拘无束，不用担心学业成绩，与自然为伴。初中出现了素质教育的萌芽，老师要求我们德、智、体、美、劳全面发展，可以说初中生活是我整个教育最充实难忘的时光。到了高中，我们不得不迎合应试教育的潮流，狠抓成绩，努力突破高考大省的重重包围。而我的性格也大致发生了这几处变化，小学的我很内向，初中的时候很自信、高中的时候有点儿自卑。一路走来，自己在不断成长，也亲身体会着我国教育的发展变化：课改、立德树人、城乡教育一体化等。时代在变化、教育也在改变。我深深感受到了城乡教育之间的差距，也看到和受恩于国家为促进教育公平所做出的努力。其中，我的教育自传离不开我从小至今遇到的老师们，他们有的十分优秀，有的虽然做得差强人意，但都影响了我的人生轨迹。这可能也是我报考小学教育专业，想做一名教师的原因吧。

回顾大学四年，大一期间的迷茫和不知所措，大二时期的庸庸碌碌，大三和大四期间才逐渐找到自己未来努力的方向，大学生活才变得充实起来，才得以给我的大学生活画上了圆满的句号。大学四年，有遗憾，但更多是收获。因为通过这四年我找到了自己热爱并想一直坚持的教育学。这四年，无论是我的知识存储还是人格锤炼，都得到了很大的提升和发展。

师弟师妹们！在你们选择小学教育这个专业时，首先，我要恭喜你们，你们选择的是绵阳师范学院最好的专业。其次，你们正在经历的正是我们经历过的，我希望通过我们的老路让你们少走弯路，也许在你踏入绵阳师范学院时，你的心里会感觉到巨大落差。你们可以抱怨，但不要一直发牢骚，既然我们改变不了环境，不如就改变自己。用包容的心理，你会发现“绵师”的许多美，何必斤斤计较美中不足之处。

第一，我想对那些和我有相似家庭背景的师弟师妹们说，永远不要因为自己的家庭条件为自己设限。“寒门再难出贵子”只是部分现象，在这个

“英雄不问出处”的时代，我们要做的只是不断提升自己，靠知识改变自己的命运。

第二，我想说永远不要停下读书的脚步，不要被“读书无用论”所迷惑。我们不只要有功利性的读书观，更多的是要有非功利性的读书观，不要太在意读书的目的以及读书给自己带来的好处，在大学四年里，不仅要学好专业知识，还要在其他方面努力提高，不要等到“书到用时方恨少”，才追悔莫及。等到最后，你们会发现你读过的书，走过的路都会在你的人生中沉淀，读书决定你的眼界，眼界决定你的格局。你站的高度不一样，看世界的角度也会不同。所以，在你迷茫的时候不妨去读书吧！

第三，我想对那些想要继续深造读研的师弟师妹们说，在选择之前请深思熟虑，既然选择了这一条路，请坚持走下去，考研没你们想象得那么难，但也别简单对待。偶然间看到这样一句话，想跟你们共勉，从来不是让你把一次考试当作人生成败的赌注，只是想让你在年轻的时候体会一次全力以赴。

第四，我想对那些立志从事教育事业的师弟师妹们说，既然选择了教师这条路，就要朝着一名优秀老师的方向努力。有人说，教师是太阳底下最光辉的职业，还有人把教育比作一场修行。无论怎样，我们终会接过教师这个接力棒，但我们要谨记一点：你教室的每一个孩子，都是一个家庭的整个世界。而正因我们经历过，我们才会学习站在学生的角度思考教育教学，不想让他们重蹈覆辙。同时，我们要用“敢叫日月换新天”的气概走出一条属于我们的教育新路。不忘来时路，走好脚下路。

后　记

——立足绵师师范办学优良传统，培养县域城乡小学教育的守望者

绵阳师范学院小学教育专业沿袭绵师师范教育80年的办学传统，已有14年的本科办学史。回望专业办学历程，小学教育专业始终坚守“办好师范”的初心。

一、坚守“办好师范”初心，培养县域城乡小学“全科”教师

我们秉承绵师“中师”时代“全面发展、综合培养”乡村教育播种者的基因，发扬绵师“师专”时代“德才兼备、为人师表、一专多能、服务山乡”的传统，全面融入绵师升本以来培养扎根城乡的优秀师资的教育实践，在国家乡村振兴战略和城乡教育融合发展背景下，以立德树人为根本任务，秉持“素养全面、主兼结合、教有所专、艺有所长”的培养理念，诠释“全科”小学教师的内涵，积极致力于为县域城乡小学培养高素质小学教师。2016年，本专业“基于‘U-G-S’合作平台的县域小学全科型卓越教师改革项目”被立项为四川省卓越小学教师改革项目；2019年，获批四川省一流本科专业建设点。2020年，获得教育部师范专业二级认证进校考察专业组好评，2021年9月，有条件通过教育部小学教育师范类专业二级认证；2021年，“乡土情怀、交叉融合、实践取向：西部乡村卓越小学全科教师培养创新与实践”获批教育部新文科项目；2022年，获得国家级一流本科专业建设点。

二、根植师范办学优良传统，构建小学教育专业人才培养体系

继承绵师师范教育理念，构建专业课程体系。本专业融合“中师”“综合培养”“师专”“一专多能”以及升本以来创新教育的实践，构建了“儿

童为本、教育为基、主兼多能、教有所专、艺有所长、彰显个性”的课程体系。秉持实践取向理念，构建了教育实训、教育见习（感知与体验、备教与助教、试教与校本研修）、教育实习、教育研习、毕业论文一体的实践教学体系。

开展师德养成教育，扣好教师成长的“第一粒扣子”。积极推进课程思政，充分挖掘学科育人价值，教育心理学、教育概论5门课程立项为校级“课程思政”示范课程，开展生命教育、感恩教育、中华教育经典诵读等活动涵养师德。在6个集中教育实践环节设置践行师德的相关任务。专任教师中先后涌现省师德楷模、市优秀教师、校师德标兵、绵师人物和教学良师近十人，为学子树立了精神标尺。

做实师范生教学基本功训练，强化师范生从教素养养成，开设小学教师口语、书法、实用美术、教育信息技术6门从教基本功课程，借助“师专”形成的“早讲晚练”模式和省级教师技能实训中心，以赛促学、以赛促练，学生教学基本功扎实。

借助绵阳优质的基础教育资源，开展扎实有效的教育实践。本专业积极打造“三位一体”协同培养机制，成绵路小学、绵阳万达学校共11所城乡小学积极支持专业人才培养；实施教育实践“双导师制”，在教育实践中做到了实践前有动员、实践中有检查、结束时有感恩、实践后有总结，学生个体有反思。选拔组建卓越小学教师实验班，由协同培养单位选派省市级骨干教师与高校教师组成双导师队伍，进行两年的跟岗实践，使学生触摸到绵阳小学教育的真实脉搏。

开发优质城市基础教育课程资源，赋予学子优质城市教育的视野。本专业通过高校与小学教师相融合、大学与小学课堂相融合、教育实践和教育科研相融合，为学子提供有实践感、理论味的成长平台。由本土7位特级教师与本专业教师组成团队，开发《绵阳市小学特级教师教学特色研究专题》等课程，使学子感悟特级教师的教育智慧。近几年来，先后邀请戴建荣、丁慈旷、黄世忠、叶正国等省内外知名教师开展讲座40余场。

开发乡村教育课程资源，培育学子扎根乡村教育的情怀。基于本专业学子绝大部分来自乡村的实际，专业开设《乡村教育专题》，举行乡村夏令营等活动，加深学子对乡村教育的认知，培植学子的乡村教育情怀。2011—2020年，本专业连续10年近500名学子积极参与地震灾区以及甘孜、阿坝、凉山州顶岗支教实习；其中2011—2018年小学教育专业整体参与顶岗支教，他们将城市基础教育的先进理念带入乡村，以实际行动反哺乡村教育，而顶岗实践又进一步孕育了学子扎根乡村教育的情怀。

学子专业能力过硬，综合发展成效显著。2020届小学教育专业教师资格证考试过关率达96.8%，其中2016级7班为100%。学子多人考取北京师范大学、南京师范大学、华中师范大学等大学的硕士研究生。近3年，小学教育专业学生获四川省师范生教学能力大赛、乡村夏令营公益项目、“创青春”“互联网+”学生创新创业大赛等市厅级、省部级以上奖励32项。

三、毕业生耕耘三尺讲台，静心守望小学教育

本专业毕业生既服务于城市小学，又扎根乡村小学教育事业。以绵阳市基础教育为例，本专业先后培养了叶志平、唐辉、杨波、康达强等知名教师和校长30余位。通过对2011—2017届137名毕业生抽样调查显示，校友118人从事小学教育事业，占比高达86%；省内从事小学教育事业112人，占比81%。从城乡分布来看，毕业生在城市小学工作占比为50.89%，在乡镇小学工作占比为49.11%；校友以教学为主，兼任德育、心理健康教育等工作；以语文或数学教学为主，兼顾科学、道德与法治等课程教学；校友多人获优秀共产党员、师德标兵、优秀教师、德育优秀教师、优秀辅导员、优秀班主任等荣誉称号。

2012届毕业生黄晓琴就职于重庆巴蜀小学，获学校“巴蜀好教师”“巾帼建功先进个人”等荣誉称号；聂燕平担任南部县东辰国际学校副校长，获全国赛课一等奖；何锦蓉扎根南江县赤溪镇九年义务教育学校，教学论文获省级一等奖；林如海扎根内江椑木镇中山学校，被东兴区教育局评选为“践行十爱”师德标兵，被东兴区教育工委评选为“抗击新冠肺炎疫情工作先进个人”；谭霓扎根会理县新安傣族乡普隆小学，致力于用“万千耕耘，换来桃李满园香”。

教师教育永远在路上。小学教育专业将持续优化四大课程体系，注重三大育人阵地有机融合，进一步提高三位一体协同育人的有效性，促进三个评价的科学展开，持续提升人才培养质量。